Kleine Geschichte des
schlechten Benehmens in der Kirche

Liturgie & Alltag

in Zusammenarbeit mit dem
Institut für Liturgie- und Alltagskultur e. V.

Guido Fuchs

Kleine Geschichte des
schlechten Benehmens
in der Kirche

Verlag Friedrich Pustet
Regensburg

Bibliografische Information der Deutschen Nationalbibliothek

Die Deutsche Nationalbibliothek verzeichnet diese Publikation in der
Deutschen Nationalbibliografie; detaillierte bibliografische Daten
sind im Internet über http://dnb.dnb.de abrufbar.

www.liturgieundalltag.de

© 2021 Verlag Friedrich Pustet, Regensburg
Gutenbergstraße 8 | 93051 Regensburg
Tel. 0941/920220 | verlag@pustet.de

ISBN 978-3-7917-3246-6
Umschlaggestaltung: Martin Veicht, Regensburg
Umschlagbild: commons.wikimedia.org
Satz und Layout: MedienBüro Monika Fuchs, Hildesheim
Druck und Bindung: Friedrich Pustet, Regensburg
Printed in Germany 2021

eISBN 978-3-7917-6203-6 (epub)

Unser gesamtes Programm finden Sie im Webshop unter
www.verlag-pustet.de

Inhaltsverzeichnis

Ein Adventsgottesdienst
Einführung

Im Prolog seines Romans „*Wir in Kahlenbeck*" (2012) beschreibt *Christoph Peters* einen Gottesdienst in dem fiktiven Ort Henneward an der deutsch-holländischen Grenze, an dem auch die Schüler des „Collegium Gregorianum Kahlenbeck" teilnehmen. Es ist ein katholisches Internatsgymnasium für Jungen – angelehnt an das reale „Collegium Augustinianum Gaesdonck" (bei Goch), wo Peters selbst Schüler war. Der Roman ist zeitlich in den 1980er-Jahren angesiedelt, die Schüler, die in ihm eine wesentliche Rolle spielen, gehören den oberen Klassen an, der Protagonist Carl Pacher ist knapp 15. Er interessiert sich für Fische, aber auch für Theologie, ist fromm erzogen und leidet unter dem Verhalten seiner Mitschüler in diesem ausführlich beschriebenen adventlichen Gottesdienst, zugleich auch an seiner eigenen Unfähigkeit, dem etwas entgegenzusetzen.

Es ist eine ganze Reihe von Beispielen schlechten Verhaltens der Schüler im Gottesdienst, die in diesem Prolog geschildert werden: lautes Reden miteinander während der ganzen Zeit; Anrempeln und Treten anderer Schüler sogar beim Kommuniongang; Popeln in der Nase und Wegschnippen des Popels; Furzen und Spucken; Kaugummi-Kauen; Verunglimpfen von liturgischen Texten durch Parodieren und Zitieren anderer Lieder; Ablehnen des Mitsprechens der Gebete; lautes Lachen – insgesamt eine sich durchziehende Ehrfurchts- und Rücksichtslosigkeit.

Die Erwachsenen aus dem Ort, die an diesem Gottesdienst teilnehmen, benehmen sich teilweise ebenfalls schlecht: Die Männer stehen überwiegend im Vorraum unter dem Turm, einige gehen während des Gottesdienstes vor die Kirche, rauchen und unterhalten sich dort über Schweinepreise und die Schließung der Molkerei. „Was ihre Söhne tun, haben sie auch schon getan", schreibt Peters. Selbst der Priester gibt kein gutes Bild ab, er kratzt sich, während er das Evangelium verkündet, mit ausgestrecktem Zeigefinger im Ohr. Und: Keiner der Erwachsenen schreitet bei dem störenden Verhalten der Schüler ein.

Natürlich geschieht das alles nur im Roman und nicht in der Wirklichkeit. Aber von der Wirklichkeit ist diese Beschreibung nicht allzu weit entfernt,

wie ich es von meinem eigenen Erleben als Schüler im Internat und später
als Präfekt in einem Seminar her weiß. Vielleicht ist es ein bisschen viel für
einen Gottesdienst; Christoph Peters hat hier, wie er mir bestätigte, seine
eigenen jahrelangen Erfahrungen aus verschiedenen Gottesdiensten während der Internatszeit zusammengetragen und zu dieser Szene komponiert.

Ich habe die Schilderung dieses Gottesdienstes als Einstieg in das Buch
gewählt, weil in diesem Prolog nicht nur verschiedene Formen schlechten
Benehmens zur Sprache kommen. Es wird vielmehr deutlich, dass die
Fragen nach dem angemessenen Verhalten nicht nur die Gemeinde in den
Kirchenbänken betrifft, sondern auch die liturgischen Dienste. Und es
stellt sich die Frage danach, wer eigentlich zuständig ist, dass es ein dem
Gottesdienst angemessenes Verhalten gibt.

Diesen und anderen Aspekten möchte ich in diesem Buch nachgehen. Es
ist keine durchgängige Geschichte schlechten Benehmens, die es im Sinne
einer Entwicklung nicht gibt. Vielmehr möchte ich einzelnen Phänomenen
nachspüren und sie einordnen.

Dabei muss man auch den konfessionellen Kontext berücksichtigen; bisweilen kommen einem die Gebräuche in anderen Kirchen fremd, sonderbar,
vielleicht auch unehrfürchtig vor, verglichen mit den eigenen Praktiken. Das
ging vor allem Reisenden in früheren Jahrhunderten so, wenn sie Kirchen
und Gottesdienste in anderen Ländern besuchten und sich über manche
Verhaltensformen wunderten. Die jeweilige theologische Einschätzung des
gottesdienstlichen Raumes spielt dabei eine wichtige Rolle und damit die
Frage, was in ihm möglich und erlaubt ist und was nicht.

Weiterhin sind die Zeitumstände ein wichtiger Faktor: Ein kirchlicher
Raum war allein durch seine Größe im Mittelalter und später noch von ganz
anderer Bedeutung in der Lebenswelt der Menschen als heute. In Zeiten,
in denen es noch keine Kirchenbänke gab, war eine größere Bewegung in
den Räumen möglich, was auch zur Un-Ordnung beitragen konnte. Die
katholische Messe wurde jahrhundertelang mit dem Rücken zum Volk
zelebriert, was sicher nicht zu dessen Disziplinierung beitrug. Auch die
Licht- und Sichtverhältnisse waren früher nicht so wie heute; es gab mehr
dunkle Nischen hinter Säulen und in Seitenkapellen, die unangemessenem
Verhalten Raum gaben. Schließlich wurde der katholische Gottesdienst bis
Mitte des 20. Jahrhunderts überwiegend auf Latein gehalten, die Gläubigen

waren gar nicht in der Weise beteiligt, wie das heute der Fall ist. Auch das spielte für das Verhalten eine Rolle.

Wie an dem literarischen Gottesdienst von Christoph Peters gut zu sehen ist, neigen bestimmte Gruppen und Altersstufen vielleicht eher zu schlechtem Benehmen in der Kirche. Auch werden Gottesdienste zu besonderen Anlässen oft von Menschen besucht, die keinen unmittelbaren Zugang zum liturgischen Geschehen haben und sich mit einem angemessenen Verhalten eher schwertun. Allerdings können, wie ebenfalls an dem Beispiel zu erkennen ist, auch die liturgischen Hauptakteure, die Dienste, zu schlechtem Benehmen neigen, was doppelt schwer wiegt, weil sie doch eigentlich anderen ein Vorbild sein sollen. Denn wer gibt Hinweise zum Benehmen im Gottesdienst und in der Kirche und wie werden die Gläubigen oder auch die Besucher einer Kirche denn über angemessenes Verhalten informiert und aufgeklärt? Und welche Folgen, unter Umständen Sanktionen, zieht falsches Verhalten nach sich?

Und es geht natürlich auch um die Frage nach den Hintergründen unpassenden Benehmens: Geschieht es aus Unwissenheit oder religiösem Desinteresse, steckt Auflehnung gegen die (kirchliche) Obrigkeit bzw. gesellschaftliche Normen dahinter oder einfach nur menschliche Schwäche? Inwieweit trägt auch die Liturgie selbst dazu bei, dass Menschen sich nicht der Feier entsprechend verhalten?

Über schlechtes Benehmen im Gottesdienst erfährt man nur selten etwas aus liturgiewissenschaftlicher Literatur – eher aus katechetischen, pastoraltheologischen oder religionspädagogischen Arbeiten, oft aus früherer Zeit, aber auch aus historischen und kulturanthropologischen Darstellungen. Es lässt sich indirekt aus kirchenamtlichen Äußerungen und oberhirtlichen Dekreten sowie Kirchenordnungen ablesen, es wird in Predigten und Katechismen angemahnt und in Beichtspiegeln erfragt. Frühere Verhaltensweisen lassen sich auch aus bildlichen Darstellungen von Kirchenräumen und den in ihnen agierenden Menschen ablesen. In heutiger Zeit geben oft diverse Piktogramme an Kirchentüren und Verhaltenshinweise in den Kirchen Aufschluss über ein (nicht) erwünschtes Verhalten, wie auch zahlreiche Ratgeber zum Verhalten in Kirchen und Gottesdiensten („Kirchen-Knigge"). Über unangemessenes Benehmen kann man auch immer wieder in Zeitungen und anderen Medien lesen.

Angesichts des weiten Feldes schlechten Benehmens in der Kirche und im Gottesdienst über die Jahrhunderte hinweg kann dieses Buch nur einen Streifzug bieten, Phänomene aufzeigen, Hintergründe andeuten, Anregungen geben. Auf Anmerkungen wurde verzichtet, zitierte Literatur wird im Text selbst genannt bzw. im Anhang aufgeführt.

📖   Im Sinne der Illustration sind nicht nur Bilder, sondern gelegentlich auch Zitate aus belletristischer Literatur eingefügt, die mit einem entsprechenden Hinweis gekennzeichnet sind.

✉   Gekennzeichnet sind ebenfalls Zusendungen zum Projekt „Schlechtes Benehmen im Gottesdienst" des „Instituts für Liturgie- und Alltagskultur", mit denen die Ausführungen des Textes durch persönliche Schilderungen konkretisiert werden. Für sie bedanke ich mich herzlich.

„Schlechtes Benehmen im Gottesdienst" gehört zu den Themen aus dem Grenzbereich zwischen Liturgie und Alltag, mit denen ich mich an der Universität Würzburg in den letzten Jahren verschiedentlich befasst habe. Auf das Phänomen des angemessenen Verhaltens stieß ich dabei öfter: im Zusammenhang etwa mit „Heiligabend", „Fronleichnam" – besonders aber bei dem Thema „Essen und Trinken im Gottesdienst und in der Kirche", bei dem es um liturgische Mahlfeiern und Mahlzusammenhänge im Laufe der Geschichte ging. Deshalb soll auch das vorliegende Buch seinen Platz in der Reihe „Liturgie & Alltag" haben. Für einen Druckkostenzuschuss des Bistums Hildesheim möchte ich mich herzlich bedanken.

Zum Bild auf dem Cover
Das Bild zeigt einen Ausschnitt des Gemäldes von Emanuel de Witte „Das Innere der Oude Kerk in Delft" (um 1650). Dass die Männer und Knaben Hüte tragen, ist für die Zeit und die Niederlande nicht ungewöhnlich; das war kein schlechtes Benehmen, sondern Ausdruck der anderen Einstellung gegenüber dem Kirchenraum sowie der politischen Freiheit. Auch Hunde waren damals kein seltener Anblick in Kirchen. Der das Bein hebende Hund sowie die an die Säule kritzelnden Buben sind aber womöglich bewusst ins Bild gesetzt worden, um beim Betrachter die Reaktion „So etwas macht man doch nicht!" hervorzurufen.

1. „Was soll ich dazu sagen? Soll ich euch etwa loben?"
Falsches, schlechtes und störendes Benehmen

Korinth. Um das Jahr 50 n. Chr. ist die griechische Hafenstadt eine pulsierende Multikulti-Metropole fast neuzeitlichen Zuschnitts mit etwa 100 000 Einwohnern, darunter viele römische Veteranen und freigelassene Sklaven. Verschiedene Ethnien und Religionen prägen die Hauptstadt der Provinz Achaia. Seit Neuestem gehören dazu auch Menschen, die an einen jüdischen Rabbi namens Jesus glauben, der etwa 20 Jahre zuvor in Jerusalem am Kreuz hingerichtet wurde, aber nach dem Zeugnis verschiedener Frauen und Männer drei Tage später von den Toten erweckt wurde und zu Gott, den er seinen Vater nannte, zurückgekehrt ist. „Christus" nennen ihn seine Anhänger, „Gesalbter". Die kleine christliche Gemeinde wurde von Paulus gegründet, der auf seiner Missionierungstour von Thessalonich über Athen auch nach Korinth kam, wo er etwa anderthalb Jahre blieb. Diese Gemeinschaft der Christusgläubigen bestand ebenfalls aus vielen Angehörigen der unteren Bevölkerungsschicht, aber auch aus einigen wohlhabenden Familien. Nach seiner Abreise gab es Streitigkeiten unter der etwa zweihundert Personen umfassenden Gemeinde, die auch Paulus zu Ohren kamen und auf die er in einem Brief einging, den er um das Jahr 55 an die Korinther schrieb. Dabei geht es auch um unpassendes Verhalten im Gottesdienst:

„Das kann ich nicht loben, dass ihr nicht zu eurem Nutzen, sondern zu eurem Schaden zusammenkommt. Zunächst höre ich, dass es Spaltungen unter euch gibt, wenn ihr als Gemeinde zusammenkommt. [...] Wenn ihr euch versammelt, ist das kein Essen des Herrenmahls; denn jeder nimmt beim Essen sein eigenes Mahl vorweg und dann hungert der eine, während der andere betrunken ist. Könnt ihr denn nicht zu Hause essen und trinken? Oder verachtet ihr die Kirche Gottes? Wollt ihr jene demütigen, die nichts haben? Was soll ich dazu sagen? Soll ich euch etwa loben? In diesem Fall kann ich euch nicht loben" (1 Kor 11,17–22).

Der Gottesdienst, den er anspricht, ist das sogenannte Herrenmahl, die Eucharistiefeier, freilich nicht wie heute in einem stilisierten Mahl mit Oblaten (Hostien) und einem Schluck Wein, sondern in Verbindung mit einem vorausgehenden Sättigungsmahl. Der von Paulus getadelte Missstand wird verständlicher, wenn man sich vor Augen hält, dass es bei den Festmählern in der Antike sehr oft unterschiedliche Speisen je nach dem Rang der Geladenen gab. Und: Offensichtlich konnten nicht alle zur selben Zeit schon anwesend sein. Die Begüterteren konnten sich bei dem Mahl bereits an Speisen und Getränken laben, bis die anderen eintrafen, die bis abends – das Herrenmahl fand am Abend statt – arbeiten mussten. Was schon bei einem profanen Gastmahl zu Ärgernis führen kann, ist im Zusammenhang des „Herrenmahls" geradezu ein Skandal, weil hier das Wesen des eucharistischen Mahles, das ja Communio, Gemeinschaft mit dem Herrn und untereinander ausdrücken soll, ad absurdum geführt wird. „Wenn ihr euch versammelt, ist das kein Essen des Herrenmahls", sagt Paulus daher ganz direkt und fügt noch überspitzt hinzu, dass so der eine schon betrunken ist, während der andere noch hungert.

Für die junge Christengemeinde in Korinth war dieser Tadel ein Augenöffner: In ihrer Gemeinschaft kamen Menschen aus unterschiedlichen gesellschaftlichen Schichten zusammen – anders als in sonstigen Vereinigungen –, und doch waren sie alle gleich, sollten auch bei den Zusammenkünften gleich behandelt werden. Das war das Neue der Botschaft Jesu, das musste erst gelernt werden. Durch das überkommene Verhalten der Wohlhabenden wurden die Ärmeren auch noch als solche bloßgestellt und gedemütigt, wie Paulus schreibt. Auch das richtete sich gegen das Evangelium Jesu, der die Armen seligpries.

Schlechtes Benehmen, unhöflich, gedankenlos?

Aber wie ist dieses Verhalten zu bezeichnen? Als schlechtes Benehmen? Oder nur als Unhöflichkeit, als Gedankenlosigkeit? Man sieht an diesem Beispiel, dass es bei Klagen über das Verhalten im Gottesdienst zunächst nicht nur um Äußerlichkeiten wie das Betreten einer Kirche in unpassender Kleidung oder das Popeln in der Nase oder Schlafen während der Predigt ging. Das alles gab es in der Geschichte und gibt es auch heute noch. Manches Verhalten aber richtet sich gegen das Wesen des Gottesdienstes selbst und zugleich auch gegen die, die an ihm teilnehmen, ohne dass dies gleich negativ auffällt.

Das führt aber auch zu der Frage, was schlechtes Benehmen im Gottesdienst alles umfasst und ob es einen Unterschied zwischen Verhalten und

Benehmen gibt. Im Zusammenhang des Themas begegnen beide Begriffe – Benehmen und Verhalten – oft austauschbar, sie stellen aber, genau betrachtet, Unterschiedliches dar:

„Benehmen" im Sinne eines richtigen bzw. angemessenen Benehmens ist die Summe der Verhaltensweisen und Äußerungen, die den Wertvorstellungen einer Gemeinschaft oder Gruppe in bestimmten Situationen entsprechen. Unterschiedliche Kulturen bzw. Subkulturen definieren richtiges bzw. gutes Benehmen möglicherweise jeweils anders. Das erklärt, dass im kirchlich-liturgischen Bereich konfessionell unterschiedliche Verhaltensweisen, die auch als Benehmen gewertet werden, auftreten können.

„Verhalten" hingegen zielt im gottesdienstlichen Zusammenhang eher auf Vorgänge, Handlungen und Haltungen (im wahrsten Sinne des Wortes). Ein gutes Beispiel dafür bieten die Verhaltensregeln für den Gottesdienst, wie sie im „Orthodoxen Glaubensbuch" von Andrej Lorgis und Michail Dudko (2001) dargelegt werden; so werden hier etwa genaue Hinweise auf das Verhalten vor der Kirche, in der Kirche, zur Verehrung der Ikonen und zum Gebetsgedenken gegeben.

Verhalten und Benehmen können auseinanderklaffen. Es kann sich jemand liturgisch richtig verhalten im Sinne der Haltungen und vorgegebenen Verhaltensweisen, sich aber schlecht benehmen, weil er oder sie dabei lacht, schwätzt, Kaugummi kaut oder Ähnliches. Oder aber jemand verhält sich falsch, weil er bzw. sie die richtigen Verhaltensweisen nicht kennt, vollzieht aber den Gottesdienst in innerer Ehrfurcht mit.

Verhalten wie Benehmen sind ein äußerer Ausdruck, der einer inneren Einstellung entsprechen sollte. Das Verhalten ist dabei auch von bestimmten Regeln und Konventionen geprägt. Das Benehmen wiederum ist unabhängig von Ort und Situation. Prinz Asfa-Wossen Asserate, der vor Jahren ein viel beachtetes Benimm-Buch verfasst hat, bringt dies so auf den Punkt: Es reicht nicht aus, irgendwelchen Benimmregeln zu folgen – es geht um die innere Haltung und die Herzensbildung.

„Schlechtes Benehmen" ist also ein weiter Begriff – die Bandbreite dessen, was im Gottesdienst unpassend, ungebührlich, ungehörig erscheint, ist groß und reicht von falschem Verhalten bis hin zu störendem Tun mit strafrechtlicher Relevanz.

Falsches Benehmen – oder besser: Verhalten – kann man da antreffen, wo Kirchenbesucher oder Gottesdienstteilnehmer nicht wissen, wie man sich zu bestimmten Gelegenheiten verhält, sitzen bleiben, wo man knien sollte, keine Reverenz machen etc. Auch die unpassende Kleidung gehört dazu. Es ist auch die Frage: Wie lernt man das, wenn man nicht darin aufwächst und entsprechend erzogen wurde? Dafür gibt es heute vielfach Ratgeber und Hinweise in Zeitungen und im Internet für Menschen, die unsicher sind, weil sie Kirchen und den christlichen Gottesdienst nicht oder nur wenig kennen. Manchmal findet man die jeweiligen Verhaltensweisen auch in den Kirchen angezeigt oder auf einem Verlaufsblatt des Gottesdienstes notiert.

Zum *schlechten* Benehmen gehört das, was in dem in der Einführung zitierten Prolog aus dem Roman *„Wir in Kahlenbeck"* genannt wird; Dinge, die man macht, obwohl man weiß, dass sie sich (nicht nur in der Kirche) nicht gehören: lautes Reden, Kaugummi kauen, Handy und Smartphone nutzen, rauchen u. a. Meist werden sie auch auf Schildern und durch Piktogramme als verboten angezeigt, weil sie andere stören.

Störendes Verhalten umfasst all das, wodurch andere Gottesdienstteilnehmer oder Kirchenbesucher sich in ihrer Andacht gestört fühlen; das ist mehr als zum Beispiel lautes Reden. Die *Störung* des Gottesdienstes kann sogar ein strafrechtliches Tun sein und ist, wie auch beschimpfender Unfug, im Strafgesetzbuch (StGB) aufgeführt *(vgl. S. 53)*.

Das Verhalten der Gemeinde in Korinth war ihrer Erfahrung nach nicht falsch oder schlecht – es passte nur nicht mehr zur Feier einer christlichen Gemeinschaft, weil sich nach dem Evangelium Jesu neue und andere Wertvorstellungen herausgebildet hatten, die auch das Verhalten untereinander regeln. Zu Veränderungen im Verhalten ist es in der Geschichte des Gottesdienstes und der Kirchen immer gekommen. Das Benehmen im Kirchenraum ist über die Jahrhunderte hinweg und auch in verschiedenen Regionen sehr unterschiedlich. Was uns heute nicht vorstellbar erscheint, war in früheren Zeiten nicht ungewöhnlich, umgekehrt hätte manches, was heute bei uns selbstverständlich ist, früher für Unverständnis gesorgt.

Beginnen wir nun unseren Gang durch Raum und Zeit des schlechten Benehmens mit dem Betreten der Kirche.

2. „Grüß Gott!"
Vom Betreten des Gotteshauses und dem Verhalten dabei

Ein unappetitliches Vorkommnis wurde einige Jahrzehnte zurück vor dem Landgericht Essen verhandelt: Da hatte ein Mann im Windfang einer Kirche onaniert, „als Kirchenbesucherinnen in seiner Nähe weilten". Nicht nur eine Frage des schlechten Benehmens, sondern bereits eine Strafsache nach § 167 StGB. So weit schien alles klar. Doch nun begannen die juristischen Spitzfindigkeiten: Es wurde die Frage gestellt, ob der Windfang bereits Kirche im eigentlichen Sinne ist. Antwort: Der Windfang sei zwar kein Teil der zum Gottesdienst bestimmten Räume, aber „nach Rechtsgefühl und Volksauffassung befindet man sich nach Durchschreiten der äußeren Tür bereits in der Kirche. Dieses Empfinden pflegen die männlichen Kirchenbesucher z. B. dadurch zu bezeugen, dass sie meist schon beim Betreten solcher Eingangsräume den Hut abnehmen", schreibt Heinrich Stader in seiner „Einführung in den Juristenhumor" von 1996. Ob der Mann bei seinem abseitigen Tun im Windfang den Hut aufbehalten hatte, wurde allerdings nicht weiter erörtert …

Die Frage nach dem rechten Benehmen im Gottesdienst bzw. in einer Kirche beginnt bereits mit deren Betreten. Das betrifft nicht nur die entsprechende Kleidung, auch der Zweck des Kirchenbesuchs spielt dabei eine Rolle: Betritt man die Kirche für einen Gottesdienst oder zum Besichtigen, will man ein kurzes Gebet sprechen und eine Kerze anzünden oder eine Abkürzung nach dem Einkauf nehmen? Die Kirche ist ein öffentlicher Raum, aber keineswegs kann man sich in ihr verhalten, wie man es in der Öffentlichkeit tun kann (oder nicht einmal da). Weil zunehmend mehr Menschen nicht mehr kirchlich sozialisiert sind, gibt es Hinweise auf das richtige Verhalten beim Betreten („Verhalten in der Kirche. Regeln für Besucher") auch in Internet-Ratgebern, Zeitungen und Lifestyle-Magazinen: „Beim Betreten einer Kirche müssen Männer unbedingt ihre Kopfbedeckung abnehmen und Frauen sollten nicht zu freizügig gekleidet sein. Katholiken benetzen sich beim Betreten der Kirche mit Weihwasser und bekreuzigen sich vor dem Altar." Dies sind Hinweise auf die auffälligsten Riten, die zumeist nur für einen kurzen touristischen Besuch wichtig sind.

Das Betreten der Kirche zum Gottesdienst ist aber ein weitaus viel-
schichtigeres Ritual, quasi Teil eines Sich-Bereitens, einer „Liturgie vor
der Liturgie", wie es im evangelischen „Handbuch der Liturgik" (1995)
ausgedrückt wird, und ein sehr bewusstes.

Das besondere Verhalten hängt auch mit dem Ort zusammen: „die
Pforte" umschreibt ihn Romano Guardini in seinem berühmten Büchlein
„Von heiligen Zeichen" (1922), „die Schwelle" Egon Kapellari in dem Buch
„Heilige Zeichen" (1987). Beide verweisen auf den Übergang, den Eintritt
in das Heilige: „Wir sollten nicht eilfertig durch die Pforte laufen! Ganz
langsam sollten wir hindurchschreiten und unser Herz auftun, damit wir
vernehmen, was sie spricht. Wir sollten sogar vorher ein wenig innehalten,
damit unser Durchgang ein Schreiten der Läuterung und der Sammlung
sei." – „Die Kirche hält nach wie vor Schwellen bereit. Wer als Glaubender
über die Kirchenschwelle tritt, der ist eingeladen, dies bewusst zu tun."

Unterschiedliche „Grußriten"

Der Liturgiewissenschaftler Franz Kohlschein hat sich 1991 in einem Artikel
damit befasst, „wie die Gemeinde zusammenkommt", und das Verhalten der
Gläubigen beim Betreten der Kirche in den Blick genommen – auch in den
verschiedenen Konfessionen. Es wird aus seiner Darstellung deutlich, dass
das Betreten der Kirche zum Gottesdienst mehr ist als ein Hereinkommen.
Das Verhalten der Gläubigen wird durch ein ausgeprägtes Brauchtum bestimmt, das sich aus einer Folge von Handlungen zusammensetzt, die vom
Betreten der Kirche bis zum Einnehmen des Platzes reicht. „Man kann sie
als ‚Grußritus' verstehen, der eine doppelte Richtung aufweist. Er wendet
sich auf der vertikalen Ebene des Betens Gott zu, auf der horizontalen Ebene
des Miteinanders den Anwesenden." Zu den überkommenen Formen, die
vor allem auf die Verehrung des Heiligen ausgerichtet waren (z. B. Mütze
abnehmen, Weihwasser nehmen, sich bekreuzigen, Kniebeuge, Hinknien,
stilles Gebet am Platz), kommen heute neue hinzu, die eher kommunikativ
sind (Grüßen der Bekannten, Gespräch auch in der Bank, Lesen des Pfarr-
briefes o. Ä.). Manche der älteren Verhaltensformen sind nach Kohlscheins
Beobachtung im Schwinden begriffen oder haben sich in Richtung der
horizontalen Kommunikation verändert. Diese Beobachtung macht auch
ein Pfarrer, der in einer E-Mail schrieb:

✉ Nichts dagegen, wenn sich Nachbarn, Freundinnen usw. begrüßen, aber muss man wirklich lautstark den Ratsch, der eigentlich vor der Kirchentüre seinen Platz hätte, bis zum Glockenzeichen ausdehnen? Übrigens: Dass der Herr im Tabernakel von den Hereinkommenden gegrüßt würde (durch eine Kniebeuge und ein kurzes Gebet), ist mehr und mehr rückläufig. [...] Setzen Sie sich mal 20 Minuten vor einer Sonntagsmesse an die Emporenbrüstung und schauen Sie den Hereinkommenden zu: Sie werden den Mund nicht mehr zubringen! Was ist da seit den 50er Jahren katechetisch falsch gelaufen? *(A. W. – 18. 8. 2019)*

Eine Änderung der „Grußriten" beim Betreten des Gottesdienstraumes konstatiert der Pastoralliturgiker Michael Meyer-Blank auch für die evangelische Kirche (Inszenierung des Evangeliums, 1997). Das Nehmen von Weihwasser und Sich-Bekreuzigen ist hier ohnehin nicht üblich; hingegen findet man die stille Sammlung im Stehen, bevor man den Platz in der Bank einnimmt. Aber auch das sieht er im Schwinden begriffen, das stille Gebet am Bankplatz (vor dem Hinsetzen) ist nicht mehr selbstverständlich. „Alles Äußere steht im Verdacht, nur äußerlich zu sein, und in der religiösen Erziehung werden äußere Formen vernachlässigt." Dies wird auch von anderer Seite her bestätigt; der Verhaltenswissenschaftler Parvis H. Falaturi schreibt über den Gruß in Richtung Altar vor dem evangelischen Gottesdienst: „In manchen Kirchen fällt er ganz weg, und die Gottesdienstbesucher gehen in ihre Bankreihe, setzen sich in die Bank und harren der Dinge, die da kommen" (Das Geschehen am Altar, 2014).

Tendenziell scheint die Ausrichtung auf das Heilige nicht mehr so sehr im Vordergrund zu stehen, wie es früher noch üblich war und wie es kirchlicherseits gewünscht wird. „Der sündige Mensch, der sich Gott nähert", wie es Meyer-Blank zusammenfasst. In diesem Bewusstsein gehen heute viele Menschen nicht mehr zum Gottesdienst. Man nimmt ihn eher als eine fromme Veranstaltung wahr, oder eben, wie es Falaturi ausdrückt: Man harrt der Dinge, die da kommen – ähnlich wie im Theater.

Im orthodoxen Gottesdienst steht ebenfalls die Ausrichtung auf das Heilige im Vordergrund, wie es das genannte „Orthodoxe Glaubensbuch" in Bezug auf das Verhalten in der Kirche beschreibt: Kreuzzeichen und Verehrung der Ikonen, evtl. auch das Aufstellen und Entzünden einer Kerze gehören dazu. Die Hinwendung zu anderen Menschen ist dennoch nicht ausgeschlossen: „Nachdem Sie die heiligen Ikonen verehrt haben, können

Sie Bekannte begrüßen und ihnen zum Festtag gratulieren, wenn gerade kein Gottesdienst stattfindet." Nichtorthodoxen Gästen und Gläubigen, die mit den Riten nicht vertraut sind (und dadurch auffallen), wird gern geholfen, wobei man ihnen auch die „korrekte" Bekreuzigung und Verneigung zeigt.

Beiläufiges, gedankenloses oder ungehöriges Tun

Trotz der graduellen Unterschiede in den einzelnen Konfessionen gehört es zum angemessenen Verhalten beim Betreten einer Kirche, eine Reverenz gegenüber Gott zu machen, um damit die Besonderheit des Ortes anzuerkennen. Durch die allgemeine Veränderung der „Grußriten" kann man im Unterlassen des einen oder anderen Tuns dabei nicht grundsätzlich von einem schlechten Benehmen ausgehen. Möglicherweise kann die rituell reduzierte Form des Betretens einer Kirche im evangelischen Bereich kaum mehr als ein religiöses Tun wahrgenommen werden. Es kann „beiläufig" wirken. Doch nicht alles, was unterlassen wird, ist schlechtem Benehmen zuzuordnen, und wiederum ist manches, was nach Andacht aussieht, nur äußerlich oder – wie es Guardini forderte – langsam.

📖 Was tat man zum Beispiel, wenn man die Vorhalle glücklich betreten und weiter durch eine Tür im hohen Gitter ins Hauptschiff wollte? Man ging vorsichtig und langsam, die Mütze in der Hand, hindurch und näherte sich dem Weihwasserbecken ganz rechts am großen ersten Pfeiler im Hauptschiff. Dann streckte man Zeige- und Mittelfinger der rechten Hand aus und führte sie (wieder: vorsichtig und laaang-saam) in das geweihte Wasser. Das geschah nicht zu tief, sondern so, dass man das Wasser höchstens streifte und die beiden Finger damit benetzte. Danach führte man sie zunächst an die Stirn und machte dann mit ihnen das Kreuzzeichen, indem man sie gegen die Brust und die Schultern rechts und links führte. Nicht zu schnell das alles, laaang-saam (in einem Gotteshaus gingen auch die Uhren anders, sie tickten nicht, sondern standen still)! Und danach nicht gleich weitergegangen oder gar forsch durch das Hauptschiff, nein, jetzt ging es darum, sich andächtig zu zeigen. Die Andacht bestand in einem längeren Verweilen, still, auf der Stelle. Ich konnte dazu auch eine Bank aufsuchen und mich niederknien (auf keinen Fall hätte ich mich jedoch sofort auf die Bank setzen dürfen, als wäre ich zu matt oder zu lustlos, den Parcours fortzusetzen). Hätte ich eine Bank aufgesucht und niedergekniet, hätte das die Andacht um einige Minuten verlängert, denn schließlich kniete man sich nicht in eine Bank, um sie nach kurzem Niederknien rasch wieder zu verlassen.

(Hanns-Josef Ortheil, Was ich liebe – und was nicht, 2018)

Neben der Verflachung bzw. Verkürzung der Riten gibt es aber auch Fehlformen. Der Eingangsbereich ist gerade in katholischen Kirchen ein besonderer Ort, weil sich dort auch das Weihwasserbecken befindet, von dem nicht jede(r) weiß, was es damit auf sich hat. So kann man in katholischen Kirchen durchaus erleben, dass Gläubige sich mit dem Weihwasser bekreuzigen, danach etwas Weihwasser auf den Boden spritzen: für die armen Seelen – möglicherweise das Relikt aus dem antiken Brauch einer Libatio, bei der man u. a. im Totenkult etwas Wein aus dem Becher vor dem Trinken auf den Boden goss (für die Götter). Ein Tun, das mehr oder weniger gedankenlos vollzogen wird (leider auch bei der Kommunion zu erleben – *vgl. S. 35*).

Da kann man aber auch lesen, dass Kinder, die vor der Kirche gespielt haben, sich danach im Weihwasserbecken die Hände gewaschen hätten oder jemand gar seinen Hund daraus saufen ließ *(S. 111)*. Sogar von Urinieren in das Weihwasserbecken ist die Rede – und dass ein trockenes Weihwasserbecken als großer Aschenbecher benutzt wurde und ausgedrückte Kippen enthielt, konnte ich selbst einmal sehen.

> Die beiden hatten Andreas nicht bemerkt. Er folgte ihnen in einigem Abstand in die Kapelle. In der Hand hielt er immer noch die Zigarettenkippe. Beinahe hätte er sie in das Weihwasserbecken neben dem Eingang geworfen.
> *(Peter Stamm, An einem Tag wie diesem, 2010)*

Nicht zuletzt um bei solchem Tun rechtzeitig einschreiten zu können, ist in größeren und viel besuchten Kirchen das Aufsichtspersonal gleich am Eingang postiert.

Geordnetes Betreten

„Was ist da katechetisch falsch gelaufen?", fragte der Pfarrer in seiner oben zitierten E-Mail. Tatsächlich wurde früher auch dem Betreten des Gotteshauses besondere Aufmerksamkeit gewidmet, vor allem in der katechetischen Unterweisung von Kindern. In einer Schulzeitschrift von 1874 heißt es: „Wie Alles, was zum Dienste Gottes gehört, groß ist, und es Nichts dabei gibt, was keiner besonderen Beachtung verdiente, so auch das ganze Benehmen der Kinder, nachdem sie in die hl. Räume des Gotteshauses eingetreten sind. Es soll mit allem Eifer und Nachdrucke darauf gesehen und hingearbeitet werden, daß die Kinder von der dem Hause Gottes gebührenden

*Hinweis in der Kirche St. Peter und Paul,
Würzburg*

Ehrfurcht durchdrungen werden. Daß sie dieses sind, soll schon ihr Eintreten in die Kirche wie ihr Hinausgehen, ihr ganzes Benehmen und ihre Haltung während des Gottesdienstes beurkunden."

Das Betreten und Verlassen der Kirche erscheint so als ein problematischer Vorgang, der bei Kindern und Jugendlichen eines besonderen Augenmerks bedarf – das Verhalten der Schüler während des Gottesdienstes aber nicht weniger, wie an anderer Stelle ausführlicher dargestellt wird *(Kapitel 14)*.

Für kirchlich nicht sozialisierte Besucher sind – wie oben dargestellt – äußerliche Dinge maßgeblich, wie etwa das Abnehmen der Kopfbekleidung (bei Männern) oder die entsprechende Bekleidung, wie sie auch auf Piktogramm-Hinweisen dargestellt werden. Da Kirchen inzwischen auf viele Menschen den Eindruck eines musealen Raumes machen, ändert sich auch das Verhalten beim Betreten und Verweilen in ihnen. Das hat den Schriftsteller *Alois Brandstetter* auf einen – wohl nicht ganz ernst gemeinten – Gedanken gebracht:

📖 Es gibt viele religiöse und auch praktische Gründe für gutes Benehmen in der Kirche! Das gälte meiner Ansicht nach nicht nur für das Kirchen*besuchen*, sondern auch für das Kirche*besichtigen*. Ich würde, wäre ich Rektor einer wertvollen Kirche, von den Besuchern weniger Eintrittsgeld verlangen, als vielmehr eine Aufnahme- oder Einlaßprüfung. Wer die Kirche betritt, müßte etwa bei einem Ostiarier die Kenntnis jener fünf Gebete der Christenheit, die im *Weißenburger Katechismus* aus dem 9. Jahrhundert zusammengefaßt sind, nachweisen. Ob einer nun das Athanasianische, das Apostolische oder das Niceno-Constantinopolitanische Credo oder Symbolum aufsagen oder beten möchte, würde ich dahingestellt sein lassen. Aber so ganz ohne Anstrengung sollte man ein Gotteshaus nicht betreten dürfen. *(Alois Brandstetter, Schönschreiben, 1997)*

3. Nicht Zeit-gemäß
Zuspätkommen und verfrühtes Gehen

„Wer zu spät kommt, den bestraft das Leben." Dieser berühmte Satz, den Michail Gorbatschow tatsächlich wohl nie gesagt hat, hätte im 5. Jahrhundert in Syrien möglicherweise so gelautet: Wer zu spät kommt, den bestraft der Diakon! Denn hier gab es – und das belegt eine Kirchenordnung aus ebendieser Zeit und Region – den Brauch, die Kirche nach Beginn des Gottesdienstes zu schließen. Wer zu spät kam, musste warten, ähnlich wie heute im Theater, wenn der erste Akt bereits begonnen hat. Erst zum Allgemeinen Gebet, den Fürbitten, wurde die Kirche geöffnet, und der Diakon „strafte" die Zuspätkommenden auf subtile Weise, indem er eine Fürbitte für sie einschob, in der er vor aller Ohren um Besserung für diese Sünder bat …

Zu den ältesten Verstößen gegen das angemessene Benehmen im Gottesdienst zählen das Zuspätkommen und das vorzeitige Verlassen des Kirchenraumes. In der Zeit der frühen Kirche, da der „Gottesdienstbesuch" noch nicht vom persönlichen Ermessen des Einzelnen geprägt, sondern selbstverständlicher Ausdruck des Glaubens und der Gemeindezugehörigkeit war, betraf dieses Verhalten auch die Gemeinschaft der Gläubigen. Diese Selbstverständlichkeit der Teilnahme am Gottesdienst änderte sich freilich in den folgenden Jahrhunderten, wie Adolf von Harnack schrieb: „Wo das Christsein zur Gewohnheit geworden war, zeigten sich schon im 3. Jahrhundert Überdruss am Kirchengehen, daher Versäumnis des Gottesdienstes, Entweihung des Gottesdienstes durch Allotria und Geschwätz, vorzeitiges Verlassen der Versammlung, Kirchenbesuch nur an Festtagen u. ä." (Die Mission und Ausbreitung des Christentums, 1915).

In späteren Jahrhunderten mag auf katholischer Seite die Betonung der Wandlung als des Höhepunktes der Messe mit ein Grund für späteres Kommen und früheres Weggehen gewesen sein. Der heute „Wortgottesdienst" genannte erste Teil der Messe konnte, als „Vormesse" bezeichnet, auch den Eindruck des nicht so wichtigen Teils des Gottesdienstes erwecken. Bei Wallfahrtsgottesdiensten konnte oft noch bis zum Evangelium gebeichtet werden.

Zuspätkommen

Das Zuspätkommen zum Gottesdienst wird durchgängig als Unart gesehen. Es sind mehrere Aspekte, die dabei eine Rolle spielen. Die Vorstellung, dass die Gottesdienstgemeinschaft erst durch das Zusammenkommen aller zustande kommt, wird in jüngerer Zeit wieder in den Blick genommen; das Zuspätkommen konterkariert dieses Verständnis. Es kommt auch vor, dass manche Menschen gern später kommen, um aufzufallen und sich dadurch bewusst außerhalb der Gemeinschaft oder über die anderen zu stellen. Schließlich richtet es sich gegen die Pünktlichkeit, die wiederum in vielen Gesellschaften ein Ausdruck der allgemeinen Ordnung ist – wie es schon in der Benediktsregel dargestellt wird, wo sich das 43. Kapitel ausführlich mit dem Zuspätkommen beim Gottesdienst und bei Tisch befasst. Zuspätkommen gehört sich also aus verschiedenen Gründen nicht.

„Die Gemeinde versammelt sich. Darauf tritt der Priester an den Altar." So lautet der erste Satz der „Feier der Gemeindemesse" im Deutschen Messbuch von 1975. Das Zusammenkommen konstituiert die Gemeinschaft als Trägerin des Gottesdienstes. Es passt, dass in der Folge des II. Vatikanischen Konzils unter diesem Aspekt auch die Versammlung zum Gottesdienst neu gesehen wurde, als eine Begegnung mit dem Herrn, eine Begegnung mit der Gemeinschaft der Gläubigen, ohne die man auf Dauer nicht Christ sein kann. „Komm her, freu dich mit uns, tritt ein … an des Herrn Gemeinschaft nimm teil", heißt es in einem Lied im katholischen Gesangbuch. Das Zuspätkommen zum Gottesdienst verstößt gegen dieses Verständnis und ist nicht nur eine schlechte Angewohnheit oder die berühmte „katholische Krankheit", wie man früher sagte. Mit dem Zuspätkommen bringt man sich vielmehr um die Frucht des Gottesdienstes.

Bischof Caesarius von Arles, sicher einer der begabtesten Prediger in der frühmittelalterlichen Kirche, benutzte das Bild der Biene, die emsig zu ihrer Arbeit fliegt, um den Gläubigen die Bedeutung des Gottesdienstes und der pünktlichen Teilnahme daran ans Herz zu legen: Der Zuspätkommende versäumt die Schriftlesungen des Wortgottesdienstes, in dem die Zellen im Inneren der Gläubigen zur Aufnahme des heiligen, himmlischen Honigs in der nachfolgenden Eucharistie vorbereitet werden (Sermo 207).

Die Pünktlichkeit der Gottesdienstteilnehmer wurde und wird daher immer wieder eingefordert – auch um die Kirchenzucht insgesamt zu stärken. In seinem Buch „Aus dem Priester- und Seelsorgleben" rät Johann

Baptist Buohler Mitte des 19. Jahrhunderts: „Der Gottesdienst muß zur festgesetzten Stunde beginnen. Oder wozu hat man sonst eine bestimmte Stunde festgesetzt? Der Gesetzgeber muß zuerst das Gesetz strenge halten; rüttelt er selbst an demselben, so wird bald jeder Kirchgänger sich Freiheiten erlauben, welche die größte Unordnung herbeiführen. Die nachlässigen und faulen Kirchgänger kommen dann immer noch später und laufen in die Kirche hinein, wann es ihnen beliebt, die fleißigen aber ärgern sich, weil sie über Gebühr warten müssen und schlagen sich zuletzt auch zu den Faulen. [...] Es gibt nämlich in jeder Gemeinde Personen, denen das Zuspätkommen zur zweiten Natur geworden ist. Diese Unnatur muß aber ein ordnungsliebender Seelsorger mit Liebe oder mit Ernst solch eigensinnigen Köpfen austreiben. Die passenden Mittel muß jeder Seelsorger nach den Bedürfnissen seiner Gemeinde selbst ausfindig machen.“

Ein in jedem Fall passendes Mittel ist das gute Vorbild. Der Pastoraltheologe und spätere Regensburger Bischof Johann Michael Sailer bemühte sich schon in seinen „Vorlesungen aus der Pastoraltheologie“ (1788/89), den Priestern die Notwendigkeit des pünktlichen und gemeinsamen Beginns des Gottesdienstes ans Herz zu legen. Die Priester sollen dabei Vorbild sein und der Gemeinde auch die Bedeutung der Pünktlichkeit immer wieder ans Herz legen: „Um einer großen Gemeinde das pünktliche Zusammentreffen bei dem Anfange des Gottesdienstes möglich zu machen, sorget der Liturg, daß die Glockenzeichen, die er nach den Bedürfnissen des Volkes festgesetzet, ordentlich gegeben werden. [...] Wenn die Glocken zusammenschlagen, dann wissen alle Pfarrgenossen: jetzt fängt der Gottesdienst an, und mit dem letzten Schlage steht der Priester schon am Altare. Denn das Beispiel der Pünktlichkeit, das der Pfarrer giebt, muß dem Geläute erst Nachdruck verschaffen. Die Kraft des Glockenklanges, die das empfängliche Gemüth wohl fühlet, so wie die Bestimmung der Glocken, weiß der Liturg, bei gegebenen Anlässen, der Gemeinde nahe zu legen.“

Es wundert nicht, dass die Pünktlichkeit des Kommens sowie das Bleiben bis zum Ende des Gottesdienstes auch immer wieder in den Beichtspiegeln (der Gebet- und Gesangbücher) angefragt wurden: „Bin ich zu spät gekommen oder zu früh fortgegangen?“ – „Habe ich an Sonn- und Feiertagen die heilige Messe aus eigener Schuld versäumt? Habe ich nur äußerlich daran teilgenommen? Bin ich zu spät gekommen? Zu früh weggegangen? Bin ich in der Kirche ehrfurchtslos gewesen?“

Auch auf diese Weise konnte die Bedeutung der gemeinschaftlichen Feier eingeschärft werden. Im katholischen Gebet- und Gesangbuch „Gotteslob" von 1975 wie auch von 2013 spielen die Fragen nach Zuspätkommen und Zufrühgehen keine Rolle mehr in den Beichtspiegeln – vielleicht auch ein Beleg dafür, dass dies in jüngerer Zeit nicht mehr so oft vorkommt wie früher.

Sich schämen – und sich bessern

Um die Pünktlichkeit und den gemeinschaftlichen Beginn zu gewährleisten, griff man mancherorts zu drastischen Maßnahmen. So wurden nach Beginn des Gottesdienstes die Türen verschlossen, um Zuspätkommende zu kontrollieren und auch vorzeitiges Gehen zu verhindern. Wie schon eingangs dieses Kapitels beschrieben, war es dem Diakon vorbehalten, Einlass zu gewähren, wie es in der Kirchenordnung „Testamentum Domini" aus dem 5. Jahrhundert beschrieben ist: „Wenn jemand zum Morgenlob oder zur Eucharistiefeier zu spät kommt, so muss er draußen bleiben, wer immer er sei, und der Diakon darf ihn nicht eintreten lassen […], damit das Zuspätkommen die nicht störe, die beten wollen. Wenn der Spätankömmling die Tür verschlossen findet, soll er aus den genannten Gründen nicht an sie klopfen. Wenn der erste Teil des Morgenlobes vorüber ist, kann der Zuspätgekommene – Mann oder Frau – eintreten, und der Diakon wird bei der Darbringung oder beim Morgenlob so sprechen: ‚Für den Bruder, der zu spät gekommen ist, bitten wir, dass Gott ihm Eifer und Ernst gebe, dass er ihn von allen Banden dieser Welt befreie und guten Willen gebe, mit Liebe und Hoffnung'" (Test. Dom. I, 36, 2–3).

Ganz ähnlich findet man diese Einstellung gegenüber den Säumigen auch in der Regel des heiligen Benedikt; wer zu spät zum Gottesdienst kommt, wird vor den Mitbrüdern herausgestellt, um sich zu schämen und zu bessern: „Kommt einer zu den Vigilien erst nach dem ‚Ehre sei dem Vater' des Psalmes 94 […], darf er nicht an seinem Platz im Chor stehen. Vielmehr stehe er als Letzter von allen oder auf dem Platz, den der Abt für so Nachlässige abseits bestimmt hat, damit sie von ihm und von allen gesehen werden. Dort bleibe er, bis er am Schluss des Gottesdienstes öffentlich Buße getan hat. Wir lassen die unpünktlichen Brüder bewusst auf dem letzten Platz oder abseits stehen, damit sie von allen gesehen werden, sich schämen und deshalb sich bessern" (RBen. 43). – Das sind Maßnahmen, die heute in einem Gemeindegottesdienst nicht möglich wären. Wer so herausgestellt würde, käme wohl in Zukunft gar nicht mehr.

Vorzeitiges Verlassen des Gottesdienstes

Das vorzeitige Verlassen des Gottesdienstes wurde ebenso angemahnt wie das Zuspätkommen. Schon gegen Ende des Altertums gab es viele Gläubige, die nicht kommunizierten, so dass man sich überlegen musste, wie es mit ihnen in der Eucharistiefeier halten wollte. Es gab den Brauch, dass diejenigen, die nicht kommunizieren konnten oder wollten, vor der Kommunion entlassen wurden. Sie erhielten dazu einen speziellen Segen am Schluss des Eucharistischen Hochgebets. In Gallien wurde dieser nach dem Vaterunser erteilt; die Nichtkommunikanten sollten bis zu diesem Zeitpunkt in der Kirche bleiben. Später ist, „weil die Väter zu Ende des vierten Jahrhunderts den Unfug derer rügten, welche den Gottesdienst vor der Communion verließen", dieser Segen auf den Zeitpunkt nach der Kommunion verlegt worden, wie Ferdinand Probst in seiner „Geschichte der abendländischen Messe" (1896) schreibt.

Als Johannes Chrysostomus Priester in Antiochia war, wurde er seiner Predigten wegen so berühmt, dass manche Leute nur ihretwegen zur Kirche kamen. So rügt Chrysostomus, dass die unabsehbare Menge, die sich während der Predigt in der Kirche zusammendrängt, schon bald danach nicht mehr zu sehen ist, wenn das Fürbittgebet ansteht. Offensichtlich verließen viele die Kirche sofort, wenn der Prediger seine Worte beendet hatte, noch vor dem Gebet – nach dem Motto: Beten kann man auch zu Hause, wie ihnen Chrystosomus in den Mund legt. Frans van de Paverd stellt in seiner „Geschichte der Messliturgie in Antiocheia und Konstantinopel" (1970) dar, dass es keineswegs nur die Katechumenen waren, die Taufbewerber, die vor der eigentlichen Eucharistiefeier die Kirche verlassen mussten; mit ihnen verließ auch ein Teil der Gläubigen „freiwillig" die Kirche. Wie Chrysostomus war es auch Bischof Nestorius von Konstantinopel ein Dorn im Auge, dass viele Gläubige zusammen mit den Katechumenen die Kirche verließen. Für sie war deren Entlassung eine gute Gelegenheit, sich unauffällig aus dem Staub zu machen. Nestorius verglich ihr Verhalten mit dem der Jünger, die Jesus bei seiner Gefangennahme im Stich ließen.

Auch im gallischen Arles im 6. Jahrhundert, wo Caesarius vierzig Jahre lang als Bischof gewirkt hat, kannte man dieses Problem. Der Bischof legte dem Volk die Mitfeier der heiligen Mysterien ans Herz und wandte sich gegen Missstände wie Versäumen des Gottesdienstes, vorzeitiges Verlassen der Kirche und unandächtiges Betragen: „Ich bitte euch, geliebte Brüder, und ermahne euch in väterlicher Liebe, sooft am Herrentag [...] Messe gefeiert wird, möge niemand die Kirche verlassen, bevor die heilige Handlung beendet ist." – „Und ich bitte aber- und abermals, keiner von euch möge die Kirche verlassen, bevor die heiligen Mysterien beendet sind; und beherrscht euch in der Kirche so sehr, dass niemand versucht, sich mit unnützem und weltlichem Gerede zu beschäftigen" (Sermo 73,1.5). Hier geht es um ein adäquates Verhalten gegenüber der gottesdienstlichen Feier, welche den Sonntag auszeichnet. Caesarius ermahnte nicht nur zum Bleiben, er trat sogar denen in den Weg, die den Gottesdienst vorzeitig verlassen wollten, und ließ die Kirchentüren schließen und sie erst nach dem Segen wieder öffnen.

Das vorzeitige Verlassen des Gottesdienstes ist ein Verhalten, das an keine bestimmte Zeit und Konfession gebunden erscheint; auch in den Kirchen der Reformation gab es dieses Problem. In manchen evangelischen Kirchenordnungen des XVI. Jahrhunderts begegnet der Hinweis, „[d]aß das laufen auß der kirchen vor dem empfangenen segen Gottes abzuschaffen" ist. Dazu sei es angeraten, dass man die Predigt nicht über eine dreiviertel Stunde andauern lässt, damit auch diejenigen, welche einen weiten Weg haben, eher heimkommen – um rechtzeitig zur Mittagsandacht wieder da sein zu können ...

In den Zeiten der konfessionellen Auseinandersetzung Ende des 16. bis Mitte des 17. Jahrhunderts klagten manche Pfarrer darüber, dass Gläubige vorzeitig die Kirche verließen. Ein wesentlicher Grund war dafür offensichtlich die Unzufriedenheit mit der Predigt – also ganz im Gegensatz zur Situation bei Chrysostomus, als man nur der Predigt wegen kam. In seiner Geschichte des kirchlichen Lebens im 17. Jahrhundert zitiert Friedrich August Tholuck aus reichlich vorliegendem Material über die Zustände der sächsischen und der württembergischen Kirche die Klagen eines Pastors Schönewald in der Diözese Herzberg: „Daß ihrer Viele so gar späte zur Kirche kommen, etwan kurz vor Anfang der Predigt oder wohl gar unter der Predigt. Viel aber können kaum erwarten, bis die Predigt geschlossen, so laufen sie hinaus ohne Noth und erwarten weder das gemeine Gebet noch den Segen."

Das vorzeitige Verlassen des Gottesdienstes konnte aber auch Ausdruck der Ablehnung und des Protestes sein; bei der Rekatholisierung mainfränkischer Orte im frühen 17. Jahrhundert ließ der Würzburger Bischof, der ja auch Territorialherr war, nicht nur den Kirchgang der Einwohner von Soldaten kontrollieren, sondern auch die Eingänge mancher Kirchen bewachen, damit niemand vorzeitig gehen konnte. Eine ähnlich restriktive Maßnahme gab es – allerdings aus anderen Gründen – später in den Garnisonskirchen von Potsdam und Berlin *(vgl. S. 32)*.

Das vorzeitige Verlassen des Gottesdienstraumes, sofern es nicht aus einer Notwendigkeit heraus geschieht, richtet sich als Höflichkeitsverstoß zunächst gegen den Herrn selbst, der ja als „Gastgeber" der Feier zu sehen ist; gegen die Gemeinde und Gemeinschaft als ganze und einzelne Funktionsträger in ihr wie den Liturgen oder Prediger oder auch die Kirchenmusiker. Vor allem das Herausströmen aus der Kirche noch während des Orgelnachspiels erregt bis heute oft den Unmut der Organisten, weil man durch dieses Tun zum Ausdruck bringt, dass man ihren Dienst und ihre Kunst nicht zu würdigen weiß. Noch anstößiger erscheint das Verhalten mancher Priester, die sich mit ihren Diensten schon während des Schlussliedes in die Sakristei zurückziehen und die Gemeinde im wahrsten Sinne des Wortes stehen lassen.

> ✉ Wir machen seit längerem diese Beobachtungen: […] Der Priester mit dem liturgischen Dienst geht schon in die Sakristei, während die Gemeinde noch das Schlusslied singt (meist mehrere Strophen). *(J. A. und M. P. – 14. 8. 2016)*

In manchen Gemeinden gehörte das Verlassen der Kirche noch vor dem Segen für die Männer gewissermaßen zum Brauchtum, wie es *Alois Brandstetter* in einem Roman beschreibt:

> 📖 Aber auch früher schon haben die Herren der Schöpfung, wenn sie ‚auf die Post' geschickt worden sind und ‚im Amt zu tun' gehabt haben, immer auch einen Abstecher zum Wirt gemacht, sozusagen ehrenamtlich und privat. So wie ja auch jeder Kirchenbesuch am Sonntag mit einem Kirchenwirtsbesuch verbunden gewesen ist! Bis dann überhaupt nur noch der Wirt übriggeblieben

ist und der Kirchenwirt auch die Kirche ersetzen hat müssen. Das sogenannte
‚letzte Evangelium' haben die Männer in den hinteren Bänken meistens in
der Kirche gar nicht mehr gehört, weil sie den Tumult bei der Kommunion
genützt haben, um unauffällig durch das Westportal zu verschwinden. Der
Wirt ist ursprünglich aber immer nur der Abstecher gewesen, der Seitensprung
gewissermaßen, die Nebensache und das Zusatzprogramm. Bis aus der Nebensache die Hauptsache geworden ist … *(Alois Brandstetter, Zur Entlastung der
Briefträger, 2011)*

Auf eine notorische „Frühgeherin" reagierte Philipp Neri (1515–1595), der
ja auch als sehr humorvoller Heiliger gilt, auf seine Weise. Die folgende von
Theodor Schnitzler in seinem Buch „Erzählte Messe" (1978) geschilderte
Reaktion auf ein unangemessenes Benehmen könnte durchaus zu ihm
passen, ist aber – angesichts der Zahl an Benimmverstößen in diesem Zusammenhang – leider nur schwer wiederholbar:
    Die Baronin Pompilia de Rossi, die in Santa Maria Novella (der Kirche,
die Philipp Neri betreute) immer zur hl. Messe ging, hatte die Gewohnheit,
gleich nach der Kommunion die Kirche zu verlassen, ohne eine Danksa-
gung zu halten und den Schluss abzuwarten. Als es wieder einmal geschah,
drückte der hl. Philipp Neri nach der Messe seinen vier Ministranten in der
Sakristei ein brennende Kerze in die Hand, gab ihnen Anweisungen und
sagte: „Schnell, eilt der Baronin nach!" Als sie die Baronin erreicht hatten,
gingen sie mit den Kerzen neben ihr her. Die Baronin fuhr die Ministranten an: „Was macht ihr da?" Sie antworteten ihr: „Don Philippo hat uns
geschickt." Da kam er auch schon selbst des Weges. Er zog den Hut und
sagte: „Frau Baronin haben gerade kommuniziert. Noch ist Christi Leib,
das eucharistische Brot, nicht vergangen. Zu den Vorschriften der Kirche
gehört es: Das allerheiligste Sakrament muss mit Kerzen begleitet sein, wenn
man es über die Straße trägt. Deshalb schickte ich die Kerzenträger nach."
Donna Pompilia de Rossi bekam einen roten Kopf, dass man es unter der
Schminke sehen konnte, sagte leise „Madonna mia", drehte sich auf dem
Absatz um und ging wieder in die Kirche. Von nun an lief sie nie wieder
zu früh aus der heiligen Messe fort.
    Das führt direkt weiter zur Frage der Haltungen und dem ehrfürchtigen
Verhalten bei der Kommunion.

4. „Saloppes Benehmen ist unangebracht!"
Haltungen im Gottesdienst und Verhalten bei der Kommunion

Ein „Lümmel" ist laut „Duden" ein [junger] Mann, der als frech, ungezogen, als Person mit flegelhaftem Benehmen angesehen wird. Das Wort kommt von dem veralteten „lumm", was „schlaff", „locker" bedeutet und eine ablautende Bildung zu „lahm" darstellte. Lümmeln oder sich lümmeln bedeutet danach, sich in betont nachlässiger, unmanierlicher Weise irgendwohin setzen, legen, irgendwo stehen, sich rekeln. Zum Beispiel in der Kirchenbank.

Es geht bei der Frage nach dem rechten Benehmen in der Kirche und im Gottesdienst, so viel ist bisher schon deutlich geworden, einmal um das Prinzip der Gemeinschaft, das durch ein bestimmtes Verhalten gestört wird. Daneben steht ein anderes Prinzip, das der Heiligkeit Gottes und des Gottesdienstes bzw. des religiösen Ortes, denen Ehrfurcht und Respekt geschuldet werden. Beide Prinzipien betreffen auch die Haltungen, die man hier einnimmt.

Die Begriffe „Haltung" und „Verhalten" hängen nicht nur sprachlich zusammen; die körperliche Haltung spiegelt auch eine innere Einstellung und Befindlichkeit wider, wie es das Beispiel des Lümmels zeigt. Im Gottesdienst spielen Gesten, Gebärden und Haltungen eine große Rolle, wobei die beiden Ersteren vor allem den Liturgen zukommen. Zu den Haltungen der Gläubigen heißt es in der „Allgemeinen Einführung in das Römische Messbuch": „Eine einheitliche Körperhaltung aller Versammelten ist ein Zeichen ihrer Gemeinschaft und Einheit; sie drückt die geistige Haltung und Einstellung der Teilnehmer aus und fördert sie" (AEM 20).

Die Haltungen der Gläubigen in der katholischen Liturgie sind das Stehen, Knien und Sitzen. Sie sollen gemeinschaftlich eingenommen werden, wobei es – aus Gründen der Gesundheit oder des Alters, aufgrund von Platzverhältnissen, aber auch aus einem bestimmten Empfinden heraus – Ausnahmen geben kann. Das kann man beispielsweise während des Eucharistischen Hochgebets beobachten, das manche stehend mitvollziehen, andere zuerst stehend, dann kniend, wiederum einige stehend, dann kniend und später sitzend. Ein Spiegel der jeweiligen Frömmigkeit ist dies aber nicht.

Auch im evangelischen Gottesdienst spielen die Haltungen eine Rolle, wenngleich nicht so sehr wie im katholischen, wie Christoph Albrecht in seiner „Einführung in die Liturgik" (1995) schreibt: „Zeremonien sind nach lutherischem Verständnis weder heilsnotwendig noch für die Einheit der Kirche erforderlich. Wohl aber ist es eine ‚feine äußerliche Zucht', sich leiblich zu bereiten, weil die äußere Haltung eine Gestaltwerdung des Inneren ist. Für das Verhalten im Gottesdienst gilt als Grundregel eine gelöst-natürliche, aber doch zuchtvolle Haltung. Saloppes Benehmen ist genauso unangebracht wie geschraubt-steifes Gebaren. Die evangelische Kirche kennt eine Vielzahl von Gebärden, die nicht nur den Pfarrer betreffen, sondern auch jedem Gemeindeglied wohl anstehen."

Stehen, Sitzen, Lümmeln

Die ursprüngliche Haltung beim Gottesdienst ist die des Stehens, sie drückt die „Freiheit des Christenmenschen" aus, der durch die Auferstehung befreit ist und aufrecht vor Gott stehen kann. Das Knien ist ein Ausdruck des Sich-klein-Machens, es wird daher im Zusammenhang von Bußriten oder der Anbetung eingenommen. Als Haltung der eucharistischen Frömmigkeit kommt es etwa ab dem Hochmittelalter in die Liturgie. Kniebänke sind bis heute ein Kennzeichen katholischer Kirchen, ebenso wie der Tabernakel, der das Allerheiligste birgt. Das Sitzen kommt relativ spät in die Liturgie; es ist zunächst die Haltung des Lehrens, wie es auch schon biblisch zum Ausdruck kommt (vgl. Mt 5,1–2). Im Begriff „Lehrstuhl" hat sich das noch erhalten. Das Sitzen ist aber auch Ausdruck des meditativen Hörens.

Grundsätzlich hat die Einführung von Kirchenbänken auch dafür gesorgt, dass weniger in den Kirchen herumgelaufen wurde, was sich noch länger in den südlichen Ländern Europas hielt, wie es Peter Hersche für die Barockzeit schildert. Insofern trugen die Kirchenbänke zu einer Disziplinierung bei, wobei man früher seltener saß als heute. Man kann – zumindest in Deutschland – beobachten, dass das Sitzen inzwischen zur vorrangigen Haltung im Gottesdienst geworden ist. Mehr als die beiden anderen Haltungen des Stehens oder Kniens verführt das Sitzen aber auch zu einem „Es-sich-bequem-Machen", was der heiligen Handlung der Liturgie nicht angemessen ist bzw. eine andere Einstellung zum Gottesdienst ausdrückt. Den Eindruck, den der Schriftsteller *Martin Leidenfrost* von einem Gottesdienst in

Pressburg schildert, kann man gelegentlich auch in einer katholischen oder evangelischen Kirche bei uns gewinnen:

> Die meisten verfolgten den Gottesdienst wie einen Vortrag. Einige falteten die Hände, manche schlugen die Beine übereinander, das Mädchen vor mir legte den Kopf auf die Schulter ihres rastagelockten Freundes. *(Martin Leidenfrost, Die Welt hinter Wien, 2011)*

Tatsächlich macht diese Haltung der übereinandergeschlagenen Beine den Eindruck des Passiven: Mal sehen, was da kommt. Jedenfalls ist sie eine unliturgische Haltung, wie es *Walter Kempowski* in seinem Roman „Heile Welt" (1998) zum Ausdruck bringt:

> Am Morgen fuhr Matthias zunächst noch zur Kirche. Die Predigt handelte von dem kleinsten Tüttel des Gesetzes, den man nicht weglassen darf, und Pfarrer Ortlepp brachte eine Menge Beispiele von geschriebenen und ungeschriebenen Gesetzen, von Anstand und von Sitte. […] Wer erinnere sich nicht an dieses hässliche Bild, vor einigen Jahren um die Welt gegangen, von den Oxford-Studenten, wie sie nicht einmal die Hände aus den Taschen nahmen, als Bundespräsident Heuss, dieser gebildete, feinsinnige Demokrat, ihnen einen Besuch abstattete. Wer Autoritäten nicht achtet, nicht mehr weiß, wo oben und unten ist, der verletzt die Spielregeln, deren Einhaltung Demokratie überhaupt erst möglich macht. Wieviel mehr im Raum der Kirche, dem Vorhofe Gottes? Wer in einem Gotteshaus, zum Beispiel, in der Kirchenbank sitzend die Beine übereinanderschlägt, der beweist schon damit, dass für ihn das Bethaus eine Jahrmarktsbude ist.

Predigt von der Kanzel, aus: Der Seelen Wurzgart (1483)

Das Sitzen mit übereinandergeschlagenen Beinen gab es allerdings auch schon früher, wie ältere Darstellungen, etwa aus der Reformationszeit, zeigen.

In orthodoxen Gotteshäusern, wo man überwiegend steht und es nur wenige Sitzgelegenheiten gibt, wird streng darauf geachtet, dass man nicht salopp sitzt: Diese Erfahrung habe ich selbst auch als Schüler gemacht, als mir einmal im byzantinischen Gottesdienst des Klosters Niederaltaich ein Pater das Übereinanderschlagen der Beine verbat. Diese Haltung ist nicht nur eine unliturgische; weil die Beine überkreuzt sind, wirken sie auch noch sakrilegisch, wie der Moderator und Schriftsteller *Roger Willemsen* im orthodoxen Sofia erfahren musste:

> 📖 Ein Pope singt im hellen Tenor, ein Knabe steht, die hohe tropfende Kerze in der Hand, mit iPod-Stöpseln im Ohr und verneigt sich betend. Man atmet die Luft aus einem Schacht ins Mittelalter. Ein Kustode kommt und fordert mich auf, nicht mit übereinandergeschlagenen Beinen zu sitzen. Warum? Er deutet zum Altar: „Das Kreuz ist IHM allein vorbehalten." *(Roger Willemsen, Ein Traum, der wachsen muss, SZ Magazin 20/2014)*

Diese Haltung der übereinandergeschlagenen Beine kann man vor allem in Kirchen finden, die bestuhlt sind – in Sitzbänken ist sie nur schwer möglich.

Doch auch in Kirchenbänken kann man es sich „bequem" machen – und das nicht erst seit unserer Zeit. So beklagte Johann v. Matha Haberl in seiner „Darstellung der kirchlichen Gebräuche und Ceremonien" Mitte des 19. Jahrhunderts: „Gehe man nur in die nächst beste Kirche und betrachte man die Leute dort, wie sie's machen. Der sitzt, aber fest sitzt er vom Anfang bis zum Ende der Messe; wenn er nicht sitzen kann (kein Platz für ihn ist), so geht er gar nicht in die Kirche; und der oder die lümmelt da, als ob sie nicht wüßten, wo sie seien, oder als ob sie es absichtlich antrügen und berechneten, sich möglichst ungebührlich und ärgerlich zu benehmen."

Etwa um dieselbe Zeit beschwerte sich ein anderer Autor über das schlechte Benehmen während der Gottesdienste auf dem Land; auch hier war das „Es-sich-bequem-Machen" ein Übel: „Andere, und zwar viele, fangen, sobald die Predigt beginnt, alsbald zu schlafen an, und schlafen fort noch lange während des übrigen Gottesdienstes. Ich sah diese Ungeheuer an, und erblickte sie selbst während der heiligen Wandlung schlafend, es stund keiner mehr auf, sich mit dem Kreuze zu bezeichnen, sondern sie blieben sitzen, wie Mehlsäcke an die Wand gelehnt."

Ein probates Mittel gegen das Lümmeln schien dem preußischen Soldatenkönig Friedrich Wilhelm im 18. Jahrhundert das Entfernen der Lehnen an den Bänken der Garnisonskirchen zu sein; während der langen Predigten sollten seine Soldaten, die an den Gottesdiensten teilnehmen mussten, nicht die Möglichkeit haben, es sich bequem zu machen …

Knien, Kniebeugen, Knicksen

Wie das saloppe Sitzen, vor allem aber das Sitzenbleiben während der Wandlung als Ausdruck der Ehrfurchtslosigkeit gilt, so auch das Unterlassen der Kniebeugen – sei es beim Betreten der (katholischen) Kirche, sei es vor dem Allerheiligsten bzw. bei der Wandlung. Dass sich innerhalb der Grußriten beim Betreten der Kirche manches geändert hat, wurde bereits beschrieben. Das vielfache Unterlassen der Kniebeuge gehört ebenso dazu, wobei heute der Umstand mit zu berücksichtigen ist, dass das Allerheiligste bzw. der Tabernakel sich unter Umständen nicht im Altarraum befindet, sondern in einem Nebenraum, so dass keine Kniebeuge gemacht werden muss. Nach Romano Guardinis genanntem Buch „Von heiligen Zeichen" soll die Kniebeuge tief, langsam und mit ganzem Herzen geschehen, um Ausdruck der Demut zu sein. Von daher ist nicht nur das Unterlassen der Kniebeuge, sondern auch ihre schludrige und hingerutschte Andeutung ein Ausdruck der oberflächlichen Einstellung. Letztlich geht es ja auch um eine Begrüßung des Herrn.

Ein gerade nur angedeuteter Knicks kann auf körperliche Schwierigkeiten zurückgehen, manchmal ist dies aber nur eine schnelle Ausrede. Dem hl. Vinzenz von Paul wird nachgesagt, dass er bis ins hohe Alter bemüht war, die Kniebeuge trotz seines Beinleidens korrekt und ehrfürchtig zu machen. Er hielt auch seine Mitbrüder dazu an. Und die zahlreichen „großen Metanien" (Kniebeuge mit zwei Knien, Oberkörper nach vorn strecken und Berühren des Bodens mit der Stirn) während der Fastenzeit im byzantinischen Ritus sieht man auch viele alte Menschen vollziehen.

Reverenz

Hinsichtlich des Kniens zur Konsekration (Wandlung) in der Messe gibt die schon zitierte Einführung in das Messbuch den Hinweis: „Wenn die Platzverhältnisse oder eine große Teilnehmerzahl oder andere vernünftige Gründe nicht daran hindern, soll man zur Konsekration knien" (AEM 21). Viele Gläubige bleiben aber auch bewusst stehen, nicht nur weil das die alte Gebetshaltung der Gläubigen ist, sondern weil es ja auch im Hochgebet selbst heißt: „Wir danken dir, dass du uns berufen hast, vor dir zu *stehen* und dir zu dienen." Umso genauer schauen aber manche dann, was die Zelebranten tun, die ja ihre vorgeschriebenen Kniebeugen haben. So wird denn auch in einschlägigen fundamentalistischen Internetforen heftig kritisiert, dass Papst Franziskus angeblich manche Kniebeuge unterlasse, was sein „sakrilegisches" Verhalten zeige.

Ein unehrfürchtiges Verhalten während der Messe und die unterlassenen Kniebeugen wurden auch schon früher kritisiert; Elfriede Moser-Rath zitiert den Barockprediger Ignatius Ertl, der sich darüber beklagt: „Wie manicher knopfeter Baurnbengl und Jodl (wol auch manicher hoffärtiger Spreizer und Bürzer) stehet ein gantze Meß bey dem Altar da / wie ein Oelgötz mit aufgerissenem Maul den Priester angaffend / ohne dass er sich kaum bey der Auffwandlung mit halben Fuß was bucket / und hernieder kniet."

Nicht nur die Haltung ist Ausdruck der Ehrfurcht vor der Gegenwart Christi, sondern auch das Verhalten. Während der Wandlung nicht aufmerksam und andächtig dem Geschehen am Altar zu folgen und stattdessen (als Kind) Spielchen mit dem Vordermann zu treiben, weil es kurzweiliger ist, konnte einem früher schon ein paar „Watsch'n" seitens des Mesners eintragen, wie es der bayerische Kabarettist *Gerhard Polt* beschreibt. Die von ihm zitierten Worte des Mesners machen deutlich, dass sein Benehmen sich nicht gegen die Mitfeiernden richtete, sondern gegen Gott selbst:

> 📖 „Du Hundskrüppel, du verreckter – an lieben Gott beleidigen –, wart nur – du kommst sicher in d'Höll." *(Gerhard Polt, Hundskrüppel, 2004)*

Zur angemessenen ehrfürchtigen Haltung gegenüber dem Allerheiligsten gehört ebenfalls, dass man ihm stets von vorn begegnet, wie es früher eingeschärft wurde: „Nach Inzensation des Priesters hat der Zäremoniar zu beachten, dass er sich nach links wende, um nicht dem Allerheiligsten den Rücken zuzukehren" (Andreas Schmid, Caeremoniale, 1904). Das ist heute, sofern sich ein Tabernakel im Altarraum befindet, kaum noch zu beobachten. Dieser Aspekt zeigt aber auch, dass manches geänderte liturgische Verhalten nicht gleichzusetzen ist mit schlechtem Benehmen.

Auch das Kreuzzeichen ist ein ehrfürchtig zu vollziehendes Zeichen, das aber nicht immer so gemacht wird, wie ein Pfarrer schrieb:

> ✉ Aufschlussreich, ja erschreckend ist, wie wenige unserer „guten Katholiken" noch ein ordentliches Kreuzzeichen können! Und da spreche ich nicht von den Kindern und Jugendlichen. Selbst die sich selber noch soooo katholisch fühlenden 60- bis 70-Jährigen fahren da im Gesicht rum, dass man sich nur so wundert. *(A. W. – 18. 8. 2019)*

Hände in den Taschen

Wie bewegt man sich im Kirchenraum – innerhalb oder außerhalb des Gottesdienstes? Wohin mit den Händen? Hier haben es Angehörige mancher Orden einfach, die ihre Hände in den weiten Ärmeln verstecken können … Die gefalteten Hände sind eine Möglichkeit, eine andere die übereinandergelegten Arme. Eine ausgesprochen saloppe und ungeziemende Gebärde ist es, die Hände in die Hosentasche zu stecken.

Der Journalist Dieter Stein schildert folgende Szene in der Wochenzeitung „Junge Freiheit" (2000): „Am Ostersonntag war ich wieder in der Kirche. Mit einem katholischen Freund besuchte ich den Gottesdienst im Berliner Dom. […] Der Pfarrer muss der Gemeinde sagen, wann sie aufzustehen und wann sie sich zu setzen hat. Viele Gelegenheitsbesucher kennen die Liturgie nicht mehr. Beim Gang zum Abendmahl steht vor mir ein älteres Ehepaar. Der Mann dreht sich mehrmals lässig schlendernd um sich selbst und begutachtet neugierig Kuppel und Säulen. Dabei hat er die Hände gemütlich in den Hosentaschen versenkt. Ich spreche den Mann an und bitte ihn, die Hände aus den Hosentaschen zu nehmen. Auf seinen fragenden Blick hin weise ich auf den Altar. Verdutzt zieht er die Hände heraus und hält sie hinter seinen Rücken. Es handelte sich um einen kanadischen Touristen. Ich musste die Aufforderung auf englisch wiederholen. Ein deutsches Ehepaar, das die Szene mitbekam, musterte mich kopfschüttelnd von oben bis unten."

Kommunionempfang

Natürlich ist der Kommunionempfang selbst ein Geschehen, das höchste Andacht und ein entsprechendes Verhalten verlangt. Doch Beispiele deplatzierten Verhaltens und unwürdigen Benehmens sind zahlreich; oftmals zeigen sie, dass manchen Kommunikanten der Sinn dieses Geschehens gar nicht bewusst ist. Sei es, dass das „Amen" als Antwort auf die zu den Worten „Der Leib Christi" gezeigte Hostie entfällt oder durch ein „Danke!" ersetzt wird, sei es, dass manche(r) mit der auf die Hand empfangenen Hostie bei der Kelchkommunion im Kelch mit dem Blut Christi „paddelt" und ein paar Spritzer auf die Erde gibt (wie selbst erlebt) oder die Hostie erst beim Zurückgehen in den Mund schiebt (oder sogar in die Hosentasche, was auch bisweilen vorkommt). Manche stellen sich vielleicht auch zur Kommunion an, weil es eben dazugehört. Und statt des Glaubensbekenntnisses „Der Leib Christi" – „Amen" kann man unter Umständen ganz andere Dialoge hören:

> ✉   In unserer Gemeinde ging der Kantor, während die Band spielte, zum Pfarrer zur Kommunion. Der überreichte ihm die Hostie mit den Worten: „Hast Du nichts zu tun?" Der Kantor deutete daraufhin zur Empore und antwortete: „Hörst Du doch." (*M. P. – 22. 8. 2019*)

Es gibt auch selten eine vorherige Vermahnung, wie die Kommunion richtig und würdig vor sich geht; ja, wie man zur Kommunion geht: Ich selbst erinnere mich noch daran, wie ich als Kind in den 1960er-Jahren erstaunt-erschrocken war, als manche mit übereinandergelegten Armen zur Kommunion gingen, anstatt mit gefalteten Händen; das erschien mir als fast provokant (als Jugendlicher habe ich es dann selbst so gehalten …). Freilich lässt die äußere Haltung nicht immer einen Schluss auf die innere Einstellung zu, manchmal aber schon.

> ✉   Nach dem Empfang schlendert manch einer, die Arme schlenkernd, betont kauend auf seinen Platz zurück. Wie soll man angemessenes Benehmen beibringen, wenn es nicht „mitgebracht" wird? (*B. W. – 6. 5. 2016*)

Vor allem betrifft das auch den Umgang mit der Hostie selbst. Eine immer wieder zitierte Begebenheit skizziert diesen Umgang, aber auch die Sprachlosigkeit der Gemeinde: „Im Innsbrucker Bahnhofsviertel feiert eine Gruppe von KatholikInnen Gottesdienst. Die Eucharistie hat längst begonnen, als eine deutlich als Prostituierte erkennbare Frau den Gottesdienstraum betritt. Sie scheint leicht alkoholisiert zu sein und ruft laut in den Raum hinein: ‚Bekomme ich da auch etwas?' Offenbar meint sie mit etwas das eucharistische Brot. Der Priester, welcher der Eucharistie vorsteht, ist im Moment sprachlos, sagt aber nach einigem Zögern: ‚Ja schon', sichtlich in der geheimen Hoffnung, dass die Frau noch vor der Kommunion die Feier wieder verlassen wird. Sie bleibt aber, nimmt das eucharistische Brot, bricht die Hostie in zwei Teile, konsumiert einen Teil, steckt den anderen in die Hosentasche und verlässt den Gottesdienstraum. Nachforschungen ergeben, dass sie mit der geteilten Hostie geradewegs zum Bahnhof ging, wo eine Schwester der Bahnhofsmission, die ihr öfters geholfen hatte, ihren Dienst versah. Sie brachte ihr die geteilte Hostie mit den Worten: ‚Schau, was ich dir mitgebracht habe. Du isst ›das‹ doch so gerne!'" (Michael Johannes Schindler, Gott auf der Straße, 2016).

Man kann den Eindruck gewinnen, dass unwürdiges und gedankenloses Verhalten bei der Kommunion vor allem bei der Handkommunion zu beobachten ist. Das hat seine eigentliche Ursache aber im Unverständnis und vielleicht auch in der Unkenntnis hinsichtlich der Bedeutung der Kommunion. Es fehlt womöglich bei manchen Menschen das Bewusstsein, dass es um Gott in (nicht nur) dieser Situation geht; für manche bleibt das alles auf einer zwischenmenschlichen Ebene. In einem „Kirchen-Knigge" heißt es zum Stichwort „Oblate": „Brotstücke, die beim Abendmahl die Gegenwart Gottes vergegenwärtigen sollen. Auch hier gilt: Wenn Sie Hemmungen haben, das Gebäck in den Mund zu nehmen, lassen Sie es."

✉ Wenn „Gott" nicht vorkommt, kann auch nicht verstanden werden, dass man es in der Hl. Kommunion so direkt mit Gott zu tun hat; dann ist das eben ein „Keks", den der Pfarrer da vorne verteilt. Warum soll dann der Onkel eines Erstkommunikanten mit seinem Kleinkind auf dem Arm dem nicht auch einen solchen da vorne abholen? Dann ist es nach dem Erstkommuniongottesdienst eine naheliegende Frage des jüngeren Bruders „Wie schmeckt das?" mit der wirklichkeitsgetreuen Antwort „wie alte Pommes frites". Dann kann man beim Kommuniongang noch mit dem Hintermann Blödsinn machen, bis man direkt vor dem Austeilenden steht (und das nicht nur Kinder, „die es halt nicht besser wissen"!). *(H. N. – 18. 6. 2016)*

Dem Nicht-besser-Wissen kann und muss man abhelfen; vielleicht geht man auch zu selbstverständlich davon aus, dass alle Gottesdienstteilnehmer wissen, was die Kommunion ist und wie man kommuniziert. Dem ist aber nicht so. Es ist daher wichtig und eine wesentliche Aufgabe der Seelsorger, die Gläubigen regelmäßig auf diese Bedeutung als Vereinigung mit Christus und Gemeinschaft untereinander hinzuweisen und sie zu einem ehrfürchtigen Kommunionempfang anzuleiten. Wie notwendig dies heute ist, wird gerade auch in der Kommunionkatechese deutlich, wo Kinder bisweilen von „Jesuscracker" oder der „Fresspappe" sprechen …

Hinweise zum Kommunizieren und zum rechten Benehmen bei der Kommunion gab es früher auch im Zusammenhang der Beichtunterweisung wie etwa in einem Büchlein von 1802: „Was hat man beym Empfange der heiligen Kommunion zu thun?" Da wurde das rechte Gehen nach vorn ebenso angesprochen wie das Verhalten beim Kommunizieren selbst: Man „öffnet sittsam den Mund, legt die Zunge auf die untere Lefze, und genießt die heilige Hostie ohne zu käuen, zu beißen, oder lange im Munde zu behalten". Sollte die Hostie am Gaumen kleben, „soll man sie mit der Zunge ablösen und genießen, ohne die Finger zu gebrauchen". Ebenso ehrerbietig, wie man hinzugetreten ist, kehre man zum Platz zurück und spreche dort sein Gebet im Knien. In den Gottesdiensten im byzantinischen Ritus im Benediktinerkloster Niederaltaich wurde vor der Kommunion eine Unterweisung zum Kommunizieren auf die ungewohnte Weise mit Löffel gegeben; selbst die Haltung wurde angesprochen und unter Umständen beim Kommuniongang noch korrigiert.

Die Ehrfurcht vor dem Sakramentalen und Heiligen ist vor allem dort in Gefahr, wo der Gottesdienst aus dem noch relativ geschützten Umfeld der Kirche heraustritt in die Öffentlichkeit und den Alltag: bei eucharistischen Prozessionen oder bei Versehgängen, auch bei der Krankenkommunion im Mehrbettzimmer einer Klinik. Diese Diskrepanz ist heute besonders am Fronleichnamsfest spürbar, zumal in einer Gesellschaft, die nicht mehr durchgängig kirchlich sozialisiert, ja teilweise sogar antikirchlich eingestellt ist.

Dass bei den „Zuschauern" die Ehrfurcht vor dem Sakrament nicht immer gegeben war und deren Verhalten auch früher schon Anlass zum Klagen gab, wird aus vielen Dokumenten und Beschreibungen deutlich, wie ich es in meinem Buch „Fronleichnam. Ein Fest in Bewegung" (2006) dargestellt habe, weshalb hier nicht näher darauf eingegangen werden soll.

5. Schleier auf, Hut ab, Strümpfe an
Von Kopfbedeckungen und angemessener Kleidung

Ich mag etwa vier Jahre alt gewesen sein, da nahm mich meine Mutter einmal morgens mit zur heiligen Messe. Es war Winter, ich hatte eine Mütze auf, die mir meine Mutter auch nach dem Betreten der Kirche nicht abnahm. Vielleicht nahm man es damals mit den Mützen bei Jungen in dem Alter nicht so genau, vielleicht hatte sie es auch vergessen – ich weiß es nicht. Ich kann mich aber noch genau daran erinnern, wie der etwas entfernt sitzende Banknachbar, ein junger Mann, aufstand und auf uns zukam, mit dem Zeigefinger auf meinen Kopf deutete und meine Mutter anherrschte: „Nehmen Sie dem Kind die Mütze von dem Kopf!" Vielleicht nicht sehr freundlich, aber Respekt einflößend, wie die Würde der Liturgie und die Heiligkeit des Raumes damals in den 1950er-Jahren.

Unangemessene oder unschickliche Bekleidung gehört zu den ältesten Fehlformen des Benehmens im Gottesdienst. Schon im Neuen Testament wird die Kleidung bzw. Kopfbedeckung mehrfach auf unterschiedliche Weise thematisiert und auch kritisiert. Zielt das Gleichnis Jesu vom Mann mit dem fehlenden Hochzeitsgewand (Mt 22,11–13) auf das Innere des Menschen (das Gewand der Seele), so lassen sich in Predigten zu diesem Evangelium wie zu anderen doch leicht auch Hinweise zur richtigen Kleidung im Gottesdienst geben. So zum Beispiel bei der Beschreibung der Kleidung Johannes' des Täufers aus dem 11. Kapitel des Matthäusevangeliums, das am 2. Adventssonntag gelesen wurde und wird.

In dem schon erwähnten ersten Brief des Apostels Paulus an die Korinther geht es auch um die Haartracht der Frauen und die Kopfbedeckung der Männer. Die Ausführungen des Apostels haben konkrete Auseinandersetzungen und Meinungsverschiedenheiten in dieser Gemeinde als Hintergrund (1 Kor 11,4–16).

Die Kleidungsfrage und -ordnung im Gottesdienst und in der Kirche ist stark vom Respekt gegenüber dem heiligen Ort und Geschehen geprägt, wobei die Kleidung und die Kopfbedeckung die Ehrfurcht vor dem Heiligen zum Ausdruck bringen sollen. Allerdings ist im Laufe der Geschichte immer an Konventionen und Traditionen zu denken, über die man nicht nachdenkt, sondern die man hält, wie sie üblich waren und sind. Man kann sich vorstellen, dass in dem Maße, wie in unserer Gesellschaft heute der Respekt vor dem, was Menschen „heilig" ist, schwindet, auch die Frage nach der Bekleidung im kirchlichen Raum weniger eine Rolle spielt. Kleidung ist immer auch ein Zeichen, das etwas über den Träger aussagt, ein Signal, dem eine wichtige kommunikative Bedeutung zukommt – zumindest in bestimmten Regionen und Zeiten. Auch hinsichtlich der Kopfbedeckung.

Hut ab!

Das Abnehmen des Hutes, einer Mütze oder sonstigen Kopfbedeckung im christlichen Gottesdienst seitens der Männer scheint seinen Grund in der Anordnung zu haben, die der Apostel Paulus der Gemeinde von Korinth gab (1 Kor 11,2–13). Die Männer sollen an den gottesdienstlichen Versammlungen entblößten Hauptes teilnehmen, die Frauen hingegen – auch die nichtverheirateten – sollen ihr Haupt bedecken. Was heute bei uns ganz und gar gegen die Vorstellung einer Gleichberechtigung verstößt, war bei Paulus noch ganz anders gedacht. Die Verschleierung des Hauptes – wie bei verheirateten Frauen üblich – sollte das grundsätzliche Untertansein der Frau gegenüber dem Mann ausdrücken, zumal im Gottesdienst. Das unbedeckte Haupt des Mannes wiederum zeigt seine Bedeutung als „Abbild und Abglanz Gottes".

Diese Regelung hat sich beim Mann im Wesentlichen bis heute durchgetragen, während es bei der Frau vor allem in jüngerer Zeit in manchen Ländern zu einer Veränderung kam, insofern die Verhüllung des Hauptes – was wohl ursprünglich ein Über-den-Kopf-Ziehen des Obergewandes bedeutete – nicht mehr praktiziert wird. Allerdings gab es auch schon im Altertum verschiedentlich Abweichungen von der paulinischen Regelung, die aber nicht als „schlechtes Benehmen" zu werten sind, sondern als Anpassung an kulturelle bzw. regionale Gewohnheiten.

Die Frage nach dem Abnehmen des Hutes im Kirchenraum stellt sich bei uns heute kaum noch, da Hüte bei Männern – anders als seit einiger Zeit wieder bei Jugendlichen – aus der Mode gekommen sind. So fällt es denn umso mehr auf, wenn jemand in der Kirche zum Abnehmen des Hutes gebeten werden muss, wie es Anfang 2018 im Passauer Dom geschah; allerdings trug der Mann seine Kopfbedeckung aus gesundheitlichen

Gründen und hatte sich daher über das Vorgehen der Ordnungsdienste im Dom in einem Leserbrief an die Zeitung beschwert. Seitens der kirchlichen Verwaltung wurde darauf hingewiesen, dass nicht nur Sschilder am Hauptportal darauf aufmerksam machen, sondern auch die Broschüre „Beten im Dom" das Abnehmen der Kopfbedeckung nenne: „Die Kopfbedeckung eines Mannes war früher ein Herrschaftszeichen. Da in einer Kirche allein Gott die Ehre gebührt, trägt ein Mann in der Kirche traditionell keinen Hut, keine Kopfbedeckung."

Diese Begründung für das Abnehmen des Hutes zeigt auch, wie sich die Einschätzung gegenüber der paulinischen Zeit gewandelt hat: Das Hut-Ziehen wird jetzt als Zeichen der Ehrerbietung gewertet. Auch das mittelalterliche Abnehmen des Helmes wird gelegentlich als Begründung genannt.

Das kirchliche Gesetzbuch von 1917 regelte auch das Abnehmen des Hutes in der Kirche (can. 1262 § 3); Kommentare sahen allerdings witterungsbedingte Ausnahmen vor: „Wegen besonderer Verhältnisse kann es z. B. einem Kahlköpfigen gestattet sein, bei großer Kälte sein Haupt zu bedecken. Umgekehrt kann es auch gestattet sein, sich zu bedecken, wenn man bei glühendem Sonnenschein einer hl. Messe im Freien beiwohnt."

Das Abnehmen des Hutes bzw. einer Kappe oder Mütze wurde teilweise auch außerhalb der Kirchen gepflegt, etwa beim Läuten zum „Angelus", dem „Engel des Herrn". Ein Bild von Jean-François Millet zeigt ein Paar auf dem Feld während des Angelusläutens der nahen Dorfkirche; der Mann hält seinen Hut in der Hand.

Gegenüber dem Land ist man in der Stadt von diesem Brauch schon im 19. Jahrhundert abgekommen, wie sich der katholische Geistliche und Schriftsteller *Heinrich Hansjakob* erinnert:

📖 Ich habe es nie gerne, wenn ich im Freien bin und der Meßner seine Angelusglocke läutet, sei es am Morgen, sei es am Abend. Um den braven Hofstettern, die in alter, schöner Sitte beim ersten Glockenton den Hut abnehmen und beten, kein Ärgernis zu geben, muß ich meine Behauptung ebenfalls abnehmen. Dies bekommt aber, namentlich bei kühlem oder windigem Wetter, meiner ziemlich kahlen Kopfhaut nicht gut, und rheumatische Schmerzen stellen sich gerne ein. Drum ist es mir unlieb, wenn die Betglocke von Hofstetten mich auf freiem Felde trifft. In der Stadt giebt man heute kein Ärgernis mehr, so man bedeckten Hauptes bleibt beim Läuten des Angelus. *(Heinrich Hansjakob, Abendläuten. Tagebuchblätter, 1900)*

Es war auch üblich, dass der Hut gezogen wurde, wenn man einem Priester auf dem Versehgang zu einem Sterbenden begegnete. Das konnte allerdings auch zu Komplikationen führen, wie man sie sich heute kaum mehr vorzustellen vermag; Anton Kerschbaumer schildert in seiner „Pastoral in Beispielen" von 1876: „Ein Curat trug das Sanctissimum zu einem Kranken in der Stadt. Da bemerkte er einen jungen Menschen, der sich nicht rührte. Der Curat herrschte ihm zu: ‚Hut ab, niederknieen.' Jener blieb in seiner Stellung, worauf ihn der Curat durch einen Polizeimann arretiren lassen wollte. Es gab hintennach allerlei Verdrießlichkeiten; denn der Beanstandete war ein Protestant."

Ebenso war es üblich, im Freien den Hut bzw. die Mütze abzunehmen und stehen zu bleiben, wenn man auf einen Trauerzug traf; dies war auch eine Ehrerweisung gegenüber den Verstorbenen. Das Abnehmen der Kopfbedeckung hat sich vielerorts auch auf dem Friedhof – nicht nur bei Beerdigungen – erhalten.

Eine besondere Form des Umgangs mit dem Hut gab es zeitweise in der evangelischen Kirche, wo man nach dem Betreten der Kirche den Hut abnahm, ihn dann aber während des Gebets vor das Gesicht hielt. Dieser merkwürdige Brauch, der heute zugleich mit dem Hut verschwunden zu sein scheint, wurde unterschiedlich gedeutet, auf das Verhüllen des Gesichts in der Gegenwart Gottes, aber auch auf das Fernhalten äußerer Eindrücke während des Gebetes.

In reformierten Gemeinden gab es zumindest früher den Brauch, bewusst den Hut aufzubehalten – aus theologischen Gründen, die Karl Bähr nennt: „Der reformirte Cultus bildet gegen diese ganze lutherische Auffassung einen strengen Gegensatz. Er abstrahirt, so viel es nur möglich ist, von allem Aeußerlichen und Sinnlichen im Gottesdienst, verwirft alle ‚Ceremonien', die nicht durchaus nöthig sind; und geht darin so weit, daß er sogar das Decorum verletzt. So wurde es z. B. Sitte, die Hüte in der Kirche aufzusetzen; Bekannte oder höher Stehende begrüßte man zwar durch Hutabnehmen, bedeckte sich dann aber gleich wieder, und dies grundsätzlich, um factisch zu bekennen, daß Gott ein Geist und als solcher überall sei, daß man daher die Kirche für keinen heiligeren Ort halte, als jeden andern. In Schottland legte man beim Gebet die Hände auf den Rücken, weil man das Falten derselben für eine Ceremonie hielt. Man [...] berief sich auf das Wort des Herrn, daß Gott ein Geist sei und im Geist und in der Wahrheit angebetet werden müsse; daraus wurde gefolgert, daß der Gottesdienst durchaus ein geistiger sein müsse" (Begründung einer Gottesdienstordnung für die evangelische Kirche, 1856). – Der Volksmund brachte es auf den Punkt: „Ist der Segen gut, geht er auch durch den Hut!"

Auf den Bildern von Kircheninterieurs niederländischer Kirchen sieht man häufig Männer und auch Jungen ihre zumeist großen Hüte tragen. Diese Kirchen gehörten keiner Konfession, sondern seit der „Alteration", d. h. der Veränderung der öffentlichen Religion im Zuge des niederländischen Aufstands, gehörten sie der Stadtgemeinde. Sie hatten den Vorteil eines großen überdachten öffentlichen Raumes, der für alle Konfessionen offen stand. In diesen Kontext gehören auch die Hüte: Man traf sich (gerade bei Regen) in den Kirchen zum Gespräch, zum Flanieren. Die Hüte selbst waren ein Statussymbol; auch Kinder ab einem gewissen Alter (und einer bestimmten Schicht) trugen sie. Letztlich waren sie so auch ein Topos der Kirchenbilder, ähnlich den frei laufenden Hunden (freundlicher Hinweis von Frau Almut Pollmer).

Noch einmal zurück zum Angelusgebet im Freien: Auf einem Bild des Genremalers E. Döcker, „Bauern beim Gebet auf dem Feld", sieht man auch einen kleinen Jungen, der seinen Hut vor sich auf den Boden geworfen hat. Das führt zu der Frage, ab welchem Alter Buben in der Kirche ihre Mütze oder Kappe abnehmen sollen. Gern ist man ja heute gegenüber Kindern hinsichtlich solcher Vorschriften etwas toleranter als früher, wie eingangs dieses Kapitels beschrieben. Dazu passt eine weitere eigene Beobachtung: Vor ein paar Jahren konnte ich in einer Domkirche eine ähnliche Situation wie bei mir damals erleben. Hier ging kurz nach Beginn der Messe eine Mutter mit ihrem Sohn in eine der Bänke; der Junge, vielleicht war er sieben oder acht Jahre alt, trug seinen Fahrradhelm auf dem Kopf. Da die beiden nicht mitsingen konnten, weil sie kein Gesangbuch dabei bzw. vom Eingang mitgenommen hatten, trat eine Frau aus der Bank dahinter zu ihnen, gab ihnen ihr eigenes Buch und sprach offensichtlich noch ein paar Worte zu dem Jungen. Sie schien den richtigen Ton getroffen zu haben, denn er nahm seinen Helm ab, drehte sich anschließend zu ihr um und lächelte sie an. Es hat also auch etwas mit der Art und Weise zu tun, wie man auf etwas hinweist und mit Kindern umgeht. Grundsätzlich sollten freilich auch Kinder bereits diese Regelungen kennen und praktizieren.

Wenig Haut zeigen

Der Vorwurf unangemessenen Verhaltens in der Kirche im Zusammenhang der Bekleidung wurde besonders Frauen gemacht. Das lag maßgeblich an der Aussage des Apostels Paulus in seinem ersten Brief an die Gemeinde in Korinth. Der Abschnitt 1 Kor 11,2–6 enthält eine deutliche Kritik des Apostels an den korinthischen Frauen, die – in schwärmerischem Freiheitsverständnis – ohne Kopfbedeckung im Gottesdienst beteten und prophezeiten. Die Kopfbedeckung der Frauen war jahrhundertelang auch von daher keine Frage; sie verschwand in unserer Gesellschaft erst in den vergangenen Jahrzehnten, in vielen Ländern spielt sie nach wie vor eine wesentliche Rolle beim Kirchenbesuch.

Vor allem aber sorgte eine „schamlose Kleidung" für Unmut. Der Schriftsteller *Hans Carossa* beschreibt in seinen Jugenderinnerungen, wie im katholischen Landshut noch Ende des 19. Jahrhunderts eine junge Frau für Entrüstung sorgte:

> 📖   Nonnen ähnlich, bis zu Kinn und Ohren verhüllt, wandelten Frauen und Mädchen durch die heiteren Straßen; ja gerade damals bebte die ganze Stadt vor Entrüstung über ein junges Mädchen, eine Berlinerin, die sich schamlos, die Arme bis zu den Ellenbogen hinauf entblößt, in die Dominikanerkirche gewagt hatte, wo sie denn, wie sichs gebührte, vom Küster hinausgewiesen worden war. *(Hans Carossa, Verwandlungen einer Jugend, 1928)*

Auch das kirchliche Gesetzbuch (CIC) von 1917 kam in can. 1262 darauf zu sprechen: „… was aber die Frauen betrifft, so sollen sie den Kopf bedeckt haben und schamhaft bekleidet sein, vor allem wenn sie sich der Kommunionbank nähern."

So wurde denn immer wieder das Aufreizende einer allzu freizügigen Kleidung inkriminiert. Die Fuldaer Bischofskonferenz stellte 1925 in ihren „Leitsätzen und Weisungen zu verschiedenen modernen Sittlichkeitsfragen" heraus: „So wenig die katholische Moral gegen eine zweckmäßige und geschmackvolle Kleidung oder selbst auch gegen den Wechsel der Mode an sich einzuwenden hat, ebenso entschieden und bedingungslos muss sie die gegenwärtig herrschenden Modeunsitten mit ihrer tendenziösen Entblößung oder Herausstellung des Körpers, weil sie letzten Endes einer zynischen heidnischen Lebensauffassung ihren Ursprung verdanken und auf Reizung geschlechtlicher Sinnlichkeit berechnet sind, verwerfen und mit Abscheu ablehnen. Die gebildete katholische Frau muss sich hier der Verantwortung bewusst sein, die auch sie dem Volke gegenüber als Hüterin reiner Sitte hat. Die Eltern, vor allem die Mütter, sind verantwortlich für die Kleidung ihrer Töchter. Dass Frauen und Mädchen im Heiligtum des Gotteshauses und gar am Tische des Herrn sich anders als in durchaus ernster und ehrbarer Kleidung einzufinden wagen, muss in Zukunft ausgeschlossen sein, schon durch das Beispiel und die Stellungnahme der katholischen Frauenwelt selber. Aufgabe des katholischen Volksteils ist es, nicht nur die schlechte Mode zu bekämpfen, sondern sich nachdrücklich um die Schaffung und Einführung einer gediegenen und schönen Frauenkleidung zu bemühen."

Die „Reizung geschlechtlicher Sinnlichkeit" kann sich auf unterschiedliche Weise ausdrücken, meist aber geht es um zu viel Haut, die dabei sichtbar wird – allerdings auch wiederum an unterschiedlicher Stelle: So konnte früher bereits das Kommen ohne Strümpfe zum Gottesdienst als unehrbar und unanständig gelten. Vor allem zu den heiligen Sakramenten mussten sich die Frauen in „ernster und ehrbarer Kleidung" einfinden, wie 1930 von der römischen Instruktion „De inhonesto feminarum vestiendi more" gefordert wurde: „Mädchen und Frauen, die unehrbare Kleider (,inhonestas

Kleidung im Gotteshause.

Entsprechend der Anordnung des Heiligen Vaters Pius XI. über die ehrbare Kleidertracht der Frauen wird von der kirchlichen Behörde verordnet, wie folgt:

Wir verbieten das Betreten des Gotteshauses oder gar den Zutritt zum Tisch des Herrn seitens der Frauen und Mädchen in ärmellosen oder zu weit ausgeschnittenen Kleidern und mit bloßen Beinen; ebenso müssen wir der männlichen Jugend das Erscheinen beim Gottesdienst und an der Kommunionbank im Sport- oder Wanderhemd ohne sonstige Oberkleidung verbieten.

Zuwiderhandelnde haben Verweisung aus dem Gotteshause und Uebergehen an der Kommunionbank zu gewärtigen.

Würzburg, den 1. Juni 1931.

Bischöfliches Ordinariat:

Miltenberger   **Kötzner.**

Kleidung im Gotteshause. Aushang in Kirchen (1931)

vestes') tragen, sollen von der heiligen Kommunion ferngehalten werden, ebenso vom Amte der Tauf- und Firmpatinnen, gegebenenfalls soll ihnen auch der Eintritt in die Kirche verwehrt werden."

Diese Kleiderordnung wurde auch durch Verlesen bzw. Hinweis in der Kirche bekannt gemacht; sie betraf nicht nur die Frauen und Mädchen, sondern – was den Grad der bedeckten Haut betraf – auch die männliche Jugend.

Heute ist davon zumindest in der deutschen Gesellschaft und vor allem in den Städten nicht mehr viel zu spüren, in südlicheren und östlicheren Ländern jedoch schon, weswegen man vor Reisen dorthin auch immer wieder auf die Kleiderordnung in den Kirchen hingewiesen wird. Als der ehemalige US-Präsident Barack Obama und seine Frau während ihres Urlaubs in Italien im Mai 2017 auch die Kathedrale von Siena besuchten, sorgte das für reichlich Diskussionsstoff: Michelle Obama trug ein schulterfreies Top, was normalerweise als Bekleidung in einer italienischen Kirche nicht geht. Selbst Kommentatoren seriöser Medien bezeichneten dies als „unangemessen". Andere verwendeten Begriffe wie „geschmacklos" und „ordinär". Ein Blogger schrieb: „In die Moschee wäre sie niemals so respektlos hineinspaziert. In die Synagoge auch nicht."

Interessant ist die Antwort bzw. die Erklärung seitens der Communauté de Taizé auf ihrer Website auf die häufig gestellte Frage, welche Art von Bekleidung im Gottesdienst möglich und nötig ist: „Im Frühjahr, Herbst und Winter bitte an warme Kleidung denken; aber es kann auch im Sommer nasskalt sein! Wir bitten alle, in der Kirche passende Kleidung zu tragen. Schulterfreie Shirts oder sehr kurze Hosen stoßen dort bei Menschen aus anderen Kulturkreisen auf Unverständnis." Im Sommer werden am Eingang der Versöhnungskirche auch weiße Tücher zur „Verhüllung" ausgelegt bzw. von den Helfern ausgegeben. Es geht also vorrangig darum, bei anderen keinen Anstoß zu erregen.

Eine ähnliche Bekleidungsordnung gilt auch für Männer – in Shorts oder gar Badehose eine Kirche zu betreten, gilt als „No go". Der Bischof von León in Mexiko, José Guadalupe Martín Rábago, wies 2011 darauf hin, dass dies ein unwürdiges Benehmen sei: „Manche Männer kommen würdelos gekleidet in die Kirche, sie tragen kurze Hosen oder Sandalen. Doch der Ort, an dem sie sind, benötigt andere Kleidung." Auch Frauen sollten darüber nachdenken, was sie wo tragen. Es sei doch normal, sich etwa für eine Hochzeit anders anzuziehen als „für einen Ausflug an den Strand". Solche Äußerungen seien „nicht frauenfeindlich. Ich bitte doch nur darum, dass die Würde und Anstand" hinsichtlich des Kirchenraumes „gewahrt bleiben, das ist alles" (kath.net).

Doch gelegentlich greifen Kirchen die Situation eines Ausflugs an den Strand auch ganz bewusst auf, um, wie in Norddeutschland als „Kirche unterwegs", den Touristen und Urlaubern Seelsorge anzubieten: „Gottesdienst in Shorts und Sandalen" überschrieb Dieter Sell 2003 seinen epd-Beitrag zur Urlauberseelsorge: „Mitten auf dem Campingplatz am Strand im Nordseebad Dorum bei Cuxhaven haben Elke und Bernd Bode das Zelt der ‚Kirche unterwegs' aufgeschlagen. Zwischen dem spartanischen Wohnwagen vom Typ Knaus-Monsun und rollenden Villen mit allem Komfort steht ihr Altar mit schlichtem Holzkreuz. Das Ehepaar gehört zu den 23 oft ökumenischen Teams der kirchlichen Urlauberseelsorge, die in dieser Saison zwischen Harz, Heide, Osnabrück, Weserbergland und Küste ganz ungezwungen in Shorts und Sandalen zum Gottesdienst einladen."

Ähnlich wie bei der Kopfbedeckung stellt sich vielleicht auch im Zusammenhang des „zu viel Haut" die Frage nach dem Alter bzw. danach, ob diese Kleidungsordnung auch für Kinder gilt und ab welchem Alter. In einer Zusendung zur Umfrage dieses Projekts heißt es:

> ✉ In der Kapelle im Heinrich-Lübke-Haus (KAB) in Günne am Möhnesee habe ich es an einem sehr warmen Sommertag (vor 1–2 Jahren) erlebt, dass ein Junge (Kindergartenalter schätze ich) mit seiner Mutter zum Gottesdienst kam. Beide saßen nebeneinander auf einer Kirchenbank und der Junge hatte sein Hemd völlig aufgeknöpft und man sah seinen blanken Oberkörper. Ich finde, auch wenn er noch ein Kind ist, hat seine Mutter ein bisschen darauf zu achten, wie ihr Sohn in der Kirche rumläuft. Später gingen, wie immer, die Kinder, die noch nicht die Kommunion erhalten, zum Pater, um sich den Segen abzuholen. Unsere Tochter war noch keine 2, stand in der Kinderschlange (ich neben ihr) und der Junge mit seinem komplett offenen Hemd hinter ihr. Da drehte sich plötzlich unsere Tochter um und pikste den Jungen mit ihrem Finger in den Bauchnabel. *(M. W. – 11. 4. 2017)*

Kleidung als „Putz"

Außer dem Problem des „zu viel Haut" gibt es aber auch noch andere Formen des Anstoßes im Gottesdienst durch die Kleidung. Im Catechis-

mus Romanus wurde bei der Behandlung des sechsten Gebotes auch der „übertriebene Putz der Frauen" angesprochen, der zur Unkeuschheit lockt:
„Uebertriebener Putz, wodurch die Augen sehr lüstern gemacht werden, gibt eine nicht geringe Veranlassung zu böser Lust; desswegen ermahnet Sirach: Wende dein Angesicht von einem geputzten Weibe ab. [Eccles. 9,8] Wenn sich daher Frauen zu sehr mit dem Putze abgeben, so wird es nicht unschicklich seyn, dass der Seelsorger einige Sorgfalt darauf verwende, sie manchmal zu ermahnen und zu tadeln, mit den ernsten Worten, die der Apostel hierüber gesprochen hat: Der Frauen Schmuck sey nicht der äussere im Haargeflechte, in Goldgehängen oder im Anzuge von Kleidern. [I. Petr. 3,3] Ebenso spricht der hl. Paulus: Nicht mit geflochtenen Haaren, oder Gold, oder Perlen, oder kostbarem Gewande; [I. Tim. 2,9] denn viele, die mit Gold und Perlen geschmückt sind, haben die Zierden der Seele und des Leibes verloren" (Römischer Katechismus 1853, Hauptstück 7,11).

Die biblischen Verweise zeigen, dass sehr früh bereits auf die Gefahren der Veräußerlichung durch Kleidung, Haartracht und Schmuck hingewiesen wurde. Auch Johannes Chrysostomus griff dies in seinen Predigten auf (10. Homilie über den Kolosserbrief). Das scheint aber auch später noch ein Thema zu sein; nicht nur der Barockprediger Abraham a Santa Clara beklagte diese Haltung vor allem im Gottesdienst, auch für andere Prediger der Barockzeit war „Kleidung" ein dankbares Thema. So spottete Jordan von Wasserburg Mitte des 18. Jahrhunderts über eine neue Modetorheit: „Jetzt wäre es bald vonnöthen / dass / wann das mit Strick- und Reifrock beschlagene Frauen-Volck zum heiligen Tempel daher pranget / man denen Mesneren zuschreye: Attollite portas / Attollite portas. Eröffnet / erweiteret den Eingang / spöret auf die grosse Kirchen-Thür / damit das Frauen-Zimmer ohne Anstoß hinein tretten möge" (Moser-Rath).

Im 20. Jahrhundert wird nicht nur zu viel Haut beklagt; Papst Benedikt XV. äußerte sich in seiner Enzyklika „Sacra propediem" vom 6. Januar 1921 zum Aufputz und zur Selbstdarstellung mancher Frauen im Gottesdienst: „In dieser Hinsicht können wir die Verblendung so vieler Frauen jeden Alters und jeder Stellung nicht genug beklagen, welche, von Gefallsucht betört, nicht einsehen, in welch hohem Grade jene unverständige Kleidertracht, deren sie sich bedienen, ihnen nicht nur das Missfallen gerade der Besten einträgt, sondern sie auch Gott beleidigen. Es genügt ihnen nicht, mit einem solchen Aufputz, den früher die meisten von ihnen als mit der christlichen Bescheidenheit allzu unvereinbar entrüstet von sich gewiesen hätten, öffentlich umherzugehen, ja sie scheuen sich selbst nicht einmal mehr, die heiligen Orte (damit) zu betreten und der Feier des Gottesdienstes so beizuwohnen, ja sogar noch zum Tisch des Herrn, an welchem der göttliche Urheber der Keuschheit empfangen wird, die Reize der schändlichen Begierden hinzutragen."

Auch in den Beichtspiegeln tauchen „stolze Kleiderpracht und unehrbarer Putz" auf; so wurde in einem „Beichtspiegel für Jungfrauen" von 1856 als „Sünde wider Gott" genannt: „In der Kirche während dem Gottesdienste reden, in freiwilliger Zerstreuung sich aufhalten, herumschauen, mit frechen Geberden, stolzer Kleiderpracht, und unehrbarem Putz erscheinen, wodurch sich eine Jungfrau vieler fremden Sünden theilhaftig machen kann."

Die „Putzsucht" hat inzwischen auch die Männer ergriffen – und sogar die Priester, wie in einer Zuschrift zur Umfrage beklagt wird:

☒ Immer wieder begegnen einem Priester, die sich gern mit allem möglichen weltlichen Schmuck aufputzen: Fingerring, goldenes Armkettchen, Ohrring, gefärbtes Haar (gern auch mal mit Strähnchen). Mein Empfinden bringt derlei Zierrat nicht mit der von uns Klerikern erwarteten Demut in eins. *(A. W. – 18. 8. 2019)*

Individualisierungstendenzen

2016 berichtete die argentinische Zeitung „Zarate Alerta" über einen Priester, der in seiner Kirche im Eingangsbereich Hinweise angebracht hatte, wie man sich angemessen kleide: Die Kirche sei das Haus Gottes und Pforte des Himmels. Sie sei von Männern nicht in kurzen Hosen, ärmellos und mit einer Kopfbedeckung zu betreten; Frauen sollten keine zu weiten Ausschnitte oder durchsichtige Kleidung tragen. In dem Zeitungsartikel wurde dem Priester unter anderem der Vorwurf gemacht, er verletzte durch seine Forderungen nach angemessener Bekleidung die Individualrechte, zu denen eben auch gehöre, wie man sich kleide.

In Ueckermünde (Mecklenburg-Vorpommern) weigerte sich ein Fotograf 2018, sein Markenzeichen, die Mütze, in der Kirche abzunehmen; er erhielt daraufhin ein Verbot, in der Kirche bei Hochzeiten zu fotografieren. Die Kleidung und damit auch der Hut sind ein soziales Zeichen – auch Zeichen einer sozialen Gruppe. Von daher soll die Weigerung, den Hut in der Kirche abzunehmen, auch das Herausheben der Individualität unterstreichen.

Es wundert nicht, dass in unserer heutigen Gesellschaft auch seitens kirchlicher Vertreter eher betont wird, wichtig sei, dass man sich individuell wohlfühlt, egal, was man trägt. So der Theologe Erik Dremel in einem Interview der Mitteldeutschen Kirchenzeitung von 2013 in seiner Antwort auf die Frage, ob es egal sei, was man zum Gottesdienst anzieht: „Ja! Sie können in den Gottesdienst kommen, wie Sie mögen und sich wohlfühlen. Um die Begegnung mit Gott zu suchen, müssen Sie sich nicht speziell kleiden. Bedenken Sie aber dabei: Unsere Kleidung hat auch Einwirkungen darauf, wie wir uns fühlen. Ob wir die Gartenhose anziehen oder eine weiße Bluse, macht etwas mit uns. Das gilt es, sich bewusst zu machen. Aber wenn Sie beispielsweise am Sonntagmorgen in der Trainingshose vom Brötchenholen kommen und die Glocken der Kirche läuten, und Sie verspüren den inneren Wunsch, hineinzugehen – sind Sie gern gesehen, egal was Sie anhaben."

Ob man tatsächlich immer gern gesehen wird, egal, was man trägt, ist die Frage. Der oben genannte argentinische Priester antwortete auf die ihm in der Presse gemachten Einwände, dass das Äußerliche keine Rolle spiele, weil nur ein unsichtbares Inneres zähle: Dem sei nicht so, denn das Äußere sei ein Spiegelbild des Inneren.

Auch hier trifft sicher die Einschätzung zu, die der Liturgiewissenschaftler Albert Gerhards hinsichtlich der Individualisierungstendenzen in Bezug auf die Kleidung in der Zeitschrift „Gottesdienst" 1991 traf: „Durch die Individualisierung fällt weitgehend die alte Unterscheidung

Figuren der Wanderausstellung „Kirche öffnen" in der Martin-Luther-Kirche in Oberwiesenthal
(2005)

zwischen Alltags- und Festtagskleidung weg; zumindest gibt es auch hier keinen allgemein akzeptierten Kanon mehr. Wer kann auf den ersten Blick erkennen, ob es sich bei der abgewetzten Jeansjacke um ein aufgetragenes Billigprodukt oder eine kostbare, künstlich gealterte Einzelanfertigung handelt? Immer mehr Menschen hierzulande entscheiden selbst, ob und auf welche Weise sie durch bestimmte Kleidung Akzente in der Gestaltung ihres Lebens setzen wollen. Wir leben, kurz gesagt, in einer Gesellschaft, in der individuelle Kleidung zwar durchaus eine große Rolle spielt, in der Kleiderordnungen aber nicht allgemein akzeptiert werden. Sogar in den klassischen Reliktgebieten bürgerlicher Kleiderordnung, den Kasualien wie Hochzeiten und Beerdigungen, ist das Bild bunter geworden. [...] Für die Liturgie bedeutet der Verlust althergebrachter Kleiderkonventionen, dass der Graben zwischen dem Kleidungsverhalten der Leute und einer festgelegten liturgischen Kleiderordnung größer geworden ist."

Liturgische Kleidung

Auch die Kleidung der liturgischen Dienste kann der liturgischen Handlung oder dem Raum unangemessen sein. Ebenfalls in der Zeitschrift „Gottesdienst" (2000) schrieb Eduard Nagel zum Bild eines segnenden Priesters: „Er steht in Hemdsärmeln vor einer Frau, legt ihr die rechte Hand auf, während er mit der linken ein Blatt hält, von dem er offensichtlich seinen Text abliest. [...] Bei den Hemdsärmeln kommt mir [...] ein erstes Unbehagen. Ist das diesem Akt angemessen und würde es seine Bedeutung nicht unterstreichen, wenn der Priester in diesem Fall ein Jackett und vielleicht sogar eine Stola trüge? [...] Auch die Achtung vor den Menschen, mit denen ich zu tun habe, kommt in der Kleidung zum Ausdruck."

Und in einer Zuschrift an diese Zeitschrift, die ja die liturgische Praxis reflektiert, wird 1989 angemahnt: „Weiße Sportschuhe und alte, möglichst vielfach geflickte Jeans haben ihre Berechtigung in Sport und Freizeit. Bei unseren Messdienern wirken sie deplaziert, wenn diese selbst an Sonn- und Feiertagen ihren Altardienst in dieser Bekleidung versehen. [...] Noch mehr deplaziert wirkt eine solche Kleidung natürlich beim Priester, wenn er seinen Dienst am Altar versieht. Mag der entsprechende Vorwurf auch nur wenige Mitbrüder betreffen, ein solcher ‚Aufzug' des Zelebranten bei der Eucharistiefeier – erst recht bei einer Begräbnismesse – zeugt von einem bedenklichen Mangel an Stilgefühl."

In ihrem Roman „*Gottesdiener*" (2009) beschreibt *Petra Morsbach* das Leben und den Dienst des niederbayerischen Pfarrers Isidor R. Er hatte zusammen mit seinem Mitbruder Hubert das Tennisspielen erlernt, im Gegensatz zu diesem dann aber bald aufgegeben:

📖 Hubert hatte […] mit vierzig Jahren wirklich Seins gefunden, er eilte in jeder freien Minute zum Tennisplatz und trug Tennisschuhe sogar zur Albe in der hl. Messe.

Bei liturgischen Laiendiensten ist die Frage nach der liturgischen Kleidung meist mit Diskussionen verbunden; viele wollen gar kein liturgisches Gewand tragen, sondern ganz bewusst ihren Dienst „aus der Gemeinde heraus" und zwar in Zivilkleidung ausüben. Der Verzicht auf besondere Kleidung in der Liturgie wird auch gern begründet mit der Durchdringung des Heiligen durch den Alltag bzw. umgekehrt.

Dabei kann es allerdings auch zu merkwürdigen optischen und ästhetischen Zusammenstellungen kommen, etwa wenn jemand im Anorak neben einem Priester in liturgischer Kleidung steht. Auch dass Kommunionhelfer oftmals keine liturgische Gewandung tragen, ist unverständlich; die Ministranten, die wirklich nur Brot und Wein zum Altar tragen, sind liturgisch gekleidet, diejenigen, die den Leib des Herrn in der Kommunion austeilen, nicht. Dabei spürt man, wie sehr die Kleidung im Gottesdienst heute eine Frage der Individualität geworden ist.

Für die Ministranten ist es trotz Gewandung wichtig, auf die Kleidung zu achten – besonders auf das Schuhwerk. Als vor einigen Jahren blinkende Schuhe aktuell waren, konnte man diese auch im Gottesdienst „bewundern", sogar in der Osternacht, wobei das in der völlig dunklen Kirche zu Beginn der Feier einen besonderen Effekt gab …

6. „Hast du gelacht, geschwätzt und andere verstöret?"
Schwätzen, Klatschen, Fotografieren und anderes Stören

Die Überschrift dieses Kapitels entstammt dem Beichtspiegel eines katholischen Gebetbuches aus dem Jahr 1806. Die darin gestellte Frage zur Selbstprüfung vor der Beichte begegnete früher in ähnlicher Form in vielen Gebet- und Gesangbüchern. Sie ist im Zusammenhang unseres Themas interessant nicht nur wegen des angefragten Verhaltens der eigenen Person, sondern auch, weil ein Verstoß gegen die Gemeinschaft darin zum Ausdruck kommt: Man erinnere sich an Korinth in den 50er-Jahren des 1. Jahrhunderts und das Verhalten einiger Gemeindemitglieder, das sich gegen die Gemeinschaft richtete.

Das Stören eines Gottesdienstes umfasst eine große Bandbreite. Es reicht vom Husten der Mitfeiernden, wovon sich z. B. ein Prediger gestört fühlt, bis hin zu einer strafrechtlichen Tat. In „Wetzer und Welte's Kirchenlexikon" von 1899 heißt es: „Störung des Gottesdienstes (turbatio sacrorum) heißt das Delict, welches begangen wird, wenn jemand durch Thätlichkeiten oder Drohungen die Ausübung des Gottesdienstes einer im Staate bestehenden Religionsgenossenschaft absichtlich verhindert, oder in einer Kirche oder an einem andern, zu religiösen Versammlungen bestimmten Orte zur Zeit des Gottesdienstes vorsätzlich Lärm oder Unordnung (namentlich durch Verbal- oder Realinjurien gegen den functionirenden Geistlichen) erregt."

Solche gravierenden Störungen wurden schon zu spätantiker Zeit streng geahndet, was sich in der Folge auch im Mittelalter hielt. Die staatliche Gerichtsbarkeit unterschied seit dem 16. Jahrhundert die Störungen in ihrer Schwere und sah sich dafür zuständig. Auch die moderne weltliche Gesetzgebung kennt die Störung des Gottesdienstes; § 167 des Strafgesetzbuches (StGB) in Deutschland legt fest: „Wer 1. den Gottesdienst oder eine gottesdienstliche Handlung einer im Inland bestehenden Kirche oder anderen Religionsgesellschaft absichtlich und in grober Weise stört oder 2. an einem Ort, der dem Gottesdienst einer solchen Religionsgesellschaft gewidmet ist, beschimpfenden Unfug verübt, wird mit Freiheitsstrafe bis zu drei Jahren oder mit Geldstrafe bestraft."

Als beschimpfender Unfug an geheiligten Orten gelten nach dem Leipziger Kommentar des StGB „sexuelle Handlungen, Verwüstungen, üble Verunreinigungen, etwa durch Urinieren, das Beschmieren der Wände, beispielsweise mit unzüchtigen Zeichnungen, obszönen Ausdrücken oder politischen Parolen wie Hakenkreuzen, oder Losungen, mit denen religiöse Inhalte verhöhnt werden, und das Absingen pornographischer Lieder. Auch die Abhaltung einer politischen Versammlung an dem geschützten Ort kann beschimpfender Unfug sein, wenn dabei Inhalt und Sinn des Bekenntnisses der betreffenden Religionsgesellschaft oder der Weltanschauungsvereinigung in grob ungehöriger Form geleugnet werden."

Andere Störungen wie lautes Schreien und Krakeelen oder sonstiges Lärmen reichen dazu nicht ohne weiteres aus. Und auch Verstöße gegen gutes Benehmen und bloße Ungehörigkeiten (Rauchen, das Aufbehalten des Hutes u. a.) fallen nicht unter groben Unfug oder grobe Störung. Nicht jedes schlechte Benehmen im Gottesdienst stellt also schon eine Störung der Feier oder der Mitfeiernden dar. Aber es gibt Verhaltensweisen, die als eine solche empfunden werden, etwa lautes Schwätzen, das Benutzen des Handys oder eines Smartphones, das Fotografieren und Filmen, vor allem, wenn es von Seiten der Gottesdienstteilnehmer geschieht und nicht durch eine einzelne dazu beauftragte Person; auch das Klatschen wird mitunter als eine Störung erachtet. So wird dies in verschiedenen „Kirchen-Knigges" angesprochen: „Die Kirche ist ein Ort der Stille und der Besinnung. Unterhalten Sie sich also möglichst gedämpft und stellen Sie auf jeden Fall Ihr Handy aus, wenn Sie den Kölner Dom oder die Sacré Coeur besichtigen. Während des Gottesdienstes ist Tuscheln mit dem Nachbarn tabu" (Knigge: Richtig benehmen in der Kirche).

(Lautes) Reden

Wenn man von den Störungen durch Benutzung technischer Geräte absieht, ist das aber kein Phänomen unserer Tage. Bereits die Kirchenväter erheben Klage über störendes Benehmen der Gläubigen im Gottesdienst, vor allem während der Schriftlesungen und der Predigten. Bischof Ambrosius von Mailand beklagte sich in seiner Auslegung des 1. Psalms darüber, wie viel Mühe es mache, in der Kirche Ruhe herzustellen, wenn die Lesungen vorgetragen werden (In psalm. 1, 9); die Jungfrauen ermahnte er, sich während der „Feier der Geheimnisse" (Eucharistie) des Seufzens, Räusperns, Hustens und Lachens zu enthalten (De virg. 3, 3, 13). Johannes Chrysostomus kommt in einer Predigt über das Matthäusevangelium auf das Schwätzen der Frauen sowie das geräuschvolle Verhalten der jungen Leute zu sprechen; er beklagt den Lärm wie auf einem offenen Markt und das Gerede über lauter Dinge, die einen nichts angehen und womit man sich die Zeit während des Gottesdienstes vertreibt (In Matth. hom. 19, 9).

Bei großen und bekannten Predigern war zudem der Andrang der Zuhörer oft so groß, dass sie dicht gedrängt beieinanderstanden. Doch auch die Möglichkeit der Gemeinde, sich zu setzen, wie sie seit dem Aufkommen der Predigerorden und in der Reformationszeit gegeben war, änderte wenig daran, dass immer wieder getuschelt, geschwätzt, gelacht wurde.

Schon in den evangelischen Kirchenordnungen des XVI. Jahrhunderts wird wiederholt das Reden während des Gottesdienstes als Unsitte angemahnt. Besonders die Schüler sollen angehalten werden, nicht nur in der Schule, sondern „auch in der Kirchen still [zu] sein vnd nit [zu] schwätzen".

Vor allem lange Predigten konnten dazu verführen, miteinander zu tuscheln oder zu reden, aber der Gottesdienstablauf bot noch andere Gelegenheiten zur Unterhaltung. So wunderte sich ein evangelischer Pastor beim ersten Gottesdienst in einer neuen Gemeinde über das Verhalten der Gläubigen, wie er in einer Kirchenzeitung von 1911 beschrieb: „Als ich am ersten Sonntag das Gotteshaus betrat, war ich erstaunt über das laute Reden der Gemeindeglieder, das erst allmählich abnahm, nachdem das Orgelspiel begonnen hatte, wenn es auch dann noch nicht ganz zum Schweigen kam. Es hatte sich während der Vakanz nach und nach die Unsitte gebildet, daß zwischen dem Geläut der Glocken und dem Beginn des Orgelspiels eine Pause von 3–5 Minuten gemacht wurde, während welcher sich die Gemeinde lachend und scherzend unterhielt, als ob sie in der Schänke säße. [...] Nachdem ich zunächst den Kirchendiener veranlaßt hatte, fortan nicht mehr bloß eine bis zwei Minuten, wie bisher, zum Anfang des Gottesdienstes zu läuten, sondern wenigstens fünf Minuten, und auch den Organisten gebeten hatte, unmittelbar nach dem Aufhören des Geläutes das Orgelspiel zu beginnen, damit keine Unterbrechung des Gottesdienstes stattfände – hatte ich zwar die fatale Pause beseitigt, die zu der störenden Unterhaltung in der Kirche reizte, aber noch lange nicht die letztere selbst, die vielmehr noch so manchmal während des Kirchengesanges sich bemerkbar machte."

Auch katholischerseits gab es das Schwätzen und Reden während des Gottesdienstes. Der Barockprediger Johannes Pramhofer beklagt verschiedene Formen des Störens, darunter auch „wie man in der Kirchen unter dem Gebett und wehrendem Gottes-Dienst in Gegenwart des Allerhöchsten Guts / schwätzt / lacht / greint / flucht / schreyt / trohet / galanisirt / löfflet / schertzt / stoßt / druckt / Zotten und Bossen treibt / von unzüchtigen Buhl-Händlen redet ..."

Schild an der Eingangstür der Kirche von Wessobrunn

Vor allem bei den Kindern bedurfte es stets besonderer Hinweise von Aufsichtspersonen, wie den Geistlichen eingeschärft wurde: Um die Kinder zu einem dem heiligen Messopfer angemessenen „anständigen Betragen zu bewegen, müssen sie öfters belehrt werden, wie sündhaft es sei, im Gotteshause durch Schwätzen, Lachen, Umsehen u. s. w. Störungen zu machen. Auch muß für geeignete Plätze gesorgt, die nothwendige Aufsicht geführt und jeder Muthwille geahnt und gestraft werden, zwar nicht in der Kirche, aber jedenfalls in der Schule", heißt es in einem Handbuch zur Pastoraltheologie von 1865.

Das sündhafte Schwätzen und Stören wurde im Beichtspiegel erfragt: „Wie habe ich mich in der Kirche verhalten? war ich aufmerksam, oder zerstreut, unehrerbietig, vorwitzig, – habe ich Andere gestört und zu gleichem Betragen verleitet?" Und nicht erst nach dem Gottesdienst bzw. in der Schule wurden die Kinder gerügt, manche(r) machte nicht selten gleich vor Ort schmerzhafte Erfahrungen:

> ✉ Ich bin aufgewachsen in der vorkonziliaren Zeit: als noch im Beichtspiegel stand: „Habe ich in der Kirche gelacht oder geschwätzt?", das hieß: dem Banknachbarn einen guten Tag zu wünschen, war schon lässliche Sünde – während des Sonntagsgottesdienstes schritt der Kirchenschweizer („Steckelesmeister") in rotem Talar mit Stab durch die Gänge und sorgte für „ehrfürchtiges" Benehmen – und der Hinterkopf so manches „bösen" Jungen machte mit dem glatt polierten Metallknauf des Stabes unangenehme Bekanntschaft – und was einschlägiger Erinnerungen noch mehr sind … *(H. N. – 18. 6. 2016)*

Durch Schwätzen und Stören im Gottesdienst werden, wie es in den Beichtspiegeln angesprochen wird, andere aus ihrer Beziehung zu Gott im Gebet, in der Betrachtung o. Ä. herausgerissen. Zugleich vergibt man die Chance, selbst einmal zur Ruhe zu kommen, wie es *Alois Brandstetter* in seinem Roman „*Schönschreiben*" (1997) bedauert:

> 📖 Obwohl ich in meiner Heimatpfarre Ministrant war, keinen Sonntag und keinen Feiertag ohne Kirchenbesuch verstreichen ließ, an vielen Gebetsstunden, vor allem Totenwachen teilnahm, ging ich später zu keinem Schulgottesdienst der Welser Vorstadtpfarre mehr, nachdem ich dort einmal das für mich völlig inakzeptable Benehmen der Schüler, die in den Kirchenbänken rempelten und sich eher wie auf dem Fußballplatz aufführten, erlebt hatte. Und ich will auch heute von meinen Söhnen nicht hören und erzählt bekommen, wie sich wieder einige beim Eröffnungsgottesdienst aufgeführt haben. Schade um die vertanen Gelegenheiten, sich zu sammeln, ruhig zu werden, die Heiligkeit des Sakraments zu erleben, der allgegenwärtigen Banalität zu entfliehen … All das vergönnen jene Störenfriede weder sich noch anderen, denen sie Andachtsfreude verderben und vergällen.

Lautes Schwätzen hat aber für die Schwätzer noch andere Folgen. So wird in den *gravamina* einer Kirchenvisitation in Herzfeld in den 1670er-Jahren darüber Klage geführt, die der schon genannte Friedrich August Tholuck erwähnt: „Daß ihrer Viele unter währendem Gottesdienst in der Kirche die Zeit nur mit Schlafen, unnützem Gewäsche und Lachen und sonst

mit weltlichen Gedanken hinbringen, daher sie so klug hinausgehen als
sie hineingekommen sind." Als Ermahnung zu einem entsprechenden
Verhalten kann auch ein Bild dienen: Auf den Fresken der Wehrkirche zu
Kriegenbrunn in Mittelfranken sind auch zwei Frauen dargestellt, die sich
unterhalten, wie man an ihrer Gestik und dem Spruchband „Lapliplap"
sehen kann. Über beiden ist der Teufel zu sehen, der seine Hände auf den
Kopf der einen Frau gelegt hat … Sich während des Gottesdienstes zu
unterhalten, ist also nicht nur töricht und unangemessen, sondern auch
gefährlich für das Seelenheil.

Besonders „lärmanfällig" durch Geschwätze und Gerede sind solche Gottesdienste, zu denen auch Menschen kommen, die üblicherweise nicht oder
sehr selten zur Kirche gehen. Das kann bei Gottesdiensten zu besonderen
Anlässen (sog. Kasualien) oder an Festtagen der Fall sein.

> ✉   An unserer Kirchentür hängt seit langer Zeit schon ein Hinweis mit der
> Bitte: Wir bitten um Stille in der Kirche. Das wird vollkommen ignoriert.
> Besonders schlimm ist der Lärmpegel immer vor großen Gottesdiensten, seien
> es Schul- oder Kindergartengottesdienste, auch vor Erstkommunion- und
> Firmfeiern, sowie vor der Osternacht und den Weihnachtsgottesdiensten. Ich
> habe durch das Mikrofon um Ruhe gebeten. Da ist es einen Augenblick still
> und dann geht es wieder los. Zum anderen hatten wir vor einer Erstkommu-
> nionfeier Schilder in der Kirche und auch an den Kirchentüren aufgestellt mit
> der Bitte um Ruhe. Es war zwecklos. Ich komme mir dann meistens vor wie
> im Kino oder in der Markthalle. *(I. P. – 6. 2. 2016)*

Lautes Reden bei einer Kirchenbesichtigung – vor allem während eines
Gottesdienstes – gilt als störend; daher wird in vielen Kirchen mit einem
Piktogramm oder einem anderen Hinweis gebeten, dies zu unterlassen.
Diese Bitte gilt auch für die Zeit außerhalb der Gottesdienste – und selbst-
verständlich nicht nur für Besucher, sondern auch für Dienste:

> ✉   Bei einem Besuch in einem großen Wallfahrtsort, noch nicht lange her:
> Zwei Putzfrauen, die auf den Stufen des Hochaltars, direkt vor dem Taberna-
> kel, ihre Arbeit unterbrechen und sich ausgiebig unterhalten, die eine mit dem
> Ellenbogen aufgestützt auf der Altarplatte. Zur gleichen Zeit ist Beichtgelegen-
> heit in der Kirche und es sitzen Beter in den Bänken. *(A. W. – 18. 8. 2019)*

Bei ganz „normalen" Gottesdiensten können es Kinder sein, die durch
ihr Reden stören. Dagegen ist in der Regel sehr schwer etwas zu sagen, da

dies sofort Ressentiments der Eltern und anderer Erwachsener hervorrufen kann. Auch die mancherorts gewährte Möglichkeit, dass Kinder malen oder Bücher anschauen können, kann störend wirken:

> ⊠ Eltern kommen mit 2 Kindern, ca. 4 bis 6 J(ahre): die Kinder packen sofort ihre Malsachen aus, benutzen die Sitze als Malunterlage, zeigen ihre Bilder hoch und reden während des gesamten GD, auch laut bei der Predigt, es ist sehr störend. Die Eltern machen keine Anstalten auf die Kinder einzuwirken, dass Ruhe einkehrt. Auch der Priester sagt nichts ... *(A. L. – 11. 2. 2016)*

Auch auf den Bildern niederländischer Kircheninterieurs des 17. Jahrhunderts sieht man oft Kinder spielen und herumlaufen. Der Kirchenraum war zwar jederzeit für jedermann zugänglich, trotzdem konnte die Predigt durch Herumlaufen und Schwätzen gestört werden, weshalb die Kirchenleitungen auf einen ungestörten Verlauf der öffentlichen Religionsausübung drangen und dafür sorgten.

Isaak van Nickelen, Interieur der St.-Bavo-Kirche in Haarlem (vor 1690) – Ausschnitt

Gestörte Zelebranten

Dass Bischof Ambrosius, wie dargestellt, die Jungfrauen sogar ermahnte, sich des Räusperns und Hustens zu enthalten, mag erstaunen. Tatsächlich fühlt sich vielleicht weniger die Gemeinde als vielmehr mancher Prediger dadurch gestört, zumal dann, wenn das Husten andere „ansteckt". So mag es dem Geistlichen in einer burgenländischen Gemeinde ergangen sein, wie sich einer ihrer Gläubigen 2013 erinnerte (burgenland@ORF.at): „Schon bevor die Messe begonnen hat, wurden wir ruhig gestellt. Der Pfarrer meinte, wir sollen uns nicht unterhalten. Dann begann die Messe. Er kam zum Evangelium und zur Predigt. Während der Predigt mussten dann einige Leute husten. Der Pfarrer hat dann die Predigt unterbrochen und sagte den Leuten, sie sollen nicht husten und einen Arzt besuchen, wenn sie krank sind oder in die Lungenheilanstalt gehen. Das hat sich am Ende der Messe wiederholt. Zum Schluss meinte er, wir sollen über seine Worte nachdenken. Ich habe die Messe verlassen und habe den Segen nicht abgewartet. Ich war empört und traurig, dass so etwas in unserem Ort passiert." Hier war es wohl eher der Priester, dessen Verhalten störend wirkte.

Viele Gottesdienstteilnehmer fühlen sich auch durch schreiende Säuglinge gestört, was ja tatsächlich sehr nervig sein kann. In manchen Kirchen gibt es Räume, in denen sich Mütter oder Väter mit dem Kind zeitweilig zurückziehen und über Lautsprecher trotzdem die Predigt hören können.

Gegenstände werfen

Immer wieder kann man auch lesen, dass in der Kirche Nüsse geknackt und gegessen wurden – bei den Studenten in Jena zu Johann Gottlieb Fichtes Zeiten wie auch schon vorher *(vgl. Kapitel 14)*. Alfred Ehrensperger berichtet über den „Gottesdienst in Stadt und Landschaft Bern im 16. und 17. Jahrhundert", dass damals nicht selten Klagen laut wurden wegen des schlechten Benehmens der (erwachsenen) Kirchenbesucher; mancher Unfug wie Nüsseknacken, Lachen und Schwätzen nahm durch den Einbau von Emporen in den Kirchen noch zu. Bisweilen wurden Nüsse auch als Wurfgeschosse missbraucht; das konnte sogar religiöse Hintergründe haben wie bei Symeon von Emesa, der im 6. Jahrhundert lange Zeit als Einsiedler gelebt hatte. Bei seiner Rückkehr zu den Menschen band er sich einen toten Hund an den Gürtel und zog ihn hinter sich her. Am darauffolgenden Tag, einem Sonntag, bewarf er in der Kirche die Gottesdienstteilnehmer mit Nüssen und blies die Kerzen aus – eine bewusste Provokation in seiner Rolle als „Narr um Christi willen". Doch manchmal blieb es nicht bei Nüssen als Wurfgeschossen: Aus einem Weihnachtsgottesdienst in Zellerfeld wurde berichtet, dass das „besoffene Volk" brennende Kerzen von den Leuchtern riss und sie umherwarf *(S. 118)*.

Klatschen und andere Beifallsbekundungen

Große Prediger genossen in der Zeit der Alten Kirche hohes Ansehen. Die Menschen drängten danach, sie zu hören. Das hatte auch eine Kehrseite: Nicht nur war für manche Zuhörer mit dem Ende der Predigt der weitere Gottesdienst uninteressant, so dass sie zum Ausgang drängten *(vgl. S. 25)*, auch die Predigt selbst blieb von der Begeisterung nicht unbetroffen. In seiner Geschichte der christlichen Beredsamkeit und Homiletik (1839) beschreibt dies Karl Friedrich Wilhelm Paniel sehr anschaulich: „Die große Menge begnügte sich aber nicht mehr mit achtungsvoller oder stiller Aufmerksamkeit auf die Predigt, sondern legte ihren Beifall an derselben auf eine höchst unpassend laute Art an den Tag. Dies geschah namentlich durch den *chrótos,* das Beifallklatschen und Zujauchzen [...] Um entweder dem Inhalt der Rede, oder ihrer schönen Einkleidung, oder dem belebten Vortrag des Redners Beifall erkennen zu geben, riefen die Zuhörer dem Prediger, während er sprach, entweder lobpreisende Worte zu, wie: ‚Rechtgläubiger! Dreizehnter Apostel!' oder sie klatschten in die Hände, sprangen in die Höhe, wehten mit ihren Schnupftüchern, schlugen sich auf die Brust, erhoben die Hände gen Himmel, und suchten ihre Zustimmung und ihre Bewunderung überhaupt auf alle Weise auszudrücken." – Ein wenig erinnert das an das Verhalten der Gemeindemitglieder während der Predigt des Reverend Cleophus James in dem Film „Blues Brothers" – hier wird eine schwarze Gemeinde in Amerika karikiert, wo Akklamationen im Gottesdienst und während mitreißender Predigten nicht ungewöhnlich sind.

Hingegen wird das Klatschen während des Gottesdienstes in weiten Teilen der katholischen wie auch der evangelischen Kirche hierzulande als unpassend und störend erachtet. „Klatschen ist in der Kirche immer noch weitgehend unüblich. Der Gottesdienst und besonders die Predigt sind in der evangelischen Kirche eine Verkündung und danach ist Klatschen unüblich. Aber nach einem tollen Gospelvortrag oder einem Trompetenkonzert ist Klatschen Ausdruck der Freude", heißt es in einem Pressehinweis „Richtig benehmen in der Kirche" der E.T.I (Etikette Trainer International) von 2013. Auf andere Kulturvoraussetzungen wies das römische Direktorium „Über die Volksfrömmigkeit und die Liturgie" von 2001 hin, wo es heißt: „Der Gesang ist bei manchen Völkern instinktiv mit Händeklatschen, rhythmischer Bewegung oder Tanzschritten verbunden. Solche Formen drücken innere Gefühlsregungen aus und sind Teil der Überlieferungen eines bestimmten Volkes [...]. Die Tatsache, dass sie an bestimmten religiösen Stätten vorkommen, ist kein Grund, ihre Verbreitung auf andere Orte zu fördern, wo sie nicht mehr ihre ursprüngliche Natürlichkeit ausstrahlen würden" (17).

Joseph Ratzinger, der spätere Papst Benedikt XVI., schrieb in seinem Buch „Der Geist der Liturgie" (2000): „Wo immer Beifall für menschliches Machen in der Liturgie aufbricht, ist dies ein sicheres Zeichen, daß man das Wesen der Liturgie gänzlich verloren und sie durch eine Art religiös gemeinter Unterhaltung ersetzt hat. Solche Attraktivität hält nicht lange; auf dem Markt der Freizeitangebote, der zusehends Formen des Religiösen als Kitzel einbezieht, ist die Konkurrenz nicht zu bestehen."

Handys, Smartphones

Ein relativ junges Problem ist die Benutzung von Handys, Smartphones u. Ä. im Gottesdienst. Durch Schilder und Piktogramme an den Türen wird in vielen Kirchen darauf hingewiesen, dass ihr Gebrauch während des Gottesdienstes nicht erwünscht ist: nicht zum Spielen, nicht zur Kommunikation, nicht zum Fotografieren und Filmen. Wie sehr selbst ein auf stumm geschaltetes oder mit Ohrstöpseln benutztes Smartphone andere stören kann, konnte ich selbst in einem Gottesdienst 2017 erleben, als neben mir ein junger Mann während des ganzen Gottesdienstes sitzen blieb und auf sein Gerät starrte. Vollends störend ist das Geklingel, weshalb in manchen Gemeinden der Zelebrant oder ein anderer Verantwortlicher auf humorvolle Weise darauf aufmerksam macht: „Bitte vergessen Sie nicht, nach dem Gottesdienst Ihr Handy wieder einzuschalten."

Und noch etwas anderes kommt dazu:

> ✉ Oft wird das Smartphone mit an den Ambo genommen, selbst während der Anbetungsstunde vor dem ausgesetzten Allerheiligsten wird die Litanei oder ähnliches vom Smartphone gelesen. Ich kann da leider nicht beten zu sagen. *(I. P. – 3. 8. 2019)*

Auch wenn es Beispiele und Überlegungen gibt, wie Smartphones & Co. in den Gottesdienst eingebunden werden können („Handy-Gottesdienste"), bleiben sie vielen Gläubigen während der Liturgie ein Dorn im Auge. Das gilt auch für das Fotografieren und Filmen, vor allem, wenn die Apparate hochgereckt werden, so dass die sich dahinter Befindenden in ihrer Sicht auf das Geschehen gestört werden.

Dass all dies nicht nur eine Störung anderer ist, sondern auch ein massives Defizit eigener Frömmigkeit zum Ausdruck bringt, zeigte auch Papst Franziskus anlässlich einer Generalaudienz am 22. November 2017 auf dem Petersplatz in Rom, in der er sagte, dass Handys, Fotografieren und Geschwätz im Gottesdienst fehl am Platz seien. Er rief dazu auf, die Messe aufmerksam zu feiern: Zur Messe zu gehen sei „kein Spektakel", sondern ein Besuch auf dem Kreuzigungshügel beim gequälten Jesus. „Würden wir uns da erlauben, Fotos zu machen und zu quatschen?" Gläubige sollten sich in der Messe stets bewusst sein, dass Christus für sie am Kreuz gestorben sei, mahnte der Papst.

Das allgemeine Fotografieren bei besonderen Gottesdiensten lässt sich vielleicht durch Beauftragung eines einzelnen Fotografen verhindern. Doch wie ist es mit der Störung durch das Schwätzen während der Predigt? Ein Pfarrer kam Anfang des 19. Jahrhunderts auf eine ganz besondere Idee, die der „Baierische Landbote" 1825 überliefert:

„In einem kleinen, von Gebirgen ganz eingeschlossenen Dorfe im Elsaß lebt seit 40 Jahren ein Prediger unter seiner Gemeinde, wie der Vater unter seinen Kindern und sorgt väterlich für ihr geistiges und leibliches Wohl. Unter andern hat er die Einrichtung getroffen, daß, wenn er die Kanzel besteigt, alle Zuhörerinnen ihre Strickbeutel hervorziehen und während der Predigt stricken. Das Consistorium hat ihn darüber zur Rede gestellt, er bewies aber, daß seine Gemeinde, trotz des Strickens, durchaus fromm und brav sey, und dass das weibliche Geschlecht nur dann andächtig sein könne, wenn es beschäftigt sey, und er wurde zufrieden entlassen. Nu! An andern Orten wird, statt gestrickt, in der Kirche geschwätzt und caressirt."

7. „Wachet auf!"
Schlafen während des Gottesdienstes und in der Kirche

Der englische Schauspieler Rowan Atkinson fällt einmal in seiner Rolle als „Mr Bean" in einer Kirche in den Schlaf: Die monotonen Worte des Predigers lassen seine Augen zufallen; erst rutscht er an die Schulter seines Banknachbarn, danach sinkt ihm der Kopf auf die Brust und dann der Oberkörper immer weiter hinunter, bis schließlich Bean ganz aus der Bank heraus auf die Knie fällt und mit dem Kopf sogar den Boden berührt … Atkinson verkörpert dabei auf beeindruckende Weise verschiedene „Formen" des Kirchenschlafes (ganz abgesehen von anderem grotesken Fehlverhalten während des Gottesdienstes).

Die erste Erwähnung von Kirchenschlaf finden wir bereits im Neuen Testament; in der Apostelgeschichte wird von einem denkwürdigen Fall im wahrsten Sinne des Wortes während eines Gottesdienstes in Troas berichtet: „Als wir am ersten Wochentag versammelt waren, um das Brot zu brechen, redete Paulus zu ihnen, denn er wollte am folgenden Tag abreisen; und er dehnte seine Rede bis Mitternacht aus. In dem Obergemach, in dem wir versammelt waren, brannten viele Lampen. Ein junger Mann namens Eutychus saß im offenen Fenster und sank, als die Predigt des Paulus sich länger hinzog, in tiefen Schlaf. Und er fiel im Schlaf aus dem dritten Stock hinunter; als man ihn aufhob, war er tot. Paulus lief hinab, warf sich über ihn, umfasste ihn und sagte: Beunruhigt euch nicht: Er lebt! Dann stieg er wieder hinauf, brach das Brot und aß und redete mit ihnen bis zum Morgengrauen. So verließ er sie. Den jungen Mann aber führten sie lebend von dort weg. Und sie wurden voll Zuversicht" (Apg 20,1–9).

Der Grund für diesen Fall dürfte kaum mangelndes Interesse gewesen sein. Wahrscheinlich hatte der junge Mann bereits den ganzen Tag gearbeitet, es wird ja vom ersten Tag der Woche gesprochen, damals ein Werktag. Zudem zog sich die Predigt des Apostels Paulus schier endlos lang hin, bis nach Mitternacht. Vielleicht wurde Eutychus, wie er hieß, die Redeweise zu monoton und er fiel in Schlaf.

Seitdem aber wird der Kirchenschlaf – das meint das Schlafen während des Gottesdienstes – immer wieder erwähnt, gerügt und bestraft, bis in unsere

Zeit. So sehr spielt der Kirchenschlaf in der Geschichte der Gottesdienste eine Rolle, dass er sogar als Begriff im *„Großen vollständigen Universal-Lexikon"* von 1742 begegnet:

„Schlaf (Kirchen-) unter der Predigt oder bey dem öffentlichen Gottesdienste schlafen, ist in den mehresten Kirchen-Ordnungen, wie billig und löblich, sowohl zur Vermeidung des öffentlichen Aergernisses, als auch dass dergleichen unmässige Schläfer und Schläferinnen an Anhörung des göttlichen Worts und ihrer daraus flüssenden Seelen-Erbauung um so weniger verhindert werden, verboten."*

Gründe

Die Müdigkeit aufgrund schwerer körperlicher Belastung im Alltag dürfte einer der wesentlichen Gründe für das Einschlafen während des Gottesdienstes gewesen sein. In Zeiten, da die Teilnahme am Gottesdienst – besonders in Dörfern und kleinen Gemeinden – der sozialen Kontrolle ausgesetzt war und für manche eine Art „Zwangsverpflichtung" darstellte, war der Gottesdienst eine der wenigen Zeiten, in denen der arbeitsbedingte Druck von ihnen abfiel und die Schläfrigkeit sie übermannte. Vor allem auf dem Land mag das der Fall gewesen sein, so dass es als Beleg für einen mitreißenden Predigtstil galt, wenn die Bauern sogar während der Erntezeit *nicht* in Schlaf fielen, wie *Ernst Jünger* in seinem Roman *„Die Zwille"* (1973) schreibt. Nicht nur schwer arbeitende Menschen, auch Schüler nutzten den Schlaf im Gottesdienst „zur Erholung". So erinnerte sich der Journalist und Schriftsteller *Sándor Márai* an die täglichen frühmorgendlichen Schulgottesdienste:

> Die Kirche wurde nicht geheizt, an nassen nebligen Wintermorgen froren wir, die dreißigminütige stille Messe mit dem Knien und militärischen Stehen auf dem kalten Steinfußboden war ungeheuer ermüdend, und meistens kam ich mit Kopfweh und nervös zur ersten Unterrichtsstunde. Von der fünften Klasse an war die Messe erholsam, wer wollte, konnte in den breiten Bänken der halbdunklen Kirche nach Belieben dösen, gegebenenfalls mimte der verschlafene Schüler tiefe Andacht, indem er sich mit gefalteten Händen über das Pulpitum neigte, das Gesicht in den Händen verbarg und gemütlich nachholte, was ihm an Morgenschlaf entgangen war. *(Sándor Márai, Bekenntnisse eines Bürgers, 2000)*

Neben dem „Zwangscharakter" der Gottesdienste und der Lebensweise der früher vielfach körperlich hart arbeitenden Gläubigen gab es noch andere Gründe für das Einschlafen während des Gottesdienstes. So mochte zur Müdigkeit bisweilen auch vorheriger Alkoholgenuss beigetragen haben; manchmal pflegten die Gemeindemitglieder sich durch Alkoholgenuss im Winter nach einem längeren Fußmarsch aufzuwärmen oder nutzten die Zusammenkunft der Gemeinde beim Kirchgang schon vorher für einen Umtrunk und den Nachrichtenaustausch. Dabei konnte es auch zu erheiternden Szenen kommen, wie Nils Hansen in einem Aufsatz für den Ausstellungsband „Kirchliches Leben in Schleswig-Holstein im 17. Jh." (2003) referiert: In Ording wurde 1617 ein Mann zu 12 Talern Strafe verurteilt, weil er betrunken zum Gottesdienst gekommen war, die Kirche „noch während der Predigt wieder verlassen und beim Hinausgehen allen Anwesenden eine ‚gude Nacht' gewünscht hatte".

Natürlich trugen auch die Predigten, die im evangelischen Gottesdienst durchaus eine Stunde und länger dauern konnten, dazu bei, in Gedanken abzuschweifen und wegzudämmern. Oft prallten verschiedene, ja gegensätzliche Werte und Erwartungen aufeinander, weil dem Prediger auf der Kanzel etwas ganz anderes wichtig war als den Gläubigen in den Bänken – daran hat sich bis heute so viel nicht verändert … So kann das Schlafen auch ein Protest gegenüber einem Gottesdienst sein, der einen nicht berührt, an dem man innerlich nicht beteiligt ist. Auch heute schweifen viele Menschen im Gottesdienst, vor allem während der Predigt, in Gedanken ab.

In den Klöstern waren es vor allem die nächtlichen Gottesdienste, die Probleme bereiteten, wobei es in den einzelnen Orden Unterschiede gab. Bei den Cluniazensern, einem benediktinischen Reformzweig, gab es lange Nachtoffizien; es wundert nicht, dass manche Mönche ihrer Müdigkeit nicht Herr wurden, während des Betens einschliefen und sogar schnarchten – ein ausgewogenes Verhältnis zwischen Chordienst und einer ausreichenden Zeit zum Schlafen war nicht mehr gegeben, wie es Gerd Zimmermann in seiner Untersuchung „Ordensleben und Lebensstandard" 1971 beschrieb.

Maßnahmen gegen das Schlafen

Gegen das Schlafen während der Gottesdienste ging man auf verschiedene Weise vor. In den Klöstern gab es einen Weckdienst, der mit einer Laterne die Runde machte. Bei den Cluniazensern musste derjenige, der beim Schlafen erwischt wurde, nun selbst die Laterne tragen, bis er einen anderen fand, der ihn ablösen konnte. Den Knaben, die man schlafend antraf, gab man ein Buch in die Hand, das sie halten sollten. Das Einschlafen und Geweckt-werden-Müssen wurde als Sünde erachtet, weil es als Vergehen gegen Christus selbst verstanden wurde. Es wird deutlich, dass es weniger um den Ärger über ein schlechtes Benehmen, sondern mehr um die Sorgen der Brüder (und Schwestern) um das geistliche Leben geht. In mittelalterlichen Vorstellungen sind es oft Dämonen oder kleine Teufel, welche die Mönche zum Schlafen bringen. Vor allem wird es als Ausdruck der Lauheit, der *arcadia,* gesehen, gegen die der Mönch ankämpfen muss, wie es schon der Mönchsvater Cassian in seiner Schrift „Von der Einrichtung der Klöster" beschreibt (10, 1). – Das Einschlafen in der Kirche begegnet auch in verschiedenen sagenhaften Erzählungen; meist wacht der Schläfer oder die Schläferin – nachdem die Kirche schon geschlossen wurde – spät in der Nacht auf und hat besondere Gesichte.

Auch in den Gemeinden wurden Weckdienste eingerichtet, wie es bereits in den „Apostolischen Konstitutionen" beschrieben wird; hier sollten vor allem die Diakone darüber wachen, dass niemand schwätzt oder schläft (II, 57). Im oben zitierten Lexikonartikel zum Kirchenschlaf von 1742 heißt es: Es sollen noch gewisse Personen verordnet werden, „welche unter währenden Predigten in der Kirche herum gehen, auf die Schlafenden Achtung geben, und sie durch etwas anrühren mit einem Stabe aufwecken sollen. Ebenmässig soll auch ein jeder seinen Nachbar in der Kirche, wenn er schläfet, durch bescheidentliche Maß aufwecken, oder auch die Leute von der Cantzel vermahnet werden, daß ein jeder seinen Nachbar, wenn er schliefe, durch Stossen, oder andere Wege, aufwecken möchte."

Über den „sündlichen Kirchenschlaf" und warum er in so vielen Gemeinden üblich ist, machte sich Ahasverus Fritsch, ein Jurist und Kirchenlieddichter, schon 1674 in einer Abhandlung Gedanken – und auch über dessen Abhilfe: Zunächst einmal solle man mit der festen Absicht zur Kirche gehen, dass man Gottes Wort mit Andacht anhören, beten, singen und sich im Christentum erbauen wolle; zweitens soll man fest glauben, dass der Kirchenschlaf während der Predigt eine Sünde ist; drittens soll man eingedenk sein, dass Gott auf jeglichen Zuhörer sehe, ob er schlafe oder wache; viertens soll man, wenn die Predigt anfängt, zu Gott seufzen, dass er mit seinem Geist das Herz öffne, den Verstand erleuchte und Lust und Begierde wecke, das gepredigte Wort anzunehmen; fünftens soll man bedenken, dass niemand wisse, zu welcher Zeit oder Stunde, durch welchen Spruch oder Predigt Gott das Herz berührt und erleuchtet, so dass man durch den Schlaf diesen Moment der Gnade verpasst. Und schließlich soll man, wenn man spürt einzuschlafen, mit einem Herzensgebet dagegen streiten und um eine beständige Andacht zu Gott beten.

William Hogarth, The sleeping Congregation (1736)

Fritsch gibt aber auch ein paar weniger geistliche als vielmehr körperliche Anregungen: So kann man sich des Schlafes umso leichter enthalten, wenn man die Predigt nicht sitzend, sondern stehend anhört; wenn man im Essen und Trinken gebührend Maß hält und den Leib damit nicht allzu sehr beschwert; wenn man von seinem neben einem sitzenden Mitchristen aufgemuntert und zur Wachsamkeit ermahnt wird. So sei es an verschiedenen Orten Brauch, dass gewisse Personen bestellt sind, die Schläfer anzurühren und aufzuwecken. Ebenso solle man selbst seine Nachbarn, wenn sie schlafen, aufwecken. Außerdem wird dem Kirchenschlaf gewehrt, wenn die Prediger die Schläfer beschämen, damit auch andere sich des Schlafens und Schnarchens enthalten.

Wecken und erwecken

Der Kampf gegen den Kirchenschlaf hat auch etwas damit zu tun, dass dabei kostbare Zeit vertan wird – im Blick auf die Seligkeit. Schon in dem zitierten Lexikonartikel heißt es ja, dass man dadurch der Anhörung des göttlichen Wortes und der daraus fließenden Seelen-Erbauung verlustig geht. Der Kirchenschlaf steht sinnbildlich auch für die „falsche Sicherheit", in der man sich wiegt, wie es in einem alten Kirchenlied von Johann Christoph

Ruhe besungen wird („Der Herr bricht ein um Mitternacht"). „So ist es kein Zufall, dass parallel zu den Weckrufen der Aufklärung – oder gar mit ihr verschränkt – die alte christliche Rede von Wachen und Erwachen aus dem Sündenschlaf eine impulsive Renaissance erfährt als pietistische ‚Erweckungs'-Bewegung" (Martin Scharfe). Wurden im Mittelalter solch kleinere Vergehen wie das Schlafen in der Kirche oder auch das vorzeitige Verlassen des Gotteshauses ohne wichtigen Grund vor dem kirchlichen Sendgericht behandelt, so wurde nun die Angst vor dem ewigen Gericht stärker, dem man als Schläfer verfällt, wenn man manchem Prediger glauben durfte.

1844 hielt Georg Floßmann in der Münchener St.-Zeno-Kirche eine Kirchweih-Predigt, in der er von manchen Gläubigen ein düsteres Bild zeichnete – auch was ihre Zukunft anbelangt: „Es gibt Christen, aus deren Benehmen man abnehmen sollte, sie sehen die Kirche für einen Ort der Ruhe und Erholung an. Denn kaum sind sie über die Schwelle des Tempels getreten, begeben sie sich an einen Platz, auf dem sie ungestört ihren Gedanken nachhängen und dem Spiele der Phantasie hingeben können. Wird das Wort Gottes von der Kanzel verkündet, so setzen sie sich auf die Bänke nieder und versenken sich, ungewohnt einem ernsten Gegenstande ein aufmerksames Ohr zu schenken, bald in den tiefsten Schlummer. Wie zerstreut und gedankenlos sie selbst bei dem Gebete sind, davon zeugt der Zug des Gesichtes und fast jede Bewegung des Körpers. Und diese Unehrerbietigkeit im Hause Gottes – in der unmittelbaren Gegenwart Gottes – soll so ungeahndet hingehen?! Ihr höllischen Geister, die ihr einst als Menschen auf Erden gelebt und wegen eurer gottlosen Aufführung das Verdammungsurtheil von Gott vernommen habt, sagt an, werdet ihr dort am fürchterlichen Gerichtstage dem Richter nicht tausend unzüchtige Blicke, tausend unreine Gedanken und Begierden aufzuweisen haben, Sünden, mit denen ihr das Haus Gottes geschändet, die Majestät Gottes verletzt, den Namen Gottes schrecklich entehrt habt. Leider, meine Geliebten, wird dies geschehen!" (Zwölf Kirchweih-Predigten, 1853).

Erst in Zeiten, in denen die Menschen weniger aufgrund äußeren sozialen Drucks am Gottesdienst teilnehmen, sondern weil es ihnen ein Anliegen ist, verschwindet der Kirchenschlaf. Er kommt auch noch vor, ist aber sehr selten geworden. Wolfgang Herbst konstatiert: „Dass heute im Gottesdienst faktisch nicht mehr geschlafen wird, ist nicht allein auf die Verkürzung der

Predigt zurückzuführen; überlange Predigten führen allgemein zu einer
gesteigerten Unruhe, insbesondere bei den Konfirmanden, aber nicht zum
Schlafen. Das Verschwinden des Kirchenschlafs ist zu einem großen Teil
auf eine Selektion von Besuchern zurückzuführen, die trainiert genug sind,
auch eine längere Predigt ohne für andere bemerkbare Absencen durchzu-
stehen, während die, denen dies nicht möglich ist, fernbleiben, weil sie der
entsprechend gesteigerten sozialen Missbilligung des Schlafes sich nicht
aussetzen wollen" (Evangelischer Gottesdienst, 1992).

Nicht nur bei alten Menschen, auch bei kleinen Kindern nimmt man
es nicht so genau, da wirkt es fast natürlich, wenn sie mitunter im Gottesdienst einschlafen. Vor allem letztere geben dabei kein ärgerliches, sondern
ein eher anrührendes Bild ab, das *Eduard Oserbrüggen* in die Augen fiel:

> 📖   Vor mir saß ein Vater mit seinem hübschen kleinen Knaben. Die Wan-
> derung vom Berge herab an dem warmen Augustmorgen mußte den Kleinen
> sehr müde gemacht haben, denn als der einleitende Choral gesungen war, legte
> er seinen Kopf an die Seite des Vaters und schlummerte sanft ein. Wenn der
> Vater fürchtete, der kleine Schläfer möchte sich verrathen, so streichelte er ihm
> sanft mit der harten Hand die Wange und ruhig schlief der Kleine weiter. Ich
> hörte wohl aufmerksam der trefflichen Predigt zu, mußte aber immer wieder
> auf das hübsche Kind blicken und dachte: Qui dormit, non peccat, qui non
> peccat, beatus est (Wer schläft, sündigt nicht, wer nicht sündigt, ist selig).
> Hier paßte einmal der Schluss. *(Eduard Oserbrüggen, Wanderstudien aus der
> Schweiz, 1867)*

Andere Formen des Kirchenschlafs

Nicht immer ist das Schlafen in der Kirche negativ besetzt. Erleben kann
man es in einer anderen Art noch in den Kirchen der Orthodoxie während
der langen Vigilien an großen Festen, die ja oft die ganze Nacht hindurch
andauern. So habe ich es selbst erlebt, dass manche Gläubige in Schlafsäcken
im hinteren Teil der Kirche schliefen bzw. ruhten, aber zu bestimmten Gelegenheiten aufstanden und dem liturgischen Geschehen folgten.

Auch Pilger schliefen mitunter in den Kirchen, zu denen hin sie unterwegs waren. So besitzt auch die Kathedrale von Santiago de Compostela
einen Chorumgang und Emporen, die als zusätzlicher Betraum, aber
armen Wallfahrern auch als Schlafgelegenheit dienten, wenn sie woanders
keine bezahlen konnten. Möglicherweise hängt damit auch der Gebrauch
des sog. „Botafumeiro", des riesigen Weihrauchfasses zusammen, das von

acht Männern an einem über 60 m langen Seil durch das Kirchenschiff geschwenkt wird und neben seinem kultischen Zweck früher auch dazu diente, die Ausdünstungen der Pilgermassen zu neutralisieren und Ansteckungen zu verhindern. Das Schlafen der Pilger in der Kirche hat Tradition; als die Wallfahrt zu den beiden heiligen Ärzten Kosmas und Damian in der Mitte des 1. Jahrtausends in Blüte stand, kamen die Pilger von weither nach Konstantinopel, und viele von ihnen schliefen ebenfalls in der Kirche. Ja, das Schlafen im Kirchenraum galt dabei sogar als besonders intensive Form des Kontaktes mit der heiligen Stätte.

Schlafender Obdachloser in der Kirche

Heute dienen manche Kirchen im Winter Obdachlosen als Rückzugsraum, wo sie sich tagsüber aufwärmen können und manchmal auch schlafen. Teilweise wird das von den Verantwortlichen geduldet – als ein Werk der Barmherzigkeit.

Schließlich wird heute das „Übernachten in der Kirche" sogar als besonderes Erlebnis etwa im Zusammenhang von Veranstaltungen im gemeindlichen Jugendbereich angeboten – was dann allerdings auch wieder die Grenzen des angemessenen Benehmens im Gottesdienstraum übertreten mag …

Abschließend noch eine Form von Kirchenschlaf, die *Leo Perutz* in seinem Roman *„Nachts unter der steinernen Brücke"* (1953) aus der Zeit um 1600 in Prag beschreibt – ein besonderer Schlaf, der bewusst gesucht wurde:

📖   Hinter der Moldaubrücke, wo die Insel lag, gerieten sie in einen ganzen Trupp von Juden, die unter scharfer Bewachung, daß keiner echapieren könnt', in die Kirche ‚Maria an der Lake' geführt wurden. Dort sollten sie die Judenpredigt anhören, die ein Jesuitenpater in hebräischer Sprache hielt, um sie für die Taufe zu gewinnen. Sie gingen wie Trunkene, denn sie hatten, um die Predigt nicht anhören zu müssen, zu einem alten und erprobten Mittel gegriffen: Zwei Tage und zwei Nächte hatten sie durchwacht, und nun waren sie in einem solchen Zustand der Erschöpfung, daß sie in Schlaf fallen mußten, sobald sie sich in der Kirche zum Sitzen niederließen.

8. Mit der Bratwurst in der Hand
Essen und Trinken im Gottesdienst und im Kirchenraum

„Bischof serviert im Dom Spanferkel", titelte die Hildesheimer Allgemeine Zeitung im August 2011, und das dazugehörige Bild zeigte mit Blick auf die Apsis das genannte Objekt des Genusses, das schon bald zum Objekt des Verdrusses wurde. Denn die Reaktionen auf „Kölsch statt Kelch", auf „Kartoffeln statt Kommunion", wie die Bistumspressestelle in einem eigenen Bericht zu kalauern versuchte, ließen nicht lange auf sich warten. In Leserbriefen und Internetforen gaben viele Menschen nicht nur ihrem Unverständnis Ausdruck, sondern auch ihrem Ärger und ihrer Beschämung.

Hintergrund des Geschehens war, dass der Bischof während des Dom-Umbaus die Handwerker vor Ort zu einem Vesper und Umtrunk einlud. Doch kann an geweihter Stätte – auch wenn der Dom wegen des Umbaus „profaniert" worden sei, wie die Bistumsleitung sich zu erklären beeilte – ein profanes Essen stattfinden? Manchmal hat ein Vorfall eben mehr als eine rechtliche Dimension. Die Reaktionen spiegeln das (katholische) Verständnis von Kirche als einem Raum, der nicht durch Essen und Trinken profaniert werden darf, selbst wenn der Tabernakel ausgeräumt wurde. In diesem Fall lag es aber auch an den Medien sowie der peinlichen Formulierung der Pressestelle, dass dieser Vorgang für Ärger sorgte.

Dass profanes Essen und Trinken in einer Kirche unangebracht ist, erscheint zunächst ebenso einleuchtend, wie man auch in einen Konzertsaal keine Speisen und Getränke mitnimmt. Aber so einfach ist es nicht, und man muss schon genau unterscheiden, welche Formen des Zusichnehmens von Speisen und Getränken wann, wo und in welchem Zusammenhang in der Kirche erlaubt bzw. verboten sind.

Die Hauptform christlicher Liturgie, die Eucharistie, das Abendmahl, ist das Gedächtnis des letzten Mahles Jesu mit seinen Jüngern; zugleich ein Zeichen für das anbrechende Reich Gottes, das Jesus nicht nur immer wieder im Bild eines Mahles verkündet, sondern durch sein Mahlhalten mit den Menschen auch praktiziert hat. Die Eucharistie war in ihren Anfängen auch mit einem Essen und Trinken verbunden, das nicht nur ein symbolisches war *(vgl. Kapitel 1)*. Allerdings wurde das aus theologischen und praktischen Gründen schon sehr bald davon getrennt. In manchen Formen haben sich die Verbindung von Gottesdienst und Mahl – wenn auch stilisiert – und die Erinnerung daran über das Mittelalter hinweg erhalten: in Mahlfeiern im Zusammenhang des Totengedächtnisses oder der Armenversorgung; in Feiern einer Agape (Liebesmahl) oder Artoklasie (Brotbrechung); im Segnen und Austeilen von Speisen und Getränken u. a. mehr. Der frühchristlichen Zusammenhänge von Eucharistie und (wirklichem) Mahl erinnerte man sich vor allem in der liturgisch experimentierfreudigen zweiten Hälfte des 20. Jahrhunderts und entdeckte die Tischeucharistie bzw. das Tischabendmahl und das Feierabendmahl als Formen, die Gottesdienst und ein wirkliches Essen und Trinken verbinden, neu. Während katholischerseits die Verbindung von Mahlzeit und Gottesdienst streng untersagt ist, gibt es auf evangelischer Seite und in den verschiedenen Freikirchen heute eine erstaunliche Formenvielfalt vom „Bistrogottesdienst" bis zur „Vesperkirche". In meinem Buch „Ma(h)l anders. Essen und Trinken in Gottesdienst und Kirchenraum" habe ich diese vielen Zusammenhänge und Formen im Laufe der Geschichte dargestellt.

Kaffee in der Kirche?

Zulassung und Verbot des Speisens und Trinkens in der Kirche hängen auch zusammen mit der jeweiligen Einschätzung des liturgischen Raums, die katholischerseits von der Gegenwart Jesu Christi im aufbewahrten Altarsakrament (Hostien) im Tabernakel bestimmt ist. Die Einschätzung des Kirchenraumes als Haus Gottes und der Menschen, der eigens geweiht ist und damit sakralen Charakter trägt, setzt ein bestimmtes Verhalten auch außerhalb von Gottesdiensten voraus, das einem Bewusstsein der Gegenwart Christi in der heiligsten Eucharistie entspricht. Kirchenrechtlich ist klar geregelt, dass an einem heiligen Ort nur das zugelassen werden darf, „was der Ausübung oder Förderung von Gottesdienst, Frömmigkeit und Gottesverehrung dient"; verboten ist, „was mit der Heiligkeit des Ortes unvereinbar ist" (CIC, can. 1210). So ist etwa in Zusammenhang von Konzerten sicherzustellen, „dass im Kirchenraum während Probe, Aufführung und Konzertpause das Konsumieren von Speisen und Getränken oder Rauchen unterbleibt", wie es die deutschen Bischöfe in ihrer Arbeitshilfe „Musik im Kirchenraum" von 2005 vorgeben (4.5).

Das ist im evangelisch-lutherischen Bereich wesentlich anders. Hier ist der gottesdienstliche Raum nicht durch eine auch über den Gottesdienst hinaus fortdauernde Gegenwart Christi im Tabernakel geheiligt, sondern erhält seine Würde durch das gottesdienstliche Geschehen als Tun Christi und der Gemeinde. Dadurch wird der Raum zum Ort der Beziehung zwischen Gott und den Menschen, den Menschen untereinander und zu sich selbst. Das betrifft auch den Altar. Er ist nicht „die Stätte des Opfers Christi", wie es im katholischen Altarweihegebet heißt, der Altar soll der Gemeinde vielmehr als Tisch für das heilige Abendmahl dienen und Stätte des Gebetes und des Segens sein. Vor diesem Hintergrund lässt sich der andere Umgang vieler evangelischer Christen mit ihrem kirchlichen Raum verstehen, der auch ein gewöhnliches, nichtliturgisches Essen und Trinken zulässt. Sofern es in die Beziehung zwischen Gott und den Menschen sowie den Menschen unter-einander eingebunden bleibt, hat es seinen berechtigten Platz – allerdings stellt sich auch hier jeweils die Frage nach dem angemessenen Verhalten. Ein Betreten der Kirche mit Sandwich in der Hand ist nicht erwünscht.

In manchen evangelischen Kirchen gibt es bisweilen sogar ein in die Kirche integriertes Café oder – zu bestimmten Anlässen – die Möglichkeit eines besonderen Essens im Kirchenraum, was ebenfalls auf katholischer Seite nicht erlaubt oder nur in seltenen, besonderen Situationen (etwa dem „Weihnachtsmahl mit den Armen" der Gemeinschaft Sant'Egidio) oder mit besonderen Gruppen (Pilgern) möglich ist. Man kann in einer evangelischen Kirche mit integriertem Kirchencafé erleben, dass jemand mit einem Kaffee in einer Bank sitzt, um einer mittäglichen Orgelmusik zu lauschen. Gleichzeitig ist es nicht möglich, mit dem Coffee to go in der Hand durch die Kirche zu schlendern. Doch so etwas kommt durchaus vor, vor allem in der heutigen Zeit.

Bratwurst, Senf und Schmalzgebäck

Das beiläufige Essen und der selbstverständlich gewordene Coffee to go verleiten manche(n) dazu, das, was man gerade zum Essen oder Trinken in der Hand trägt, auch mit in die Kirche zu nehmen, wenn man sie besucht, etwa um sie zu besichtigen. Weil es vom Bratwurststand auf dem Domplatz nicht so weit weg ist, kann man in Erfurt schon erleben, dass Touristen mit der Bratwurstsemmel das Gotteshaus betreten. Nicht nur das Tun an sich sei ungeziemend, sondern auch, dass dann oft auch noch Spuren hinterlassen werden, beklagte sich Peter Weidemann, der Pressesprecher des Bistums, im Sommer 2019. Auf die Spuren des Essens ging auch Björn Odenthal 2016 auf der Website katholisch.de in einer Art Kirchen-Knigge ein („Wir sagen: Hut ab!"), der an Robert Gernhardts „Tipps für Seltengeher" *(S. 126)* erinnert: „Auch wenn der Leib Christi eher zur geistlichen statt zur leiblichen Sättigung gedacht ist, bringen Sie sich bitte dennoch keine eigene Verpflegung für den Kirchenbesuch mit. Senfflecken sehen auf den Polstern der Kirchenbänke nicht schön aus. Und die Chipstüte knistert immer so laut …" Besonders naheliegend im wahrsten Sinn des Wortes ist ein Kirchenbesuch bei einem Weihnachtsmarkt, der an einer Kirche stattfindet. Wie etwa rund um die St.-Petri-Kirche in der Hamburger Innenstadt. Der Weihnachtsmarkt bringt die Menschen auch in die Kirche – am Wochenende bis zu 7000 Besucher. Weihnachtsmarktbesucher, die mit Schmalzkuchen oder Bratwurst in der Kirche Platz nehmen wollen, werden angesprochen; manche Leute reagieren verärgert, wenn sie gebeten werden, draußen zu essen, manche sind auch alkoholisiert. Da bedarf es für Pastor und Küster mitunter großer Geduld und Gelassenheit, schrieb die „Evangelische Zeitung" im Dezember 2015.

Die „angewachsene" Wasserflasche und der Kinderkeks

✉   Ich habe vor einiger Zeit folgendes erlebt: Es war während des Gottesdienstes am Sonntag. Ein Frau nahm eine große Wasserflasche aus der Tasche und trank daraus, während am Altar die Hl. Messe gefeiert wurde. *(I. P. – 2. 6. 2016)*

Das Mitführen und Trinken aus Wasserflaschen ist inzwischen vielerorts üblich geworden und für manche offensichtlich auch in der Kirche möglich. Dabei geht es wohl nicht darum, einen brennenden Durst zu löschen. Das „Hamburger Abendblatt" befragte 2010 für einen „Kleinen Kirchen-Knigge" den Hauptpastor an der St.-Michaelis-Kirche unter anderem auch dazu: „Darf man in die Kirche Essen und Trinken mitbringen?" Antwort: „Ich finde es eine Unsitte, dass heute die fast schon ‚angewachsene' Wasserflasche überall mit hingeschleppt wird. Das muss nicht sein. Essen und Trinken im Gottesdienst sind unangemessen. Auch einen Snack in der Mittagspause in der Kirche einzunehmen, finde ich nicht richtig. Manche finden es auch völlig normal, mit einer Eistüte in den Michel zu kommen. Weil sie damit überall reinkommen. Aber die Kirche ist eben doch ein anderer Ort als ein Einkaufszentrum."

Ich erinnere mich an einen Sonntagsgottesdienst vor einigen Jahren, bei dem eine Mutter für ihr Kind in der Bank Kekse und eine Getränkeflasche bereitstellte, damit es während des Gottesdienstes etwas zu essen und trinken hatte. Als der Priester das bemerkte, unterband er es sofort. Das scheint es öfter zu geben, wie man der Projekt-Zuschrift der weiter oben schon zitierten Sakristanin entnehmen kann:

> ⊠ Was […] ich des öfteren beobachtet habe, ist, dass die Kinder mit Plätzchen und dergleichen gefüttert werden und auch ihre Trinkflaschen dabei haben. *(I. P. – 2. 6. 2016)*

Man mag einwenden, dass dies bei einem kleinen Kind vielleicht vorkommen kann und dass die Eltern auf diese Weise einem störenden Quengeln vorbeugen wollen. Es kann aber auch die Vorstellung des Gottesdienstes als eine Art von Unterhaltung fördern, die man, wie im Kino oder vor dem Fernseher, mit Genussmitteln noch aufgipfelt: „Konnte man als Kind schöne Kindergottesdienste besuchen, dort spannende Geschichten hören, mit anderen Kindern zusammen sein, […] durfte man im Gottesdienst auf Mutters Schoß sitzen, Kekse essen und Bilderbücher anschauen, durfte man beim Erntedankschmuck mithelfen […], hat man alle diese vielen Erlebnisse gehabt mit dem gemeinsamen Trend ‚In der Kirche kann ich gut leben‘, dann ist daraus die Erfahrung geworden: ‚Kirche ist für mich Heimat‘" (Elisabeth Buck, Bewegter Religionsunterricht, 1997).

Schokolade, Tee – oder einen Schnaps?

Was den Kindern heute der Keks zum Wohlfühlen während des Gottesdienstes ist, war für adelige Damen des 17. und 18. Jahrhunderts das neue Modegetränk Schokolade. In den spanischen Kolonien in Südamerika ließen sie sich das Kultgetränk sogar in die Kirchen bringen, wie aus einer Reisebeschreibung von Thomas Gage aus dem Jahr 1693 abzulesen ist:

> „Es gaben die Weiber in dieser Stadt vor, als ob sie so blöden Magens wären, daß sie unmöglich eine stille Messe, geschweige denn eine hohe Messe samt der Predigt anhören könten, wenn sie nicht indessen ein Glaß voll heiße Chocolate außtrincken, und etwas von Confituren essen sollten, ihren Magen damit zu stärcken. Dannenhero waren die Mägde gewohnt,

mitten unter der Messe oder Predigt ihnen Chocolate in die Kirche zu bringen, welches denn ohne Getümmel, und die Priester oder Prediger irre zu
machen nicht geschehen kunte. Diesen Mißbrauch versuchte der Bischoff
mit Gelindigkeit abzuschaffen, vermahnete sie derohalben zu unterschie-
denen malen, sich dessen zu enthalten: als er aber sahe, daß er damit nichts
ausrichtete, und sie es nach der alten Weise immer fort trieben, ließ er an
die Kirchthüren eine Excommunication anschlagen, wieder alle diejenigen,
die unter wehrenden Gottesdienst in der Kirchen zu essen oder zu trinken
sich unterstehen würden."

Nicht nur die „Chocolate" wurde in Südamerika zum Ärgernis im Gottesdienst, auch der Mate-Tee. Er gilt als harntreibend, weshalb er bis heute bei
Schlankheitskuren verwendet wird. Eben damit begründeten die Jesuiten-
missionare den Indios das Verbot des Mate-Trinkens während des Gottesdienstes: Das Trinken verursache Harndrang und lenke von der Predigt ab.

Da man früher das beiläufige Essen und Trinken nicht kannte und auch
nicht die Möglichkeit hatte, an jeder Ecke etwas zu kaufen, war das Mitbringen von Speisen und Getränken in die Kirche oder gar in den Gottesdienst
schon ein bewusster Verstoß, der dann auch entsprechend geahndet werden
konnte: So wurden beispielsweise vom Schöffengericht Sondershausen in
Thüringen in den 1930er-Jahren elf Gemeindemitglieder auf Grund des
§ 166 des Strafgesetzbuches wegen beschimpfenden Unfugs in der Kirche
verurteilt, da sie während des Gottesdienstes Schnaps getrunken hatten.

Es war offenbar weit verbreitet, dass die Kirchenbesucher vor dem Gottesdienst in eine Gastwirtschaft einkehrten. Einige tranken dabei mehr, als
sie vertrugen, was dann zu Ärgernissen führte: Die Hemmschwelle zum
Schlafen sank; auch dürfte der Alkohol ein Grund für manche Schlägerei
auf dem Kirchplatz und sogar in der Kirche gewesen sein, von denen die
Quellen ebenfalls zahlreich berichten. Den Gastwirten wurde es deshalb
wiederholt auch in den Kirchenordnungen verboten, vor und während der
Gottesdienste Alkohol auszuschenken, woran sie sich aber nicht immer
hielten. Auch das Mitnehmen von Alkohol zum Kirchgang vor allem zu
den nächtlichen Weihnachtsgottesdiensten war in früheren Jahrhunderten
nicht unüblich, wie an anderer Stelle beschrieben ist *(Kapitel 13)*.

Kaugummi

Da das Immer-und-überall-Essen und -Trinken üblich geworden ist, muss man darauf achten, dass es nicht beim Betreten der Kirche weitergeführt wird. Im „Knigge: Richtig benehmen in der Kirche" (2007) wurde auch das thematisiert, allerdings etwas ungenau: „Cola: Sollte genauso wie Eistüten, Pommes und Kaugummi draußen bleiben. Speisen und Getränke gibt es in der Kirche nur nach dem Gottesdienst."

Apropos Kaugummi: Auch in dem in der Einführung geschilderten Gottesdienst aus dem Buch von *Christoph Peters* wird von den Schülern während der Messe Kaugummi gekaut:

> 📖	Arndts verteilt jetzt Kaugummis. Gleich wird er Carl einen Streifen an-
> bieten. […] „Nimm, ist Wrigley's." Pfefferminzgeruch. Carls Wangenmuskeln
> verkrampfen sich. Er sagt nichts, beißt die Zähne zusammen, preßt die Lippen
> aufeinander, bis sie kurz vor dem Platzen sind. Schüttelt den Kopf. *(Christoph*
> *Peters, Wir in Kahlenbeck, 2012)*

Kaugummi-Kauen während des Gottesdienstes (ja sogar beim Kommuniongang) scheint ein durchaus verbreitetes Phänomen zu sein. Vielleicht will manche(r) damit auch eine innere Unsicherheit an ungewohntem Ort überdecken. Viele mögen sich dabei gar nichts denken, weil sie das anderswo auch machen. In einer Zusendung klang eine gewisse Resignation diesbezüglich an:

> ✉	Ein Punkt, für den ich bislang noch keine gute (bestenfalls ein wenig
> humorvolle) Lösung gefunden habe, ist das Thema Kaugummi in der Kirche.
> *(M. S. – 5. 5. 2016)*

In seinem „Tagebuch eines Dorfpfarrers" (2000) hat sich Klaus Braden unter anderem auch mit diesem klebrigen Problem beschäftigt: „Der Kaugummi ist eine ‚Errungenschaft' unserer westlichen, amerikanischen Kultur und ab und zu schiebe ich auch einen Streifen zwischen die Zähne. Problematisch wird es für mich nur, wenn Schüler kauend vor mir sitzen oder wenn im Gottesdienst, bei Hochzeiten oder Taufen Kaugummi-kauende Gäste sich dem Wort Gottes aussetzen. Da kann ich nicht mehr predigen. Das Wort Gottes verheddert sich in den Zähnen der Zuhörer. Was tun? Bei Kindern und Jugendlichen kann ich leicht etwas sagen, doch bei Erwachsenen habe ich Probleme. Sicher darf man beim Kaugummi-Kauen auch beten, doch soll man beim Beten auch Kaugummi kauen? Es kommt nicht nur auf die Fragestellung an, sondern vor allem auf die Kinderstube." In einem weiteren „Tagebuch" von 2004 gab er ein paar Hinweise darauf, wie er selbst damit umgeht: „Die Kinder wissen, dass sie im Gottesdienst keinen Kaugummi kauen dürfen. Trotzdem saß sonntags ein Bub vor mir und kaute hingebungsvoll auf beiden Backen. Verstohlen deutete ich auf meine eigene Backe, die ich mit der Zunge nach außen gewölbt hatte. Blitzartig begriff er, nahm den Kaugummi aus dem Mund und steckte ihn ohne jedes Papier in seine Hosentasche. [...] Ähnlich war das mit den Firmlingen, die auf eine ähnliche Ermahnung hin ihre Kaugummis reihenweise unter die Bänke geklebt hatten."

Säuglinge stillen

Eine besondere Situation der Nahrungsaufnahme soll zum Schluss in den Blick genommen werden: das Stillen von Säuglingen. Das Netzwerk „Etikette Trainer International" (E.T.I) nahm diese Situation 2013 auch in „Zehn Gebote" des Verhaltens in Kirchen auf; bewusst seien sie nicht mit den fordernden Worten „du sollst" eingeleitet worden, sondern mit „du darfst", wie die Pressesprecherin des Netzwerkes, Imme Vogelsang, erklärte. Zu diesen Geboten zählt auch: „3. Du darfst nicht rauchen, trinken oder essen. Einzige Ausnahme: Mütter, die ihre Babys stillen." Selbst Papst Franziskus forderte 2016 im Gottesdienst am Fest der Taufe des Herrn, in dem traditionell Kinder getauft werden, die Mütter auf, nötigenfalls ihre Kinder auch während der Messe zu stillen. „Ihr Mütter, gebt euren Kindern Milch, jetzt gleich, wenn sie Hunger haben, gebt ihnen Milch", empfahl er. „Tranquillo", fügte er hinzu, kein Stress.

Nicht alle sind so aufgeschlossen wie der Papst – in Internetforen zum Thema „Stillen" kann man auch immer wieder die Empfehlung lesen, dies in Kirchen, zumal in streng katholischen Gegenden, zu unterlassen. Dabei gilt wohl nicht das Stillen an sich als das Problem, sondern dass die Frauen dazu im Kirchenraum und in der Öffentlichkeit ihre Brust entblößen. Wie hier auch kulturelle Vorstellungen aufeinandertreffen können und konnten, berichtet Paul Granzow in seinem Buch über deutsche Siedler in Brasilien (1975), wo es die Regel war, dass während des Gottesdienstes die Frauen, die ihre Kinder stillten, in der ersten Reihe saßen. „Die jungen deutschen Pastoren erzählten mir, dass sie bei ihrer ersten Predigt stecken geblieben seien, wenn sie mit einmal all die entblößten Brüste sahen."

Stillen im Gottesdienst

9. „Wie Weihrauch steige ...“
Rauchen, Schnupfen, Tabakkauen

„Wie Weihrauch steige mein Gebet vor dir auf“: ein Vers aus Psalm 141, der am Abend, zur Vesper, in den Kirchen gebetet oder gesungen wird. Bisweilen wird dazu dann auch Weihrauch entzündet, um das aufsteigende Gebet zu versinnbildlichen. Aber nicht um den geweihten Rauch geht es in diesem Kapitel, sondern um den Rauch aus Pfeifen, von Zigaretten und Zigarren, der ebenfalls manchmal in den Kirchen aufstieg, allerdings nicht in liturgischem Zusammenhang. Verbreiteter als das Tabakrauchen war früher in den Kirchen das Schnupfen oder Kauen des Tabaks. Etwas, was man sich kaum noch vorzustellen vermag.

 📖 Ist etwas Anstößiges an der Sache? Es ist doch nichts Anstößiges an der Sache, wenn der Pfarrer im Beichtstuhl sitzt, seine Schnupftabaksdose klöpfelt, sie fürsichtig aufmacht, mit beiden Fingern eine Prise fasst und sie in die Nase schnupft, während er den Sünder abhört und ihm die Absolution erteilt? Es ist doch nichts Anstößiges, wenn er dasselbe mit der Dose und mit der Nase auch auf der Kanzel macht und beim Hochaltar während der heiligen Messe? Er verwendet dabei ja wohl auch das blaue Sacktuch fleißig, um Ungebührliches zu vermeiden.

 Nun denke man, der Herr Pfarrer stäke sich im Beichtstuhl eine Zigarre an oder stopfe sich bei der Predigt eine Pfeife! Es ist undenkbar. Die Bauern tun sogar den Kautabak aus dem Munde, bevor sie in die Kirche treten, legen das Knöllchen auf irgend einen Mauervorsprung, um es nach dem Gottesdienste wieder weiter zu genießen. Wie erst sollten sie mit ihren Pfeifen im Mund in der Kirche sitzen und rauchen gleich Zechern im Wirtshause? Es ist undenkbar. Aber schnupfen darf in der Kirche die Gemeinde nach Herzenslust. – Seit wann ist der Schnupftabak sanktioniert? Warum gerade der Schnupftabak, der Rauchtabak aber nicht? Weil eben die Tabakspfeife in der Kirche undenkbar ist. *(Peter Rosegger, Das Sünderglöckel, 1904)*

Eine heute doch merkwürdig anmutende Einschätzung des Umgangs mit Tabak im Gotteshaus, auch wenn sie nur literarisch begegnet. Der Gebrauch von Schnupftabak im Kirchenraum wird noch im 20. Jahrhundert als durchaus normal angesehen – das Kauen von Tabak und das Schmauchen eines Pfeifchens hingegen galten als unangemessen (wenngleich der Kautabak noch lange üblich war). Aber wie war es überhaupt möglich, dass in der Kirche Tabak geraucht, geschnupft oder gekaut wurde?

Wie der Tabak in die Kirche kam

In den Bereich der Kirche gelangte der Tabak im 16. Jahrhundert, nachdem die amerikanische Tabakpflanze kurz zuvor durch die Entdeckung Amerikas überhaupt erst bekannt geworden war. Schon früh wurde in Mexiko Tabak genossen, auch seitens der Geistlichkeit und auch in der Kirche, was 1575 durch ein mexikanisches Kirchenkonzil verboten wurde – allerdings vor allem deshalb, weil das Rauchen als eine indianische Praxis galt, von der man sich distanzierte; 1589 untersagte dieses Konzil in Ergänzung des Nüchternheitsgebotes jeglichen Tabakkonsum vor der Zelebration und dem Empfang der Kommunion.

In Europa wurde Tabak zunächst noch zu medizinischen Zwecken genutzt. Erst allmählich setzte sich der Rauch-, Kau- und Schnupfgenuss durch, war aber Mitte des 17. Jahrhunderts offenbar schon so weit verbreitet, dass man auch in Kirchen nicht davon ließ. 1642 erließ Papst Urban VIII. in der Bulle „Cum ecclesia" mit Blick auf die spanische Kirche ein Verbot des Tabakgenusses in den Gotteshäusern: „Da ja die Kirchen den Gottesdiensten geweihte Häuser des Gebetes sind und sich für sie daher jedwede Heiligkeit ziemt, kommt es mit vollem Recht Uns zu, denen die Sorge für sämtliche Kirchen des Erdkreises anvertraut ist, achtzuhaben, dass von diesen jedwede profane und unziemliche Handlung ferngehalten werde: So auch, wenn Uns von einem Teile des Dekanates und des Kapitels der Metropolitankirche zu Sevilla mitgeteilt wird, dass sich in diesen Gegenden der Gebrauch des Krautes, gemeinhin ‚Tabak' genannt, derart eingenistet hat, dass Personen beiderlei Geschlechts, ja sogar Kleriker und Priester […] sogar während der Feier der hochheiligen Messe sich nicht scheuen, den Tabak mit dem Munde oder mittels der Nase zu sich zu nehmen, die heiligen Linnengewänder des Heiligtums zu besudeln und die vorgenannten Kirchen zum großen Ärgernis der Frommen unter Missachtung der heiligen Handlungen mit dem ekelhaften Geruche zu infizieren. Daraus ergibt sich nun, dass Wir, damit solch ein schmählicher Missbrauch aus unseren Kirchen ausgetilgt werde, es der Gesamtheit und allen Einzelpersonen beiderlei Geschlechts, sowohl der weltlichen wie der kirchlichen, verbieten und untersagen."

Sogar in Rom zog der Tabak in die Kirchen ein; 1650 verfügte Inno-
zenz X. ein Rauch- und Schnupfverbot für St. Peter, wie Egon Cesar Corti
in seiner „Geschichte des Rauchens" (1986) beschreibt: Er hatte bei einem
Gottesdienst in der Basilika beobachtet, dass sich sogar hochstehende Mitglieder seines Hofstaates mehr am Tabak und dessen Zusichnahme erfreuten
als am Gottesdienst. Auf Grund seiner apostolischen Würde untersagte
der Pontifex, dass man künftig „in der genannten Kirche und auf ihrem
Chore, in den Kapellen, im Kirchenschiff, in der Säulenhalle und in den
Vorräumen den Tabak in fester Gestalt oder in Körner zerstoßen oder in
Pulverform nehme oder den daraus gewonnenen Rauch mit dem Munde
oder der Nase oder anderswie einzuziehen wage und zwar unter Strafe der
Exkommunikation". Allerdings hielt dieses Verbot nicht lange; immer mehr
Geistliche wurden Anhänger des Rauchens und Schnupfens.

Andere Länder – andere Sitten

Dass das Rauchen im Gotteshaus durchaus verbreitet war – wenn auch nicht
erlaubt –, stellten Reisende in anderen Ländern immer wieder verwundert
fest; so auch ein evangelischer Geistlicher, der auf seiner Reise durch Holland
bemerkt: „Unangenehm macht sich in den holländischen Kirchen die Missachtung des Gotteshauses geltend. Man sieht da Kinder und Erwachsene
mit den Mützen auf dem Kopf, ganz wie im Wirtshause, sogar einzelne mit
brennenden Zigarren in der Kirche" (Albin Gladen, Hollandgang, 2007).
Auch wenn Hüte in manchen Kirchen dort üblich waren, so doch nicht das
Rauchen. Aber selbst im streng katholischen Süden Europas konnte man
Raucher in den Kirchen antreffen, wie sich Heinrich Alt 1843 wunderte: „In
den Kirchen Spaniens gibt es nur an den Seitenwänden Bänke für kranke
und schwächliche Personen; alle Übrigen knien größtentheils auf Stroh-
matten; die Männer legen sich auch wohl ihre Mäntel unter, und die Frauen
kauern mit untergeschlagenen Füßen neben einander. Auf den Kanarischen
Inseln kauern die Frauen niederen Standes; die vornehmeren Damen lassen
sich von ihren Dienern Stühle in die Kirche nachtragen, und die Männer
lehnen sich, in den Mantel gehüllt, an die Mauern und Pfeiler, und rauchen
auch wohl, wenn es unbemerkt geschehen kann, ihre Cigarren, während
die ganze Messe hindurch Kinder und Hunde in der Kirche herumlaufen"
(Der christliche Cultus). – Und Karl Beth schreibt über die „orientalische
Christenheit der Mittelmeerländer": „Zu Beginn des Gottesdienstes sitzen

die Männer im gemütlichen Geplauder bei einander und rauchen – in der Kirche – ihre Cigarretten oder fertigen solche; die Aufmerksamkeit wird erst nach und nach rege, dann aber häufig durch das Geschrei der Kinder in der Frauenabteilung gestört" (1902).

Man sieht, dass das Rauchen von Zigaretten oder Zigarren in der Kirche als unangemessen galt, selbst wenn es offenbar nicht selten vorkam – und auch nicht nur im Ausland. Wie denn auch der Bayreuther Hofkammerrat Heinrich Arnold Lange schon gegen Ende des 18. Jahrhunderts in seinem Buch „Das Geistliche Recht" klagte: „Das Toback rauchen in der Kirche ist nicht nur eine blose Unart, sondern auch sträflich, wiewohl dieser Uebelstand so leicht nicht zu besorgen seyn wird." Eine Unart oder Gedankenlosigkeit?

In *Heinrich Bölls* Erzählung *„Ende einer Dienstfahrt"* (1969), die sich im Wesentlichen um eine Gerichtsverhandlung dreht, kommt es während dieser zu einem Zwischenfall, insofern sich einer der beiden Angeklagten eine Pfeife ansteckt und zu rauchen beginnt. Vom Richter zurechtgewiesen, entschuldigt er sich damit, dass er in Gedanken gewesen sei:

 📖 Immer, wenn er an seine Arbeit denke, griffe er zu seiner Tabakspfeife, stopfe und entzünde sie […], es sei ihm, wie der als Zeuge geladene Pfarrer Kolb aus seinem Heimatdorf Huskirchen bezeugen könne, sogar schon widerfahren, daß er in der Kirche zu rauchen begonnen habe.

Der Pfarrer bestätigt dies bei seiner Befragung; erst habe ihn das erschreckt und böse gemacht, dann aber habe er auf dem Gesicht des Angeklagten eine fast unschuldige Frömmigkeit entdeckt.

 📖 „Er war ganz traumverloren und geistesabwesend, und wissen Sie", fügte der Pfarrer hinzu, „vielleicht kann das nur ein Pfeifenraucher, wie ich selbst einer bin, verstehen, die Tabakspfeife wird fast zu einem Körperteil, ich habe mich selbst schon dabei ertappt, wie ich mit der brennenden Pfeife in die Sakristei ging."

Rauchen als Protest

Das Rauchen in der Kirche kann auch Ausdruck eines Protestes sein; so klagte Johann Gottlieb Fichte über die Studenten in Jena, dass sie selbst in den akademischen Gottesdiensten „wenig Erbauung stifteten, denn es würden daselbst Nüsse geknackt, Äpfel gegessen und Taback geraucht" *(vgl. S. 125)*. Oder eine Mutprobe. In seinem Roman *„Die Musterschüler"*

Carlo Corradini, Heimlich rauchende Ministranten (19. Jh.) – Ausschnitt

beschreibt *Michael Köhlmeier* eine Begebenheit in einem kirchlichen Internat – fiktiv, aber durchaus realistisch gezeichnet: Nach dem Attentat auf
den amerikanischen Präsidenten John F. Kennedy (1963) wurden von der
Internatsleitung eine Woche lang Nachtwachen der Schüler vor einem Bild
Kennedys in der Kirche angeordnet.

📖   Es war die Wache von halb drei bis halb vier Uhr. Csepella Arpad war an
mein Bett gekommen und hatte mich an der Schulter gerüttelt, dann hatten
wir Franz Brandl geweckt und waren in die Kapelle gegangen. Kein Laut war
im Heim zu hören. Lediglich zwei Kerzen brannten vor dem Bild von John

F. Kennedy, zwei Kerzen vor dem Bild und das Ewige Licht. Wir setzten uns nebeneinander in die Bank vor dem Seitenaltar, und Csepella Arpad […] holte eine Zigarette aus der Brusttasche seiner Pyjamajacke, stieg die zwei Stufen zum Altar hinauf, griff sich einen der beiden Kerzenständer und zündete die Zigarette an. […] Ich nahm eine Zigarette, nahm gleich zwei, klemmte eine dem Franz Brandl zwischen die Finger. Mitgegangen, mitgehangen … Arpad holte den Kerzenständer und hielt uns die Flamme vors Gesicht. „Hier stinkt es so nach Weihrauch", sagte er, „da riecht kein Mensch eine Zigarette." Auch wieder wahr … In der Mitte des Kennedyaltars war ein Weihrauchbecken aufgestellt. Daneben stand ein Behälter mit Weihrauchkörnern. Die Wachen sollten Weihrauch nachlegen, damit der Dampf nie ausging. Arpad warf eine Handvoll davon in die Glut, und eine Rauchschwade stieg am Antlitz John F. Kennedys empor. „Jetzt raucht er auch", sagte er. *(Michael Köhlmeier, Die Musterschüler, 1989)*

Verboten und erlaubt

In katholischen Kirchen ist das Rauchen heute grundsätzlich verboten. Das gilt nicht nur für Gottesdienste, sondern auch zu anderen Gelegenheiten: Die Einschätzung des (katholischen) Kirchenraumes als Haus Gottes und der Menschen, das eigens geweiht ist und damit sakralen Charakter trägt, setzt ein bestimmtes Verhalten auch außerhalb von Gottesdiensten voraus, das einem Bewusstsein der Gegenwart Christi in der heiligsten Eucharistie entspricht. Auch außerhalb geschlossener kirchlicher Räume ist das Rauchen in liturgischen Gewändern ein „No go".

Der bekannte evangelisch-reformierte Theologe Karl Barth soll einmal eine Zigarre in der Kirche geraucht haben – mit voller Absicht, um zu zeigen, dass es für evangelische Christen keine geweihten Räume gibt und sich niemand durch sein angemessenes Verhalten Gottes Wohlwollen verdienen kann. Ob diese Anekdote der Wahrheit entspricht, ist nicht verbürgt, sie wurde lediglich von Margot Käßmann mehrfach erzählt. Doch tatsächlich gibt es eine andere Einschätzung des gottesdienstlichen Raumes in der evangelischen Kirche; diese erlaubt auch eine besondere Veranstaltung in den Kirchenräumen, so etwa beim traditionellen „Schaffermahl" in der Simon-Petrus-Kirche im Bremer Stadtteil Habenhausen, bei dem das Rauchen von altbremischen langstieligen Tonpfeifen nicht nur erlaubt, sondern auch gewünscht wird. „Im Gegensatz zum Katholizismus ist für uns die Kirche ein säkularer Raum, das bedeutet, dass allein der Gottesdienst den Raum zu etwas Besonderem macht. So lange dieser nicht stattfindet, können wir darin alles machen, was wir mit unserem Glauben vereinbaren können", rechtfertigte Pastor Jens Lohse im „Weser-Kurier" von 2012 die besonderen Aktionen in seiner Kirche.

Tabak schnupfen

Verbreiteter als das Rauchen war das Schnupfen in der Kirche, da es ja auch unauffälliger vor sich gehen kann und so die übrigen Gottesdienstteilnehmer weniger belästigt. Dass auch von den Geistlichen in der Kirche und während der Gottesdienste geschnupft wurde, lässt sich aus den wiederholten Verboten ablesen. Benedikt XIII. (1724–1730) erlaubte zwar den Klerikern den Gebrauch von Tabak, ermahnte sie jedoch, dabei keinen Anlass zum Ärgernis zu geben, und untersagte es, die Tabakdose herumzureichen, während man die Chorgebete vollzieht.

Schon vorher hatte sich der Prediger Abraham a Santa Clara in seinem „Judas der Erzschelm" gegen den Gebrauch des Tabakpulvers im Gottesdienst und in der Kirche ausgesprochen: „Moses hat das guldene Götzenkalb gar zu Pulver verbrannt und zermalmen, und damit man demselbigen Staub und Pulver auch keine Ehr anthäte, wie er etwann geforchten, hat er solches in ein rinnendes Wasser geworfen, dann es war vor Gott und ihm ein vermaledeites Pulver. Keinen bessern Titel noch Prädikat verdienet auch das dermalen in Schwang gehende Tabackpulver, wenigst dazumal, wann man selbiges in Chor und Kirchen, welches leider oft geschieht, unter dem heiligen Gesang und Gottesdienst, wobei die Engel ehrerbietigst aufwarten, so unnöthig mißbrauchet."

Natürlich gab es das Schnupfen auch in evangelischen Kirchen und Gottesdiensten. Über den beliebten Pastor und Prediger Jobst Sackmann, der im 17. Jahrhundert in Limmer bei Hannover wirkte, gibt es eine Anekdote, die diese (auch damals so verstandene) Untugend zeigt: Zu seiner Zeit kam das Tabakschnupfen auf; Sackmann aber hielt es für unschicklich, Schnupftabak in der Kirche zu gebrauchen. So bemerkte er einmal, dass ein Advokat namens Reddersen aus Hannover, der starker Schnupfer war, während des Anfangsgebets und der Epistel sitzen blieb, um heimlich eine Prise zu nehmen. Sackmann bemerkte es, hielt plötzlich inne und rief mit starker Stimme: „Snüffler! gieb Gottes Wort die Ehre und hebe dich!"

Da Reddersen auf eine nochmalige Aufforderung nicht hörte, rief Sackmann zwei Kirchenältesten zu: „Hans un Kord, komed und helpt my den Snüffler dorten mal vom Platze, damet dat hei weit, dat hei in de Kerken is!" Reddersen wartete das nicht ab und sprang in langen Sätzen zur Kirche hinaus … (R. Hartmann, Geschichte der Residenzstadt Hannover, 1880).

Im 19. Jahrhundert hat sich das Schnupfen auch in der Kirche so eingebürgert, dass es fast wie selbstverständlich erschien. Dagegen erhob sich 1839 eine Stimme im „Fürther Tagblatt" – also keiner kirchlichen Zeitung! – und führte das Ärgernis und die Unschicklichkeit dieses Tuns im Gottesdienst den Lesern eindringlich vor Augen: „Unter den vielen Mißbräuchen, welche durch Länge der Zeit fast aufgehört haben, ein Mißbrauch zu sein, gehört gewiß auch das Tabak schnupfen in der Kirche. Dieses, wenn auch allgemein, ist doch sehr störend, und deßwegen verwerflich. Jeder Christ ist verpflichtet, in der Kirche die Zerstreuung und jede Art von Störung zu vermeiden. Wenn nun aber Jemand seine Dose herauszieht, sie öffnet, gravitätisch eine Prise nimmt, wohl auch seinem Nachbar oder Nachbarn anbietet, und von diesen später ihm wieder eine Prise angeboten wird, so fragt es sich, kann dieses ohne Störung geschehen, und wenn auch ohne Störung, wird nicht der Schnupfende selbst und auch Andere dadurch in ihrem Gebete zerstreut? – So gut wie das Rauchen, sollte auch das Schnupfen in der Kirche unterbleiben da es gewiß keine große Ueberwindung kostet, während man im Gebete sich mit dem Herrn Himmels und der Erde unterredet, einer Gewohnheit, – wenn auch für Manche Bedürfniß, – auf so kurze Zeit zu entsagen. – Getraut man sich wohl, wenn man eben mit dem Könige redet, zu schnupfen, und welches Verhältniß zwischen einem menschlichen Könige und dem Könige der Könige, dem Allerhöchsten! – Betrachtet die Demuth, die Andacht eines Heiden in seinem Götzen-Tempel, und mancher Christ hat dann Ursache, sein Benehmen in der Kirche bitter zu tadeln."

Vom Schnupfen der Geistlichen im Beichtstuhl und auf der Kanzel war schon eingangs des Kapitels zu lesen – und die frühere Zelebrationsrichtung mit dem Rücken zum Volk gab noch bis in die Mitte des 20. Jahrhunderts hinein manchem katholischen Priester die Gelegenheit, seiner Neigung während der heiligen Messe zu frönen. So schrieb der frühere Schriftleiter der Zeitschrift „Gottesdienst" in einem Editorial 2005: „Nicht die Altäre müssen wir wenden, aber manchen Blick, der beim Beten in die falsche Richtung geht, und es wäre zu bequem, ließe man die Priester wieder mit

dem Rücken zur Gemeinde so handeln, wie es jener Pater tat, der vor fünfzig
Jahren regelmäßig, während er tief verneigt das Munda cor meum vor dem
Evangelium betete, ein Prise Schnupftabak in seine Nase zog.“

Kautabak

Ist das Tabakschnupfen in der Kirche und während des Gottesdienstes nicht
nur unangemessen, sondern auch eine Störung in der Andacht, so ist das
Tabakkauen darüber hinaus eine hygienische Zumutung. Dennoch wurde
auch das lange praktiziert. Diese Art des Tabakgenusses hielt zwar die Luft
rein, verunreinigte aber umso mehr die Fußböden, da die Tabakkauer häufig
ausspuckten und dabei oft auch die Würde des Ortes nicht achteten, so
dass der Fußboden zwischen den Kirchenbänken der Männer manchmal
wie gebeizt erschien. Auch das wurde seitens der kirchlichen Obrigkeit
verboten; in manchen Kirchen gab es Schilder mit dem Hinweis: Man bitte
aus Ehrfurcht vor dem Gotteshaus nicht auf den Boden zu spucken. Auch
der obligatorische Spucknapf war in Kirchen zu finden:

> 📖 In einer Ecke der Sakristei stand zu meiner Messdienerzeit ein wenig
> abseits ein sogenannter „Spucknapf“, der oft herhalten musste. Auch im
> Kirchenraum war ein solches Ding aufgestellt. Besonders ältere Männer be-
> nutzten ihn während der heiligen Messe, bis eines Tages an der dicken Säule
> bei den letzten Bänken eine Tafel mit folgender Verlautbarung aufgehängt
> wurde: „Das Spucken ist in der Kirche verboten.“ *(Hans Freise, Lebenswege
> hinterlassen Spuren, 2015)*

Wenn man das Tabakkauen früher schon nicht verbieten konnte oder wollte,
so trieb doch zumindest mancher seine Scherze mit den Tabakkauern, die
diesen vielleicht den Genuss verdarb, wie es Moritz Caduff 1986 in einem
Beitrag im „Schweizer Archiv für Volkskunde“ für das Lugneztal schildert:
„An einigen Orten musste der Tabakkauer seinen ‚Schigg‘ vor dem Betreten
des Gotteshauses aus dem Mund nehmen und den Tabakklumpen auf ein
Mauergesims oder die Friedhofsmauer legen, wobei er sich den genauen
Standort seines ‚Schiggs‘ in der langen Reihe der übrigen Klumpen der
Kirchgänger merkte. Nach dem Gottesdienst nahm er wieder seinen ‚Schigg‘,
sofern nicht ein besonders habgieriger Dorfgenosse den schönsten und
saftigsten zuvorkommend eingesteckt oder ein Spassvogel die Reihenfolge
verändert hatte.“

10. „Spucken und jede andere Verunreinigung ist verboten!"

Von allerlei Ausscheidungen

Als Jesus, so berichtet es das Johannesevangelium, einem von Geburt an blinden Mann begegnete, entschied er sich nach den Fragen seiner Jünger, wer Schuld trüge, dass der Mann blind sei, diesen zu heilen. Er spuckte auf die Erde; dann machte er mit dem Speichel einen Teig, strich ihn dem Blinden auf die Augen und sagte zu ihm: Geh und wasch dich in dem Teich Schiloach! Danach konnte der Mann wieder sehen (Joh 9,1–7). Diese uns eher merkwürdig und vielleicht sogar unappetitlich erscheinende Szene beruht nicht zuletzt auf der Bedeutung des Speichels, dem in der Antike bestimmte Kräfte zugesprochen wurden. Das Spucken kann als Kraft- und Lebensmitteilung verstanden werden, wie Thomas Ohm in seinem Buch „Gebetsgebärden der Völker" (1948) beschreibt: „Wer einen anderen anspuckt oder gegen ihn ausspuckt, gibt ihm ein Stück von seinem Leben oder seiner Lebenskraft oder sogar sich selbst." In dieser Auffassung begegnet das Spucken noch bei manchen Religionen als Begleitform des Betens.

Aber in unserem Zusammenhang ist das Spucken und Ausspucken in der Kirche in einem anderen Verständnis gemeint; hier ist es eine unhygienische und ekelerregende Absonderung von Körperflüssigkeit, deren Vermeidung immer wieder angesprochen wurde – weil sie immer wieder vorkam.

Ausspucken

Das Spucken und Ausspucken in der Öffentlichkeit scheint, wenn man den verschiedenen Klagen glaubt, früher sehr verbreitet gewesen zu sein. Leider auch im Kirchenraum. Das meint nicht nur das Ausspucken von Kautabaksaft, wie es im vorigen Kapitel beschrieben wurde, sondern auch ein Ausspucken von Schleim und anderen Sekreten, um die Atemwege freizubekommen. Ähnlich, wie man es heute noch bei Fußballspielern auf dem Platz sehen kann oder bei männlichen Jugendlichen, bei denen es zu einer Art Mannbarkeitsritual zu gehören scheint, vor sich hinzuspucken, scheint das Spucken und Ausrotzen auch früher vonstattengegangen zu sein.

Auch in der Kirche, wie es aus einer Zuschrift an die Amberger Zeitung vom 19. Dezember 1873 hervorgeht: „Da die Pfarrkirche in so herrlicher Weise restaurirt ist, so wird wieder ein schon oft geäußerter und begründeter Wunsch ausgesprochen und um Erfüllung desselben dringend gebeten: ‚Es möchte nämlich nunmehr das Gotteshaus auch von Allen recht reinlich gehalten werden.' Das vielfache Ausspucken hatte bisher den Boden und die Stühle so verunreinigt, daß man nicht selten längere Zeit suchen mußte, um ein sauberes Plätzchen zum Knieen oder Stehen zu finden. Dieses Ausspucken ist ekelhaft und könnte Manchen zum Erbrechen bringen; es ist schadenbringend, weil die Kleider dadurch sehr leiden; es ist insbesondere unanständig und gegen die Würde des Tempels; die Kirche ist keine offene Landstraße, auch kein großer Spucknapf, sie ist ein Heiligthum, wo jedes Plätzchen ehrwürdig und heilig ist. Damit auch in dieser Hinsicht eine Restauration zum Besseren werde, nehme jeder Besucher ein handfestes Sacktuch mit und benütze dieses beim Ausspucken und Husten, dann haben die Kirchendiener leichtere Arbeit, die Kirche aber ein würdigeres und allein entsprechendes Aussehen."

Nicht nur von Männern scheint ausgespuckt worden zu sein. Dies wird aus einer Ermahnung an Klosterfrauen deutlich, das Reinigen der Stimmwege auf diese Weise zu unterlassen, auch wenn das Beten und Singen zu ihren vornehmsten Aufgaben gehört. Aus einem ausführlichen Bericht der Visitation des Nonnenklosters Inzigkofen von 1756 zitiert Johann Adam Kraus: „Daher soll zur Zeit des Betens und Singens alles Wispeln, Rauschen und anderes Getümmel vermieden, und das Gebet mehr mit dem Herzen, als mit dem Munde geschehen, sodaß die Stimme Gott näher sei als den Menschen selber. Räuspern, Husten und Ausspucken sollen daher möglichst vermieden werden. Sobald das Zeichen im Chor zum Psallieren gegeben ist, sollen alle demütig und andächtig das Gotteslob anfangen und hell und deutlich singen" (Licht und Schatten, Hohenzollerische Jahreshefte 1963).

Schon in der Mönchsregel des hl. Kolumban (um 600 entstanden) wird das Ausspucken genannt; gestraft wird allerdings (mit einer Anzahl von Psalmen) nur derjenige, der beim Ausspucken versehentlich den Altar trifft (Regula Coenobialis 13).

Noch bis in die Mitte des 20. Jahrhunderts konnte man in manchen Kirchen Schilder finden, die das Spucken verboten:

Hinweisschild in Kirchen (1. Hälfte 20. Jh.)

Auch in anderen Ländern und Konfessionen gab es das Problem des Spuckens in der Kirche; möglicherweise behalf man sich hier auf je eigene Art. In einer älteren Liturgik heißt es über die armenischen Kirchen und die Gläubigen darin, dass diejenigen, welche ausspucken wollen, sich Spucknäpfe aus Porzellan oder anderen Stoffen mitbringen.

Erbrechen

Besonders gravierend ist das Erbrechen im Kirchenraum und während des Gottesdienstes, womöglich sogar noch das der Hostie. Das kann zunächst einmal einfach ein Missgeschick sein, wie es gelegentlich bei Kindern vorkommt. Der Münchener Pfarrer und Buchautor *Rainer M. Schießler* erinnert sich an seinen ersten Ministrantendienst:

> „Meine" Gabenbereitung war einfach nur perfekt. Formvollendete Bewegungen. Elmar Gruber hatte schon den Leib Christi und die Blicke in den Himmel gehoben, spricht die Wandlungsworte – und ich – ich hätte eigentlich läuten müssen. Stattdessen bin ich [...] nach vorne getreten, habe mich leicht verbeugt wie im Theater und im hohen Bogen unaufhaltsam alles herausgekotzt, was in meinem kleinen, von Aufregung und Angst durchgewalkten Magen vorhanden war. Das ganze Frühstück. Die ganze Anspannung. *(Rainer M. Schießler, Himmel, Herrgott, Sakrament, 2016)*

Auch die früher lange Nüchternheitspflicht vor der Kommunion konnte durchaus Probleme schaffen; das wird auch daraus deutlich, dass man bis in das 5. Jahrhundert zurück den Kommunikanten empfahl, möglichst bald nach der Kommunion ein Frühstück zu sich zu nehmen, damit nicht durch Ausspucken oder Erbrechen etwas von der heiligen Speise verloren gehe.

Ist das Erbrechen bei einem Kind aus Nervosität verzeihbar, so jedenfalls nicht bei einem Priester, der während der Messe am Altar erbricht, weil er, wie es an anderer Stelle als nicht unüblich beschrieben wird, Schnupftabak zu sich genommen hat. So hatte sich, nach dem schon genannten Egon Cesar Corti, in Capocelere, einem Ort im Königreich Neapel, ein Vorfall ereignet, der unter der gläubigen Bevölkerung Empörung auslöste. „Eines Sonntags las dort der Priester die Messe, und noch ehe sie beendet war, nahm er kurz nach der heiligen Kommunion eine Prise Tabak in Pulverform, die neben heftigstem Niesen auch zu Erbrechen führte, so dass er vor allem Volk am Altare das genossene allerheiligste Sakrament wieder von sich gab."

Der Schweizer Liturgiehistoriker Alfred Ehrensperger berichtet über das Verhalten im „Gottesdienst in Stadt und Landschaft Bern im 16. und 17. Jahrhundert" (2011): „Eine unverzeihliche Gotteslästerung war z. B. das Erbrechen in der Kirche wegen Trunkenheit oder das Ausspucken von Abendmahlsbrot." So wird von einem Müllerknecht in Worb (bei Bern) berichtet, dass er volltrunken und schwankend am 18. März 1692 in die Kirche gekommen sei, sich auf die Empore begeben habe und: „daselbsten er sich vbergeben müessen vnd in den huott gekotzet vnd den vnflath in huott in wehrendem gesang zur kirchen hinaus getragen". Immerhin!

Der dem Gottesdienst an bestimmten Tagen vorausgehende Alkoholgenuss schuf immer wieder Probleme, nicht nur an Weihnachten *(S. 117)*, sondern auch bei der Hochzeit. Hier gab es früher vor allem in den Alpenländern den Brauch der „Morgensuppe": Am Morgen des Hochzeitstages trafen sich die Brautleute und ihre Gäste, um in einem der Elternhäuser des Brautpaares ein kleines Mahl einzunehmen, Morgensuppe genannt. Leicht aber wurde aus dieser als Stärkung für den Tag gedachten Mahlzeit ein mehrstündiges Essen und Trinken, was dazu führte, dass die Teilnehmer, wie 1807 im „Königlich-baierischen Intelligenzblatt" beklagt wurde, „mit überfülltem Magen und erhitztem Körper in die Kirche kamen, dort erkrankten, und während dem Gottesdienste sich sogar erbrechen mußten! – Wenn je der Tempel des Herrn zum Schauspielhause herabgewürdiget und im wahren

Sinne entweiht wird; so geschieht das am sichersten bey Gelegenheit einer Hochzeitfeyer. Da pflegen sich Junge und Alte insgemein alle Arten von Ungebühren und Zweckwidrigkeiten zu erlauben. Es würde die Sache übertreiben heißen, wenn man die ,Morgensuppe' als die einzige Urquelle aller der Dinge, welche da nicht seyn sollten, angeben wollte; allein wenn man das auch nicht kann; so ist doch gewiß Grund vorhanden, die Abstellung derselben, als eines Mißbrauches, von einer weisen LandesPolizey zu wünschen."

Popeln

Anstoß erregt auch das In-der-Nase-Bohren, umgangssprachlich Popeln genannt. Das gelangt zwar nicht in Verordnungen, aber die Schriftsteller nehmen sich dieses – gerade für Kinder so typischen Tuns – gern an. In dem zu Eingang genannten Kapitel aus dem Roman *„Wir in Kahlenbeck"* wird das Popeln der Schüler als bewusste Anti-Haltung im Gottesdienst dargestellt:

> Bernd Rogge friemelt sich einen Popel aus der Nase, bringt ihn auf der Daumenkuppe in Stellung, zielt, schnippt ihn Ulli Koch auf die Schulter. Ulli Koch ist klein und dumm. Er bemerkt es nicht, sieht keinen Zusammenhang zwischen dem Kichern und seiner armen Person. Oben im Bogen, hinter dem der Altarraum sich öffnet, breitet der Heiland überlebensgroß die Arme am Kreuz aus. […] „Guck mal, Ulli Koch fallen Popel aus den Ohren." „Wieder nicht gewaschen, Ulli!" *(Christoph Peters, Wir in Kahlenbeck, 2012)*

Meist ist das Bohren in der Nase ein Ausdruck der Langeweile, der vor allem bei den Diensten nicht vorkommen sollte, die unmittelbar am heiligen Geschehen beteiligt sind. So wurde auch in einem Pfarrgemeinderat (Pfarrverband Dachau) 2015 zu Protokoll gegeben: „Ministranten: die neue ,Choreographie' ist noch nicht ausgereift: während der Wandlung stehen zu viele Menschen im Altarraum – schaut überfüllt aus, manche Minis schauen unbeteiligt, popeln in der Nase etc." Natürlich wird das Unterlassen des Nasebohrens auch in den einschlägigen Ministranten-Knigges thematisiert.

Körpergerüche

Martin Luther wird der Spruch zugeschrieben: Aus einem verzagten Arsch kommt kein fröhlicher Furz. Dass er das auch für die Situation eines Gottesdienstes verstanden wissen wollte, ist wohl nicht anzunehmen – allenfalls ist hier ein fröhlicher Gesang angesichts christlicher Glaubenshoffnung angesagt. Töne, die nicht vorn, sondern hinten herauskommen, sind unangenehm für die Gottesdienstteilnehmer und vor allem für die Umstehenden und -sitzenden.

Franz Xaver Kroetz hat in seinem Stück *„Bauerntheater"* eine solche Situation ausgemalt – und auch die mögliche Reaktion des Priesters darauf. Sie kommt in der Erzählung eines Altenheimbewohners zur Sprache:

📖   In der Kapelle im Altersheim […] hat jetzt der Pfarrer, der wo immer abkommandiert ist, daß er bei uns alte Scheißer die Messe liest, da hat der letzten Sonntag gsagt, also da sagt der, paß auf, was der sagt: Meine lieben Heimbewohner, wenn es weiter in der Kapelle so stinkt, dann weigere ich mich, die Messe zu lesen. Weil, ihr sitzts ja unten, aber ich bin ja über euch oben, und ich halt es nicht mehr aus. Ich kriege beim besten Willen keine Luft mehr. Ich sage dir, da hättest du eine Stecknadel fallen hören können. […] Jeder muß furzen, das ist ein Menschenrecht, aber das mach ich doch vorher und nicht im Gottesdienst. Unser Herr Pfarrer hat sicher nicht die beste Nasn und unter seiner Kuttn wird es auch stinken, hahahaha! – Aber das hat mir gefallen, sein Mut und die Würde, das hat er noch nicht ganz vergessen, daß er eine Würde hat und die wehrt sich. *(Franz Xaver Kroetz, Bauerntheater, 1991)*

Flatulenz (nicht nur im Gottesdienst) ist nicht grundsätzlich schlechtes Benehmen – bisweilen ist sie krankhafter Natur. Allerdings vermag auch die katholischerseits inzwischen gegebene Möglichkeit, bis eine Stunde vor Kommunionempfang etwas zu essen, Darmbewegung erst recht in Wallung zu bringen.

Zu den unangenehmen Körpergerüchen zählt auch der Schweiß. Die Gewänder der Dienste wirken sich hier an warmen Tagen ungünstig aus. Nicht minder unangenehm aber sind unter Umständen die „Düfte", die dagegen verwendet werden. So können sich auch andere Pflegemittel auswirken, etwa Rasierwasser an den Händen, mit denen die Kommunion gereicht wird, so dass die Hostien danach schmecken.

Urinieren

Von einem wieder einmal unappetitlichen Geschehen berichteten die „Aachener Nachrichten" im Jahr 2003: „Gemeindereferentin Gabi Rütten war auf dem Weg in die Sakristei, als sie in der Kirche einen Mann wahrnahm, der offensichtlich in stillem Gebet versunken in der letzten

Bankreihe kauerte. Wenige Augenblicke nach Betreten der Sakristei vernahm sie ein Plätschern aus dem Kirchenraum. Dem Geräusch folgend, entdeckte sie den Unbekannten in der Nähe des Ausgangs. Dort urinierte er ungeniert ins Weihwasserbecken. Empört wollte sie den Mann zur Rede stellen. Doch der stark alkoholisierte Mann suchte lieber sein Heil in der Flucht. ‚Die Ehrfurcht vor Heiligem hat stark nachgelassen‘, sagt Dechant Winfried Müller sichtlich betroffen und mag sich das Bekreuzigen mit dem entweihten Wasser kaum vorstellen. Natürlich wurde das Wasser in dem Becken sofort ausgewechselt.“

Damit hatte es aber noch nicht sein Bewenden. Denn anders als die bislang genannten Ausscheidungen zählt das Urinieren in der Kirche oder während des Gottesdienstes nicht einfach nur zu schlechtem Benehmen, sondern fällt in den Bereich des Strafgesetzbuches, wie bereits dargestellt *(S. 57 f.)*. Es kann sogar als bewusste Schändung einer Kirche verstanden werden – wie auch das Beschmieren mit Exkrementen und anderes, etwa die Verrichtung der Notdurft in Beichtstühlen, wie man es leider mancherorts bisweilen feststellen muss. Das ist kein „beschimpfender Unfug“ mehr, sondern Sachbeschädigung. Ungehöriges Benehmen ist es aber in jedem Fall.

11. „Ich steh vor dir mit leeren Händen, Herr …"
Betteln und Handeln in der Kirche

„Aggressives Betteln in der Kirche": Im Jahr 2016 bewegte das die Gemüter der Würzburger Gläubigen und auch der Polizei. Im Kiliansdom und in der daneben gelegenen Neumünsterkirche – zwei viel besuchte Gotteshäuser in der Innenstadt – wurde ein „massives Auftreten von organisierten Bettlern" festgestellt, wie die örtliche „Main-Post" schrieb. Dabei seien Gottesdienstbesucher nicht nur an den Domtüren bedrängt worden, sondern wurden sogar noch in den Kirchenbänken angesprochen. Schon bald hatte sich die Dompfarrei an die Polizei gewandt und um Unterstützung im Vorgehen gegen dieses Betteln in den Kirchen gebeten. Zusätzlich soll ein Wachdienst die Ordnung und Sicherheit im Dom gewährleisten – ausgebildetes Aufsichtspersonal sei nach den Worten des Dompfarrers heute unerlässlich. So konnte man schon bald dunkel gekleidete Männer eines Sicherheitsdienstes vor beiden Kirchen sehen.

Hinweis in der Würzburger Neumünsterkirche

Was in Würzburg noch für Aufsehen sorgte, ist in anderen Städten bereits länger üblich. Auch der Einsatz von Aufsichtspersonal ist in vielen größeren Kirchen selbstverständlich – nicht nur etwaiger Bettelei wegen. Und: Es handelt sich um kein Phänomen unserer Zeit; das Betteln in den Kirchen wurde schon in früheren Jahrhunderten immer wieder als übergriffig empfunden und verboten. Das Betteln im Umfeld der Kirche war an sich durchaus üblich und erlaubt, nur in den Kirchen selbst wurde es nicht gern gesehen.

In seiner Novelle „*Kummer ade*", die vom Diebstahl eines Kummer-kastens aus dem „Paradies" einer Klagenfurter Kirche handelt, hat *Alois Brandstetter* „das gar nicht so schwere Rätsel geklärt, warum sich die Bettler vor den Kirchen, aber nicht vor dem Eislaufstadion oder dem Hallenbad versammeln": Von Eishockeyfans erwartet man keine Almosen, obwohl sie zahlreicher sind.

📖 Genaugenommen kommen zu den Spielen der zweitklassigen Mann-schaften doch immer noch mehr Besucher als zu den Gottesdiensten. 1000 Besucher sind für das Stadion ein Minusrekord, für die Kirche wären sie eine Sensation. Wir, die wenigen Gläubigen, bilden freilich für die hilfsbedürftigen Bettler sozusagen eine „qualifizierte Minderheit". *(Alois Brandstetter, Kummer ade, 2013)*

Dass vor Kirchen gebettelt wird, hat mehrere Gründe. Zum einen hatten Arme schon in der Antike einen Platz im Eingangsbereich der Kirche, wo sie versorgt wurden. Zum anderen erhoffen sich Bettler besonders von Menschen, die zum Gottesdienst gehen, eine milde Gabe; sie appellieren gewissermaßen an deren Gewissen, Almosen zu geben. Und schließlich war die Kirche früher häufig der einzige Ort, wo Menschen in großer Zahl zu-sammenkamen – sozusagen ein ertragreicher Ort. Nicht selten waren oder sind die Bettler durchaus willkommen – sie stellen ja auch für die Gläubigen eine Möglichkeit dar, ihre christliche Caritas zu üben.

Der kirchliche Eingangsbereich – Ort der Armenfürsorge

Bereits in der christlichen Antike war das Atrium – ein Bauelement des Privathauses, aber auch des Tempels und der Kirchen, denen es als Vorhof diente – ein „Ort der Hilfe", wie Thomas Sternberg über die Institutionen der Caritas im frühen Mittelalter schreibt: „Der klassische Ort der Fürsorge war durch alle christlichen Jahrhunderte hindurch die Pforte von Kloster und Domus, von Kirche und Heiligtum. [...] Der geschützte Raum vor dem Eingang zum Ort des Gebetes war die Stelle der Begegnung mit den Bedürftigen, die sich im Atrium aufhielten. Hier hofften sie auf besondere Freigebigkeit und boten den Besuchern Gele-genheit zu Werken der Barmherzigkeit und zur Erfüllung des Gesetzes." Auf bereitstehenden Tischen im Atrium konnten Gaben für die Kranken und Armen abgelegt werden.

Théodore Valerio (1819–1879), Dieu vous bénira (Gott segne euch)

Das Atrium bzw. der Eingangsbereich der Kirche blieb auch über die Antike hinaus der Platz der Armenspeisung. Vor allem an Orten viel verehrter Heiliger und damit zahlreicher „Besucher" sammelten sich die Armen, um hier Hilfe zu erhalten. Die Martinskirche in Tours ist ein solches Beispiel. Über dem Westeingang der Kirche war ein Bild vom Scherflein der Witwe aus dem Markusevangelium (Mk 12,41–44) angebracht, womit überdeutlich auf das Werk der Barmherzigkeit verwiesen wurde, das hier seinen Ort hatte. Die Vorhallen waren eine Zuflucht für die Krüppel und die Bettler. Es war von daher nur natürlich, dass in den Vorhallen die Almosen an die Armen verteilt wurden. Man darf dabei nicht (nur) an Geld denken, wie das heute der Fall ist; oftmals empfingen die Bedürftigen Brot und andere Lebensmittel.

Atrien, Vorhöfe und Portale blieben Orte der Armenpflege über das Mittelalter hinaus bis in unsere Zeit. Bis heute sitzen Bettler an Kirchentüren, werden Hilfesuchende an den Türen von Pfarrhäusern, Caritasverbandsstellen und Klöstern versorgt. So weit ist also das Betteln an der Kirchentür kein Ausdruck schlechten bzw. unangemessenen Benehmens, sondern eine aus der christlichen Barmherzigkeit kommende Tradition.

Betteln in den Kirchen

Auch wenn die Kirche ab dem Spätmittelalter die institutionelle Zuständigkeit teilweise an die Städte bzw. deren Rat abgegeben hatte, blieben die Gotteshäuser ein wichtiger Ort für das Betteln. Bevorzugt hielten sich Bettler seit jeher dort auf, wo viele Menschen waren: an den Straßenkreuzungen, auf den Marktplätzen. Aber eben auch an den Kirchen. Gebettelt wurde im Mittelalter auch *in* der Kirche, die ein Begegnungsraum für alle Stände war. Das hatte auch mit der hohen Zahl von Messfeiern zu tun. Durch die vielen Pfründen und Mess-Stipendien gab es nicht nur gelegentlich einen Gottesdienst, wie es heute der Fall ist, sondern jeden Tag zahlreiche an den verschiedenen Altären einer Kirche (in größeren Städten). Von daher herrschte in einem solchen mittelalterlichen Sakralraum immer Leben, und natürlich fanden auch die Bettler hier gute Möglichkeiten. Ernst Schubert, der sich 2005 mit der „Duldung, Diskriminierung und Verfolgung gesellschaftlicher Randgruppen" beschäftigt hat, nennt noch weitere Gründe für deren „Kirchgang": „Die Kirche wurde von den Bettlern nicht nur aufgesucht, weil hier ein Treffpunkt vieler Menschen war, weil zudem der Ort an die Christenpflicht gemahnte, Almosen zu reichen, die Kirche wurde auch von den Menschen, die kein Dach über dem Kopf hatten, aus ganz praktischen Erwägungen fast als Heimstatt betrachtet. Der Augsburger Rat musste 1459 den Bettlern verbieten, in den Kirchen Feuerstellen anzulegen." Man kann sich gut vorstellen, wie das Almosen-Erbitten allmählich lästig wurde.

Vor allem war es eine Störung des Gottesdienstes und der Andacht. Auch wenn sicher viele Bettler vor der Tür blieben, so scheuten sich manche nicht, in den Kirchen selbst während des Gottesdienstes die Besucher anzusprechen. Dabei kam es mitunter auch zu Vorfällen. Franz Irsigler und Arnold Lassotta zeichnen in ihrem Buch über Randgruppen und Außenseiter in Köln (1984) ein anschauliches Bild der Zeit zwischen 1300 und 1600: So wurde beispielsweise 1571 eine Bettlerin, die „beddelersche" Greitgen von Overraedt, der Stadt verwiesen, weil sie an einem Sonntag in der St.-Alban-Kirche während der Predigt „mit irem ungestumen beddelen sich muedtwillig angestelt" und den städtischen Diener Christian, einen von den vier „clocken" – Bettleraufseher mit glockenförmigem Umhang –, in der Kirche mit einem „duppen uf seinen kop" geschlagen und verletzt hatte und „alsolch tumult in loco sancto" ausgelöst hatte, dass das Volk „verstuirt" (gestört) wurde und der Geistliche aufhören musste zu predigen. – Ein gewisser Andreis Heinrichs gab beim Verhör zu, in der Kirche gebettelt zu haben, weil es vor der Kirche ohnehin aussichtslos sei. Wenn die Leute ihm nichts geben wollten, soll er sie beschimpft haben. Die Strafe war oft hart, doch sagt die Begründung „unziemliches Betteln in der Kirche" nichts darüber, ob dies wegen des nicht erlaubten Ortes oder wegen besonderer Aggressivität verhängt wurde, wie Ernst Schubert schreibt (Bettler und Gaukler, Dirnen und Henker, 1984).

In Köln verfügte der Rat 1576, dass die Bettler nur vor der Kirche um Almosen bitten und die Gläubigen in der Kirche ungestört lassen sollten – danach habe sich auch die Bürgerschaft zu richten. Allerdings war dieses Edikt weitgehend nutzlos – wie schon vorher erlassene Statuten, die ausdrücklich verboten hatten, in der Kirche Almosen an Bettler zu geben. Auch in den Bettelordnungen anderer großer Städte wurde dies zum ausgehenden Mittelalter angeordnet. Bettelordnungen wie für Breslau 1521 hatte man auch in die evangelischen Kirchenordnungen übernommen: „Es soll keinem vergönnt werden von haus zu haus zu gehen, sondern wo er betteln will, soll vor der kirche geschehen. […] In der kirchen soll niemand betteln." Nach der Nürnberger Bettelordnung von 1478 durften die Bettler an ihren Bettelorten vor den Kirchen nicht müßig herumsitzen, sondern sollten Arbeiten ausführen, zu denen sie in der Lage waren, beispielsweise spinnen. Auch durften Bettler mit schlimmen Entstellungen diese nicht zur Schau stellen, um die Kirchenbesucher nicht zu schockieren.

Kennzeichnend für die spätmittelalterliche Armen- und Bettlerpolitik der städtischen Obrigkeiten ist die Trennung von „echten, ehrbaren Armen" und Berufsbettlern. Die ehrbaren nannte man auch „Hausarme"; zu ihren Merkmalen gehörte die Ansässigkeit in einer Stadt, ein gewisser Bekanntheitsgrad unter den Bewohnern, beim Pastor ihres Kirchspiels oder bei einflussreichen Persönlichkeiten. Im glücklichsten Fall unterhielten sie eine regelmäßige Beziehung zu einer wohlhabenden Familie. Wie lange sich das hielt, kann man noch in *Thomas Manns* Roman *„Die Buddenbrooks"* erkennen, wo die „Hausarmen" an Heiligabend im Haus beschert werden: Sie belegen, wie es hier heißt, „die Gültigkeit der christlichen Weltordnung, nach der Wohltätigkeit die Tugend der Reichen ist". Vagierende Bettler, die also nicht aus dem eigenen Gebiet stammten, erhielten – darauf wird auch in den verschiedenen Bettelordnungen immer wieder hingewiesen – keine Erlaubnis zum Betteln. Man wusste sich für die eigenen Armen verantwortlich – aber nicht für den Unterhalt von „berufsmäßigen Armen".

Insofern es die Ordnung des Gottesdienstes betraf, gab es oberhirtliche Verfügungen gegen das Betteln in den Kirchen; so erließ Pius V. in seiner

Emanuel de Witte, Intérieur der Nieuw Kerk in Delft (1656) – Ausschnitt

Konstitution „Cum primum" (1566) eine Strafandrohung gegen Kapitel, Pfarrer, Vikare und Sakristane, die nicht gegen Störungen des Gottesdienstes durch Plaudern und sonstiges unpassendes Benehmen während der Messe einschreiten und das Herumlaufen der Bettler in den Kirchen während der Gottesdienste nicht hindern. Er erlaubte aber den Armen, an der Kirchentüre zu stehen, um da die milden Gaben der Gläubigen zu empfangen. Vom hl. Philipp Neri (1515–1595) wird gesagt, dass er bei aller Liebe gegenüber den Armen nicht duldete, dass in der Kirche gebettelt wurde; wenn dieses geschah, führte er die Bettler sogar eigenhändig zur Kirche hinaus …

Auch in den Kirchen der Orthodoxie gibt es das Betteln vor den Kirchen – wird hier aber ganz unterschiedlich eingeschätzt, wie es Maria Kudiravceva für Russland beschrieb (300 Jahre St. Petersburg, 2004): „Sehr häufig sind auch die sogenannten ‚Kirchenbettler', die so sehr zu den russischen Kirchen gehören, dass sie oft von den Priestern selbst zum Kommen aufgefordert werden. Denn eine Kirche, vor der Bettler stehen, ist geöffnet und kein

Museum. Das Betteln in der Kirche ist eine Institution, geradezu ein ‚Amt'. Die Bettler sollen Glauben und Demut demonstrieren, für die Spender beten, den Vorraum der Kirche putzen oder die Tauben (als Symbol des Heiligen Geistes) füttern. In diesem Raum hat alles seine wohldurchdachte Ordnung, so dass einem sich beiläufig dort Aufhaltenden unbeabsichtigt eine Spende in die Hand gedrückt werden kann (wie es der Autorin bei ihren Recherchen passiert ist)." Manche betteln nicht für sich, sondern für die Kirche – wie Dobri Dobrev in Sofia, der wegen seiner Armut und seines asketischen Lebensstils von vielen als ein Heiliger angesehen und als der „Heilige von Bajlovo" bezeichnet wurde; er starb im Februar 2018 im Alter von 104 Jahren.

Bei Bettlern vor bzw. in der Kirche hat man heute leider oft den Eindruck, dass es sich nicht um „Kirchenbettler" handelt, wie es sie immer gegeben hat, sondern um eine aggressive Art des Gelderwerbs, der teilweise bandenmäßig ausgeübt wird. Eine Unterscheidung zwischen „Hausarmen" und „vagierenden Bettlern" wäre auch für den heutigen Umgang mit diesen ein wichtiger Aspekt.

Das Gotteshaus als Warenhaus

Das Betteln vor und in der Kirche kann also gewissermaßen ein Geschäftsmodell sein – es ist allerdings nicht das einzige Geschäft, das an einem heiligen Ort geführt wird. Das hat eine lange Tradition und reicht ja auch, wie man aus der mehrfach in den Evangelien überlieferten Tempelreinigung Jesu weiß, schon in vorchristliche Zeit zurück. Natürlich gab und gibt es Gründe, bestimmten Warenhandel auch an religiösen Stätten zu führen – leicht aber kann, wie die Perikope der genannten Tempelreinigung zeigt, deren Wesen veräußerlicht, ja gewissermaßen veräußert werden. Es wundert nicht, dass auch immer wieder in Predigten im Blick auf unpassende Geschäftspraktiken in Kirchen diese Perikope zitiert bzw. von dieser ausgegangen wird.

Im Mittelalter und auch danach war es gerade in großen Städten mit ihren Domen und Münstern nicht selten, dass die Handelsbuden, die um die Kirchen herum errichtet waren, bisweilen in die Kirche selbst drangen und der Handel dort fortgeführt wurde. So wurde in Ulm im 16. Jahrhundert darüber Klage geführt, dass die Händler, die ihre Stände auf dem Münsterplatz hatten, bei Regenwetter ihre Waren im Münster feilhielten.

Das wurde ihnen ebenso untersagt wie den Bauern das Tragen ihrer Produkte durch das Münster zur Abkürzung des Weges während des Gottesdienstes. Manche spazierten an Sonn- und Feiertagen während des Gottesdienstes sogar im Münster hin und her und schlossen zum Ärgernis der Gemeinde öffentlich ihre Kontrakte und Kaufverträge ab. Gerade das ausdrückliche Verbot weist auf eine solche Praxis hin (Friedrich Fritz, Ulmische Kirchengeschichte, 1934).

Das ungenierte Handeltreiben beklagte auch der Prediger Christoph Selhamer, den Moser-Rath zitiert: „Andere kauffen in der Kirchen / und verkauffen / handlen von ihren Gütern / Aengern / Wismad und Aeckern / Hof und Städlen; machen also aus dem Gotts-Haus ein Schranen / ein Marck-Platz / ein Niderlag / ein Einsetz / und weiß Gott was."

Natürlich gab es auch Händler, deren Waren eine gewisse Nähe zum Kirchlichen hatten und die deshalb unter Umständen auch geduldet wurden, zumal, wenn der Andrang des Volkes zur Kirche groß war. Über die Pariser Kirche Saint-Maur heißt es noch im 19. Jahrhundert, dass man die ganze Nacht hindurch Wachskerzen- und Heiligenbilder-Verkäufer sehen könne, Bettler aller Art sowie Tisanenhändler, die mit lauter Stimme ihr frisches Getränk anbieten, einen Kräutertrank, der kalt oder warm getrunken wurde und der Erfrischung der Pilger diente. In Chartres wurde den Weinverkäufern, die ihre Buden auch in der Kathedrale hatten, eigens die Krypta reserviert – allerdings vor allem deswegen, weil der große leere Kirchenraum – Bänke und Stühle gab es nicht – als Raum zur Übernachtung für die zahllosen Pilger gebraucht wurde, die kamen, um das Gewand der Jungfrau zu sehen …

In heutiger Zeit erscheint dies alles doch sehr merkwürdig; allerdings gibt es in den großen Kirchen immer noch Verkaufsorte, wenn sie auch hauptsächlich dem Eintritt der Kirchenbesucher und der Information dienen. Doch auch sie können ein Dorn im Auge sein. Mit Blick auf die Tempelreinigung in den Evangelien beschreibt der evangelische Theologe Reinhard Deichgräber (Die Bibel lehrt beten, 2002) in einer Predigt die heutige Umwandlung des Hauses Gottes in ein Kaufhaus: „Ihr aber macht eine Räuberhöhle daraus.' Mit diesen Worten geißelt Jesus Entartung und Verfall. Aus dem Bethaus ist ein Zufluchtsort für Verbrecher geworden. Im Johannesevangelium (2,16) erscheint als Gegenbegriff der Ausdruck ,Kaufhaus' oder ‚Warenhaus'. Was vielen Menschen hierzu als erstes einfällt, sind die großen Kirchen, die den ganzen Tag vom Lärm schaulustiger Touristen erfüllt sind. Sie machen aus der Kirche ein Museum und vergällen dem Beter den stillen Aufenthalt. Oft wird dann auch tatsächlich gekauft und verkauft: Ansichtskarten, Dias, Kunstführer, Reiseandenken und was dergleichen mehr ist. Eine Einladung zur Tempelreinigung!“

Handel und Wandel: Nicht selten werden große Innenstadtkirchen auch zur Abkürzung des Weges – vor allem mit schweren Einkaufstüten oder bei schlechtem Wetter – benutzt. Nicht erst seit unserer Zeit. Schon im Mailand des 16. Jahrhunderts durchquerten viele Menschen den Dom, um eine Abkürzung zu nehmen. Das war Erzbischof Karl Borromäus ein Dorn im Auge. Er begnügte sich nicht mit einem freundlichen Hinweis, dies doch bitte zu unterlassen, sondern ließ kurzerhand die Seiteneingänge an den Stirnseiten der Querschiffe zumauern und an dieser Stelle Altäre errichten. Basta.

12. „Ein Hund kam in die Kirche ..."
Tiere im Gottesdienst

Die Bilder von Kircheninterieurs des holländischen Malers Emanuel de Witte (1619–1692) sind nicht zuletzt deshalb bekannt, weil sie das Verhalten der Menschen in diesen Gotteshäusern zeigen. Nicht nur betend, sondern auch im ungezwungenen Gespräch, beim Umherlaufen und sogar in Begleitung von Hunden. De Witte ist nicht der einzige Maler, auf dessen Kirchenbildern Hunde zu sehen sind; auf vielen Bildern holländischer Maler dieser Zeit findet man sie. Sie zeigen die nachreformatorische Verwandlung holländischer Kirchen in Kommunikationszentren, Börsen und Wandelhallen. Natürlich gab es in diesen Kirchen auch einen Gottesdienstbereich, „Preekkerk", der von dem eher öffentlichen Bereich „Wandelkerk" unterschieden wurde, wie es auf vielen der Bilder auch deutlich wird. „Dadurch, dass die Stadtkirche Teil des öffentlichen Raums war, hatte grundsätzlich jedermann Zutritt, bekennende Reformierte, Interessierte – die sogenannten liefhebbers (‚Liebhaber'), die sich der Konfession verbunden fühlten, ohne sich ihr anzuschließen –, Unentschiedene und Mitglieder anderer Konfessionen. Wandelkerk bedeutete, dass sich das gemeinsame Leben in dem Gebäude abspielte. Man traf sich in ihr während Regens, besprach Geschäfte oder Neuigkeiten und lauschte Orgelmusik – städtisch besoldete Organisten wie Jan Pietersz. Sweelinck (1562–1621) trugen mit allwöchentlichen Konzerten zur Musikkultur des ‚Goldenen Jahrhunderts' bei." So Almut Pollmer in ihrer Untersuchung des Kirchenraums in der holländischen Malerei um 1650.

Bisweilen sieht man Kirchenbesucher andachtsvoll auf den Bänken sitzen, während andere paarweise durch das Kirchenschiff flanieren, Kinder spielen Verstecken oder bekritzeln die Säulen, Hunde tollen herum. Ja, wie sehr der Kirchenbesuch zum Alltag gehörte, zeigen eben nicht zuletzt die zahlreichen Vierbeiner aller Größen und Rassen auf den vielen Bildern, die Almut Pollmer am Ende ihrer Arbeit aufführt. Nur selten brav an der Seite ihres Herrn – meist streunen sie unbehelligt durch die Kirche, belauern oder beschnüffeln sich, jagen hintereinander her, heben sogar bisweilen das Bein.

Es scheint sich also um ein Phänomen gehandelt zu haben, das zur Zeit de Wittes durchaus üblich war. Dennoch ist es eine wohl zu einseitig positive Betrachtung, die mitgebrachten Tiere als Indiz für die muntere Vermischung von Sakralem und Alltag zu werten. Denn das Mitführen von Hunden in die Kirche heißt noch lange nicht, dass dies grundsätzlich gestattet war. Ein Hund, der sich in der Kirche erleichtert, muss auch für die Zeitgenossen ein Ärgernis gewesen sein, wie Pollmer meint. In seiner „Beschreibung des kirchlichen Lebens des 17. Jahrhunderts" schildert August Tholuck unter anderem die Klagen über frei laufende Hunde in Kirchen zu ebendieser Zeit: „Einen ferneren Abbruch an Feierlichkeit mußten die Gottesdienste durch den fühlbaren Mangel an Kirchenpolizei erleiden. Da hört man zuerst über die Hunde in der Kirche klagen. ,Hunde laufen in der Kirche zu Haufen herum, ohne daß jemand sie heraustreibe', lautet das *gravamen* des Superintendenten in Zahna 1670. Die Gotteshäuser werden Hundehäuser, beschwert sich Senior Müller in Hamburg vor dem Rath, denn da die Hunde sich dermaßen darin beißen und bellen, daß der Prediger oft stillschweigen muß."

So wundert es nicht, dass es staatliche wie kirchliche Verbote des Freilaufens von Hunden in Kirchen gab; unter dem Markgrafen Christian-Ernst von Bayreuth beispielsweise erschien eine Verfügung „betreff Innehaltung der Hunde während des Gottesdienstes", weil solche öfters in die Kirche liefen und dadurch Ärgernis erregten. Das Mitführen allein war offensichtlich nicht verboten. Anders das Mandat des Grafen Georg Ernst von Henneberg vom 1. März 1545, nach dem die Hundebesitzer gehalten wurden, ihre Tiere während des Gottesdienstes zu Hause zu verwahren: „Ferner gebieten wir und wöllen ernstlich gehabt haben, das alle inwoner der statt und im ampt ihre hund und koeder, wann man den gottesdinst in der kirchen mit messe halten, predigen und anderm pflegt zu halten, in iren heusern sollen anlegen und verwaren, das keiner in die kirchen laufe noch gehe, also unrugig mit bellen und keifen, als bisher geschehen, zusammen fallen darüber die verordente knecht und diner sollen mit fleis achtung tragen und finden, mit gutem fleis danach fragen, wer dieselbigen sind."

Hunde-Dienste

Wenn Hunde dennoch mit in die Kirche gebracht wurden und dort störten, mussten andere Maßnahmen ergriffen werden. In Nürnberg gab es schon im 15. Jahrhundert ein Stiftung, aus der Leute entlohnt wurden, deren Aufgabe es war, Hunde aus der Kirche zu entfernen. In der „Oekonomischen Encyclopädie" von Johann Georg Krüntiz (1782) heißt es, dass Hunde in der Kirche nicht zu dulden sind: „Besonders sind auf dem Lande die Eigenthümer der Hunde gehalten, dieselben während dem Gottesdienste einzuschließen. An einigen Orten ist eine eigene Person dazu bestellt, welche während dem Gottesdienste die Hunde aus der Kirche abhält und jaget, und der Hundspeitscher oder Hunds=Vogt, im g. L. Hundepeitscher und Hundevogt, Nieders. Hundesläger, Fr. Chasse-chien, mit einem anständigern Ausdrucke der Kirchenknecht, genannt wird." In einer Danziger Kirchenordnung von 1612 wird „des hundepeitschers lohn und amt" genauestens aufgeführt; dort heißt es auch: „Die hunde in der kirchen soll er mit fleiss, es sei vor und nach der predigt, mit der peitschen austreiben."

Verunreinigung

Dass es bei der Störung durch Hunde keineswegs nur um den Lärm geht, den sie machen können, zeigt ein Leserbrief aus dem Jahr 1795 an den „Baierischen Landboten" („Lieber Herr Landbot!"): „Ueber die Unreinigkeit, die durch die Hunde in der Kirche verursacht wird, können diejenigen Leute das beste Zeugnis ablegen, denen es obliegt, dieselbe zu säubern. Eine schöne Ehrfurcht von dem Hause Gottes, eine wunderliche Heiligung desselben! – Ueber den Hund, der allen diesen Unfug in der Kirche treibt, kann ich nicht zörnen; er ist ein unvernünftiges Thier, das seinem Herrn nachfolgt, und unmöglich verstehen kann, daß dieses der Ort sey, in den er sich ruhig und reinlich verhalten sollte. Aber der Mensch, der Herr des Hundes, sollte mehr Ehrfurcht gegen ein Bethhaus haben – sollte zum wenigsten vernünftiger seyn, und den Hund zu Hause lassen, wann er in die Kirche gehen will. Welch einen Lärmen macht man in einem Privathause daraus, wenn Hunde in einem nur mittelmässigen reinlichen Zimmer dergleichen Unanständigkeiten begehen? Aber in der Kirche wirds geduldet!"

Immer wieder muss daher das Verbot wiederholt werden, Hunde in die Kirche mitzuführen, wie es in einer „Kundmachung" vom 9. März 1795

Kundmachung.

Obschon jedermann selbst leicht einsehen kann,
und soll, wie unschicklich und unanständig
es seye, Hunde in die Kirchen mitzunehmen;
so hat jedoch dieser Unfug seit einiger Zeit zu
besondern Mißfallen wieder sehr überhandgenommen, daher man auf Churfürstlichen höchsten Befehl das dießfallsige Verboth anmit nochmalen wiederholet und erneuert, dabey jedermann ernstlichst gewarnet haben will, sich des
Mitnehmens der Hunde in die Kirchen um so
gewißer zu enthalten, als, wer immer mit einem Hunde in der Kirche angetroffen wird, sich
der öffentlichen Ausschaffung, und noch anderweit bemessener Ahndung unausbleiblich aussetzet.

Wornach sich also gehorsamst zu achten.
München den 9. März. 1795.

Churpfalzbaierische obere Landes-
Regierungs-Kanzley.

heißt: „Obschon jedermann selbst leicht einsehen kann, und soll, wie unschicklich und unanständig es seye, Hunde in die Kirchen mitzunehmen;
so hat jedoch dieser Unfug seit einiger Zeit zu besondern Missfallen wieder
sehr überhandgenommen, daher man auf Churfürstlichen höchsten Befehl
das dießfallsige Verboth anmit nochmalen wiederholet und erneuert, dabey
Jedermann ernstlich gewarnet haben will, sich des Mitnehmens der Hunde
in die Kirchen um so gewißer zu enthalten, als, wer immer mit einem Hunde
in der Kirche angetroffen wird, sich der öffentlichen Ausschaffung, und
noch anderweit bemessener Ahndung unausbleiblich aussetzet. Wornach
sich also gehorsamst zu achten.“

Dass es nicht die Hunde sind, die den Dreck auf den Gehsteigen zu verant-
worten haben, sondern ihre Halter, ist klar. Ähnliches gilt auch für das Ver-

halten der Vierbeiner in der Kirche, wie aus einer Schilderung *Alois Brand-stetters* in seinem Roman *„Ein Vandale ist kein Hunne"* (2007) hervorgeht:

📖 Neulich sah ich einen eindrucksvollen Filmbericht über den Münchner Liebfrauendom. Dort erzählte ein Mesner, wie schwer es manchmal sei, die Besucher zu einem dem heiligen Ort entsprechenden Benehmen zu bringen. Sie anzuhalten, während der Gottesdienste nicht herumzuschlendern. Sie auch dazu zu bewegen, ihre Hunde nicht in das Gotteshaus mitzunehmen. Einmal habe er sogar mit ansehen müssen, wie jemand seinen kleinen Pinscher, den er beim Hereingehen durch das Portal unter dem Mantel verborgen gehalten hatte, über die große Weihwasserschale hielt und saufen ließ und so das Weih-wasserbecken als Hundetränke mißbrauchte. Entweihte, würde ich sagen.

Andere Tiere

Der schon zitierte Leser, der an den „Baierischen Landboten" schreibt, beklagt sich nicht nur über die Hunde und den Dreck, den sie in Kirchen hinterlassen, er nennt auch andere Tiere, über deren „Gottesdienstbesuch" man sich heute nur wundern kann. Er beschreibt den morgendlichen Gottesdienst in der Kirche St. Peter in München, an dem überwiegend Frauen teilnehmen, die entweder zum Markt gehen oder schon von daher kommen; die meisten von ihnen haben ihre Körbe dabei: „Hie und da guckt aus grossen vollen Körben ein fetter Kalbsbraten, oder Indian, zwischen dem halb offenen Deckel hervor, und manch dürftiges hagers Mütterchen, das ein geringes winziges Körbchen vor sich stehen hat, blinset während ihrer Andacht hin und wieder auf die gesunde Jungfer Köchinn und ihren wohlgefüllten Korb hin, und möchte, statt das Vater unser zu bethen, unsern lieben Herrgott wohl gar eine kleine Objurgation machen, daß ihr Magen, der sich mit magerm Kühefleisch begnügen muß, nicht auch zur Verdauung gemästeter Kälber und Indianen bestimmt sey. Ueber das hört man, doch zur unrechten Zeit, nebenbey eine so unangenehme, als äußerst unanständige Musik. Die lebendigen Gänse, Hühner und Tauben wissen eben nicht, daß sie jetzt in der Kirche sind, und schmettern, schreyen und gurren also aus ihren geflochtenen Gefängnissen bald in abgebrochenen, bald in festgesetzten Tönen jetzt ein Adagio, jetzt ein volles Tutti heraus. Oder wer hat es den Spanferkel beygebracht, daß es eine Unanständigkeit sei, in der Kirche zu grunzen?"

Lebende Tiere mitzubringen ist eine Unart, die auch schon in den evangelischen Kirchenordnungen gerügt wird. So heißt es in der bereits zitierten Kirchenordnung für Danzig von 1612: „Wer ferckel, schweine, körbe mit fischen, halbe oder ganze rumpe fleisch oder aber ansonsten ander ungewöhnliche trachten Vormittage oder aber sonsten unter der predigt oder Vesper durch die kirche träget, so sollen die kirchenväter leute dazu bestellen, die dasselbe gut und tracht wegnehmen, die helfte für sich und die andere helfte für das spital.“

Für das Straßburger Münster wurde im 15. Jahrhundert angemahnt, dass Schweine um des bequemeren Weges zum Markt durch die Kirche getrieben würden. Auf dem „Fronhof“, dem Münsterplatz, fand nachweislich noch in späterer Zeit öfter Schweinemarkt statt; damit hängt es vermutlich zusammen, dass man gelegentlich Ferkel durch die Kirche getragen oder ausgewachsene Schweine hindurchgetrieben hatte.

Vielleicht hatte der Straßburger Humanist *Sebastian Brant* das Münster vor Augen, als er in seine Dichtung *„Das Narrenschiff“* (1494) das Verhalten der Menschen in der Kirche aufs Korn nahm; neben den Schweinen und Hunden kommen seiner Schilderung nach auch noch Vögel zur Kirche:

> Man braucht nicht fragen, wer die seien,
> Bei denen die Hund' in der Kirche schreien,
> Während man Messe hält, predigt und singt,
> Oder bei denen der Habicht schwingt
> Und läßt seine Schellen so laut erklingen,
> Daß man nicht beten kann noch singen.
> Da muß behauben man die Hätzen,
> Das ist ein Klappern und ein Schwätzen!
> Durchhecheln muß man alle Sachen
> Und Schnippschnapp mit den Holzschuhn machen
> Und Unfug treiben mancherlei.
> Da lugt man, wo Frau Kriemhild sei,
> Ob sie nicht wolle um sich gaffen
> Und machen aus dem Gauch 'nen Affen?
> Ließ jedermann den Hund im Haus,
> Daß man nicht stehle etwas draus,
> Dieweil zur Kirche man gegangen,
> Ließ man den Gauch stehn auf der Stangen
> Und brauchte Holzschuh auf der Gassen,
> Wo etwas Dreck man möchte fassen,
> Und betäubte nicht jedermann die Ohren:
> So kennte man wohl nicht die Toren.
> Doch die Natur gibts jedem ein:

Narrheit will nicht verborgen sein.
Es gab uns Christus das Exempel,
Der trieb die Wechsler aus dem Tempel,
Und die da hatten Tauben feil,
Trieb er in Zorn aus mit dem Seil.
Sollt er jetzt offen Sünd' austreiben,
Wer würde in der Kirch' wohl bleiben!
Er fing' wohl meist beim Pfarrer an
Und ginge bis zum Mesner dann!
Dem Gotteshaus ziemt Heiligkeit,
Das sich der Herr zur Wohnung weiht.

Aus: Sebastian Brant, Das Narrenschiff (1494)

Das beigefügte Bild zeigt einen Adligen, der mit Degen, zwei Hunden und Jagdfalken zur Kirche kommt, wo er schon von einer Frau erwartet wird. Einer der Hunde bellt die Frau an, der andere fetzt ein Stück Aas, der Mann trägt Schnabelschuhe, die vorne noch eine Brettverlängerung haben, so dass sie wirklich schön klappern. Dass man den Falken bzw. Habicht auch gelegentlich in der Kirche aufsteigen ließ, lässt sich aus den Worten Brants ablesen.

Gelegentlich kann eine Katze für Verwirrung sorgen, wie der schon genannte August Tholuck referiert: „Donnerstag den 7. Juli 1659 unter der Predigt entstund in der St. Katharinenkirche ein großer Tumult. Eine verirrte Katze kam unter dem Volke herfür. Sie fing an zu springen und zu toben. Das untersuchende und viel vermuthende Frauenvolk gerieth in große Schrecken. [...] Herr Doktor Corfinius fragte auf der Kanzel, was denn vorfiele. Die Schulmeisterin Marie Cordt und der tolle Peter Dreyer antworteten dem Herrn Doktor, es wäre der unhöfliche Satan leibhaftig zugegen."

Nicht wirklich unhöflich, aber doch störend war auch der Mann, der im Dezember 2016 ein Kirchenkonzert in Hannover besuchte:

> ✉ Kurz nach Beginn betritt ein – dem Aussehen nach – Obdachloser die Kirche mit seinem Hund und bleibt hinter der letzten Bank stehen. Kurze Zeit später setzt er sich in die Bank. Sein Hund, der mehrere Glöckchen am Halsband trägt, läuft „läutend" hin und her (die ganze Zeit). Nach jedem Satz klatscht der Mann laut und ausdauernd Beifall (geplante attacca-Anschlüsse z. B. vom Kyrie zum Gloria sind nicht möglich).
>
> Der Küster hat zu Beginn des Konzerts die Kirche verlassen, von den Zuhörenden fühlt sich niemand bemüßigt oder berechtigt, etwas zu unternehmen. Am Ende, nach der Schlussfuge der zweiten Bach-Messe „in gloria dei patris, amen", ertönt von hinten ein, englisch eingefärbtes, tief empfundenes „Amen". Mindestens eine Person hat die Kirche also offenbar beglückt verlassen. *(Ch. H. – 12. 12. 2016)*

13. „Hilfe, die Herdmanns kommen"
Die weihnachtlichen Gottesdienste und ihre Schwierigkeiten

Weihnachten ist im Erleben unserer Zeit das Fest der Feste. An Weihnachten kommt anscheinend keiner vorbei, Gläubige wie Nichtgläubige, Christen wie Angehörige anderer Religionen feiern Weihnachten, nicht selten mit denselben Ritualen. Zu den unaufgebbaren Festritualen gehört für viele neben den Geschenken, neben Christbaum und Weihnachtsessen der Gottesdienstbesuch an Heiligabend. Die Herausgehobenheit des Festes einerseits, andererseits die Teilnahme an Gottesdiensten von Menschen, die oft nur zu dieser einen Feier kommen, machen die nächtliche Weihnachtsfeier in der Kirche, aber auch die Kinderchristmette bzw. das Krippenspiel am Nachmittag und mitunter die Feiern am Tag anfällig für Störungen und unangemessenes Verhalten. Nicht zuletzt die Anfälligkeit für Störung hat im Laufe der Geschichte dazu geführt, dass der (mitter-)nächtliche Gottesdienst immer wieder auf andere Uhrzeiten verschoben wurde.

Dass Nachtfeiern Probleme bereiten, war schon früheren Jahrhunderten bekannt; die Synode von Auxerre (578) etwa verbot die nächtlichen Feiern zu Ehren des heiligen Martin wegen der Ausschweifungen (Art. 3 und 4). Im Falle der weihnachtlichen Feiern kamen zu solchen Ausschweifungen verschiedene Faktoren zusammen: So ging dem Fest im katholischen Bereich lange Zeit, bis Anfang des 20. Jahrhunderts, eine adventliche Fastenzeit voraus, was naturgemäß nach deren Beendigung (durch die nächtliche Liturgiefeier) zu mehr Genussfreude führte; hinzu kam weiterhin die besondere Jahreszeit und Schwellensituation, denn früher war Weihnachten mit dem Jahreswechsel verbunden; schließlich ließen auch Dunkelheit und Kälte die Menschen zum Alkohol greifen und führten zu Versammlungen vor und nach dem Gottesdienst in Wirtschaften.

Ausgelassenheit und Randale

Der nächtliche Weihnachtsgottesdienst (und die ihm eventuell vorausgehende Mette), die Christmette, erfreute sich beim Volk allgemeiner Beliebtheit. Die Feierfreude konnte dabei jedoch auch in Übermut und Überschwang umkippen. „Offiziell standen früher zwar die kirchlichen Feiern im Mittelpunkt, aber dieser Mittelpunkt wurde oft und oft überwuchert von den Sprossformen, die das Weihnachtsfest ansetzte. […] Weihnachten war nicht zuletzt ein Fest, an dem junge Leute ihre eigenen Wege gingen und der Obrigkeit zu schaffen machten", schreibt Hermann Bausinger über das Weihnachtsfest „zwischen Mythos und Alltag" (1997). Schon aus der Zeit vor der Reformation gibt es Berichte über das Tanzen, Lärmen und Herumtoben des Volkes vor dem nächtlichen Gottesdienst – aber auch währenddessen.

So wurde wegen des Umtriebes in der Nacht seitens des preußischen Königs schon am 18. Dezember 1711 folgende Verfügung erlassen: „Weil mit denen Lichter-Cronen auf dem Christabend viel Gaukeley, Kinder-Spiel und Tumult getrieben wird, als befehlen wir Euch hiermit nicht allein solche Christ= und Lichterkronen gäntzlich abzuschaffen, sondern auch, die Christ-Metten nicht des Abends, sondern des nachmittags um 3 Uhr zu halten." 1791 wurde von Kurfürst Friedrich August zu Sachsen „die Abschaffung des Christnachtsunfugs betreffend" eine Verordnung zur Verlegung der nächtlichen Gottesdienste auf den Abend bzw. frühen Morgen erlassen; hier heißt es u. a.: „Während des Gottes-Diensts soll aller Tumult sowohl, als bisher an Theils Orten getriebener Unfug mit angeputzten Tannensträuchern, so genannten Hirtenhäusern, erleuchteten Pyramiden, Weltkugeln, Sternen, Schlangen, Fakeln und andern dergleichen Gaukeleyen und Kinderspielen, selbst wegen der daher besorglichen Feuer-Verwahrlosung in der Kirche schlechterdings unterbleiben, so wie das Absingen der bisher gewöhnlichen lateinischen Gesänge: Puer natus &c. Quem pastores &c. Nunc angelorum &c. immassen der gemeine Mann ohnehin davon nichts versteht, besonders aber auch, wegen des an Theils Orten damit getriebenen Misbrauchs, gänzlich abgestellt seyn."

In Bayern wurde Anfang des 19. Jahrhunderts die mitternächtliche Messe (Christmette) auf 5 Uhr morgens verschoben. Allerdings nur für ein Vierteljahrhundert, bis König Ludwig I. sie wieder zur alten Uhrzeit anordnete. Nachdem während der Verlegung die Weihnachtsnacht offensichtlich ruhiger verlief, begann nach 1825 allmählich wieder „das Umherschwärmen junger Leute, und das Geläuf, ja eine wahre Jagd von einer Kirche zur andern". Im Jahr 1830 war es in München besonders schlimm; hier hatten Studenten (nach Würzburger Vorbild!) mit Ratschen die Straßen durchzogen und gerieten in Konflikt mit der Polizei. Als die Studenten in den

Kneipen Kommilitonen zu Hilfe riefen („Burschen heraus!"), kam es zum Tumult, der erst durch begütigendes Reden beschwichtigt werden konnte. Es war keine politische Randale, sondern studentischer Ulk, wie Cornelia Oelwein 2010 in einem Beitrag über die „entweihte Nacht" in der „Bayerischen Staatszeitung" feststellte. Nun betraf der „Ulk" in diesem Fall nicht unbedingt die Gottesdienste. Er konnte aber auch in diese eindringen, die Festfreude zum Klamauk umkippen lassen.

Problem Alkoholkonsum

Alkoholgenuss vor Beginn des (mitter-)nächtlichen Gottesdienstes war ein wichtiger Bestandteil und Beförderer größerer Ausgelassenheit. In einem Bericht über die Umtriebe in der Christnacht heißt es im „Bayerischen Volksblatt" von 1831: „Aus allen Gegenden Bayerns liefen die unangenehmsten und betrübendsten Nachrichten von vorgefallenen Polizeiexzessen, auffallenden Unordnungen, von öffentlichen Aergernissen, ja selbst von Unglücksfällen ein. Und so wurde diese hochheilige Nacht, die in würdevoller, feierlicher Stille, ob des göttlichen Ereignisses, das über alle Menschengeschlechter Heil brachte, gefeiert werden sollte, eine Nacht der Unordnung im buchstäblichen Sinne, eine Metten Nacht. In keiner Nacht ist der häusliche Friede, die häusliche Ordnung gröblicher gestört, als in der heiligen Christnacht! In keiner Nacht sind die Straßen und Wege in Städten und auf dem Lande unsicherer, als in der heiligen Christnacht! Zu welcher Zeit ergeben sich wohl in Gottes heiligen Tempeln gröbere und rohere Unordnungen, als gerade in der heiligen Christnacht! Es ereignete sich in der jüngsten Zeit, dass betrunkene Menschen taumelnd, polternd, schreiend und schimpfend in die Kirche sich drängten, allda die ausgelassensten Handlungen verübten, die unflätigsten Exzesse begingen! Es ergab sich, daß muthwillige Burschen im Gott geweihten Hause Tabak rauchten! – Ja es fielen selbst Schlägereien an heiligen Orten vor! Polizeisoldaten und Militär mußten Schutz und Sicherheit verschaffen! Und selbst der Kirche Diener konnte man mit des Bachus fröhlichem Geiste in Gottes heiligen Tempel treten sehen!"

Apropos „Bachus": Sogar von „Bachanalien" ist im Zusammenhang der weihnachtlichen Gottesdienste die Rede, so sehr trug bisweilen der Alkoholkonsum zu ihrer Störung bei. Viele Gottesdienstbesucher waren alkoholisiert, weil sie sich in Wirtshäusern oder zu Hause die Zeit bis zur Mette mit Trinken vertrieben. Und selbst wenn der Gottesdienst in den ganz frühen Morgenstunden stattfand, wurde es nicht besser; aus der Bergwerkstadt Zellerfeld wird in der „Berlinischen Monatsschrift" von 1784 von der „Mette" – in diesem Fall der evangelische frühmorgendliche Gottesdienst an Weihnachten – Folgendes berichtet: „Der Gottesdienst ist in der Christnacht um 4 Uhr, die ganze Kirche ist erleuchtet, es wird musicirt und lateinisch gesungen, wobei die Sänger als Engel angekleidet sind, in weißen Hemden mit grünem Bande. Diese Herrlichkeiten lokken den Pöbel aus den benachbarten Bergstädten hin, der, um sich gegen die Kälte zu schützen und um das Christfest zu begehen, sich reichlich vorher mit Brandtewein versieht; die Kirche ist gepfropft voll, und der Lärm so groß, als wenn die Trommeln eines ganzen Regiments auf einmal schlagen. Der entsetzliche Dampf von Brandtewein erfüllt die Kirche und erstikt fast den Prediger. Herr Borhek, der wegen des erstaunlichen Geräusches doch nicht reden konnte, stand auf seiner Kanzel still und sah auf den Unfug der Gemeine herab. Brennende Lichter, die das besoffene Volk von den Leuchtern riß, flogen in der Kirche umher." Der genannte Prediger Borhek, der damals als junger Mann ebendort am Weihnachtstag den nachmittäglichen Gottesdienst zu halten hatte, schrieb später dazu im selben Organ: „Als ich auf die Kanzel trat, zogen die Rathsglieder die Gardinen vor ihrem Stuhl dicht zu. Die Kirche stank noch wie eine Branntweinsbrennerei; und da mir der Brannteweinsgeruch stets von Natur zuwider gewesen ist, so kostete es mir sehr viel Mühe und Anstrengung auf der Kanzel auszuhalten …"

Die Monatsschrift „Der teutsche Patriot" von 1802 berichtet aus einer anderen nicht näher benannten Stadt: „Sind am heiligen Abend d. h. am Tage vor dem Weihnachtsfeste, die Arbeiten vollendet und das Abendessen […] vorbei; nachdem das Bohrnkindel (neugebohrne Kindlein) oder der heilige Christ bescheert hat, das heißt: nachdem die Eltern den Kindern, und die Herrschaften dem Gesinde die gewöhnlichen Weihnachtsgeschenke gegeben haben; so versammelt sich das junge Volk in verabredeten Häusern, welches nicht selten öffentliche Schenken und Branteweinhäuser sind, um die Metten, welche gegen 4 Uhr des folgenden Morgens ihren Anfang nehmen, nicht zu verschlafen. […] So wie nun die Anfangsstunde des Gottesdienstes näher rückt, so macht man sich auch, nachdem man nahe oder entfernt ist, zum Aufbruch bereit. Aus Stunden weit entfernten Orten, so wie aus dem Orte selbst, strömt der Haufe der Kirche zu, wobei es sich sehr oft zuträgt, daß die Wallfahrer, von Brannteweine benebelt, unterweges in Uneinigkeit gerathen. [...] Der Kirchhof ist der Sammelplatz, denn um Unfug zu vermeiden, öffnet man die Kirchthüre nicht eher als bis die Anfangsstunde, 4 Uhr, vorbei ist. [...] Kaum hat die Glocke den letzten Schlag der vierten Stunde gethan, so öffnen sich die Thüren und alles stürzt über und durcheinander in die Kirche. Nun sollte man meinen, das Chaos von Menschen werde sich in der gewöhnlichen Ordnung entwickeln, und jeder auf seinem geziemenden Platze sich einfinden. Weit gefehlt; die Masse bleibt ein Chaos."

Dass der Alkohol rund um den Gottesdienst und auch in ihm nur in früheren Zeiten vorgekommen wäre, ist ein Irrtum. Irritiert war der Redakteur der Zeitschrift „Glaube + Heimat", der unter der Überschrift „Henkelkirche" (womit man auf dem Land die Dorfwirtschaft zu benennen pflegte), 2016 einen weihnachtlichen Gottesdienst beschreibt: „Ein Erlebnis der besonderen Art war für mich der Besuch eines Krippenspiels in einem kleinen Ort mit großem Kirchengebäude. Abgesehen von einer dem Anlass unangemessenen Geräuschkulisse wurden auf den Emporen hochprozentige Getränke durch die Reihen gegeben. Glühwein, Piccolo, Taschenrutscher – ein Sortiment an Hochprozentigem, das jedem Getränkestand auf dem Weihnachtsmarkt zur Ehre gereicht. Der Gottesdienst? Nebensache."

Politisch motivierte Störungen

Der weiter oben geschilderte studentische „Ulk" in München wurde nicht nur als Störung verstanden, sondern auch politisch beargwöhnt, weil es in Europa zu dieser Zeit gärte – vor allem in Paris – und man Ähnliches auch für Deutschland befürchtete. Die herausgehobene Stellung des Weihnachtsfestes und des Gottesdienstes am 24. Dezember (abends oder nachts) sowie das Zusammenkommen einer großen, zumeist in der bürgerlichen Mitte situierten Gemeinde machen die Kirche als Raum für politische Aktionen interessant.

Als verbürgerlichtes Fest war Weihnachten mit seinem Höhepunkt Heiligabend später auch den APO-Mitgliedern in den 1960er-Jahren ein Dorn im Auge – und zugleich ein willkommener Anlass, Aufmerksamkeit zu erregen. Am Heiligen Abend 1967 mischten Rudi Dutschke und andere Demonstranten den Weihnachtsgottesdienst in der Berliner Kaiser-Wilhelm-Gedächtniskirche gehörig auf. Schon eine halbe Stunde vor Beginn standen Demonstranten vor dem Hauptportal der Kirche mit Schildern, auf denen Parolen gegen den Vietnamkrieg zu lesen waren. Kurz vor Beginn des Gottesdienstes entrollten andere Demonstranten, die bereits in der Kirche waren, Plakate und gingen Richtung Altar und Kanzel, wurden aber daran gehindert. Rudi Dutschke wollte die Kanzel besteigen, um sich Gehör zu verschaffen, zwei Gottesdienstbesucher aber zerrten ihn herunter. Dabei schlug ihm ein Schwerversehrter seine Krücke über den Kopf, so dass Dutschke eine Platzwunde erhielt. Nach eigener Darstellung wollte er nur gegen die Übergriffe auf die Demonstranten protestieren.

Zu Beginn des Weihnachtsgottesdienstes am 25. Dezember 2013 im Kölner Dom sprang eine junge Frau, eine Femen-Aktivistin, weitgehend unbekleidet auf den Altar, von wo sie lautstark politische Erklärungen in den Kirchenraum rief. Auf ihre entblößten Brüste hatte sie den Schriftzug „I am God" gemalt. Sie wurde sogleich von Domschweizern vom Altartisch gezogen und aus dem Innenraum der Kirche entfernt, so dass die Fortsetzung des Gottesdienstes vorübergehend eine Unterbrechung erfuhr.

Solche politischen Störungen gab es auch schon früher während politisch gäriger Zeiten – etwa den 1920er- und 1930er-Jahren. In seinem Halbmonatsbericht meldet das Regierungspräsidium Oberbayern Anfang Januar 1934, „dass das früher beobachtete Herumstreunen der kommunistischen Jugend in Kirchseeon sowie das Abbrennen von Feuerwerkskörpern während der Christmette vollständig unterblieben ist. Die sonst an der Tagesordnung gewesenen Anpöbelungen der Polizeiorgane durch derartige Elemente sind seit der Machtübernahme durch die nationalsozialistische Bewegung verschwunden."

Diese Art der Störung scheint durch die politische Motivation, die im besten Falle aufrütteln und in Frage stellen will, noch zu entschuldigen – wie auch *Luise Rinser* anlässlich einer ganz ähnlich erlebten Störung an Ostern 1969 für sich notiert:

> 📖 Ist ein Mann exzentrisch, neurotisch, wahnsinnig, kriminell, wenn er einen Gottesdienst stört mit dem Hinweis auf ein schizophrenes Verhalten der Kirche hinsichtlich Krieg und Frieden – oder wird ein normaler Mann, der Christ ist, wahnsinnig, weil er die Schizophrenie der Kirche nicht mehr erträgt? *(Luise Rinser, Baustelle. Eine Art Tagebuch 1967–1970)*

Ziel solcher Störungen ist es nicht zuletzt, schreibt Joachim Scharloth in seinem Buch „1968. Eine Kommunikationsgeschichte", bei den Teilnehmern am Gottesdienst ein Verhalten zu provozieren, das den Werten, die das Ritual zu repräsentieren und zu vermitteln vorgibt, widerspricht. Ähnlich, wenn auch weniger politisch motiviert, lässt sich das im kleinen Rahmen der familiären Heiligabendfeier beobachten. Der Familienfrieden, zu dem auch die Kinder mit ihrem dankbaren Wohlverhalten beitragen sollen, kann durch entsprechendes „Fehlverhalten" empfindlich gestört werden: etwa durch das Coming-out Homosexueller, die sich an diesem Tag familiärer Gemeinschaft mit ihrem Zwang zur Normalität schwertun, zugleich aber die Vollzähligkeit der versammelten Familie nutzen, um diese mit ihrer sexuellen Neigung bekannt zu machen – und damit das Fest gleichzeitig zu sprengen …

Natürlich gibt es auch Störungen, die weniger politisch motiviert sind, auch wenn sie sich den Anstrich geben, sondern eher als grober Unfug einzuschätzen sind – nicht selten auch durch Jugendliche verübt. So störten vier Kinder und ein Jugendlicher an Heiligabend 2014 in der Pfarrkirche St. Marien in Mönchengladbach ein Krippenspiel. Sie seien Medienberichten nach in die Kirche gestürmt und hätten „scheiß Christen" gerufen. Auch keine neue Erscheinung, nur dass sich das schlechte Benehmen früher nicht gegen eine Religion, sondern eher gegen eine Konfession gerichtet hat. „Da es in früheren Jahren öfters vorgekommen, daß in verschiedenen Kirchen Leute sich bei der Christmette einfanden, die durch absichtlich unanständiges Benehmen Aergerniß gaben oder ihre Verachtung gegen die katholische Kirche zur Schau trugen, so wollen wir wieder in Erinnerung bringen, daß es in einem solchen Falle Pflicht eines jeden Anwesenden sei, solchen Individuen, seien es nun schlechte Katholiken oder Außerkirchliche, die Thüre zu weisen", heißt es im „Katholischen Kinderfreund" von 1863.

Kinder-Krippenspiele

Zum festen Bestandteil der weihnachtlichen Gottesdienste gehören in den meisten Gemeinden auch Krippenspiele am Nachmittag des 24. Dezember. Sie sind in vielen Fällen die am besten besuchten Gottesdienste, für nicht wenige Menschen ist mit dem Besuch des Krippenspiels Weihnachten zumindest gottesdienstlich abgehakt. Kinder, Eltern und Großeltern drängen sich, oft geht es dann auch entsprechend zu.

„Meine persönliche Bezeichnung für das Krippenspiel am Nachmittag ist: ‚Hilfe! Die Herdmanns kommen!'", schrieb jemand 2007 in einem Internetforum. In diversen Foren ist der Weihnachtsgottesdienst ein Thema, wobei es oft um das Verhalten der Gottesdienstteilnehmer geht. Die zitierte Aussage fasst den negativen Eindruck, den manche Krippenspiele hinterlassen, auf plakative Weise zusammen. In dem bekannten Kinderbuch „Hilfe, die Herdmanns kommen" von Barbara Robinson aus dem Jahr 1972 geht es aber zunächst um die Akteure des Spiels, die sechs Herdmann-Kinder, die als ein Ausbund des Schreckens und des Asozialen gelten, die lügen, klauen, rauchen und schmutzige Witze erzählen. Und ausgerechnet diese unmöglichen Kinder schaffen es, in einem Krippenspiel die Hauptrollen zu ergattern – bar jeglichen Wissens, was es mit dem Inhalt der Weihnachtserzählung auf sich hat ... Allerdings kommt es durch ihre unkonventionelle Interpretation der Weihnachtsgeschichte bei den Zuschauern und Mitspielern zu ganz neuen Einblicken in diese alte Botschaft. Das liegt aber im Wesen des Spiels, wie Dietmar Coors schreibt: „Wer sich auf das Spiel einlässt, kann nicht von vornherein ausschließen, mit Göttlichem oder Widergöttlichem, mit Christus oder mit Satan gleichzeitig ins Spiel zu kommen. Aber gehen Abgrenzung oder Trennschärfe nicht immer da verloren, wo wir feste Ordnungen und zweckmäßig bestimmte Abläufe verlassen? Bringt nicht jedes Spiel mit biblischen Texten und Personen die Gefahr der Fehlinterpretation mit sich? Andererseits, was geht nicht alles an Schönem, Beglückendem und Freude verloren, wenn im Religiösen ganz auf das Spiel verzichtet wird?" (Theater als Gottesdienst, 2015).

Allerdings sind es ist den meisten Fällen wohl gar nicht die Kinder, schon gar nicht die kleinen Akteure des Weihnachtsspiels, die für Unruhe sorgen, sondern vielmehr die Erwachsenen, die sich bedauerlicherweise nicht zu benehmen wissen, wie ebenfalls aus der Zuschrift zu einem Internetforum deutlich wird (24.12.2006): „Hallo zusammen, wir waren heute in der Kirche. Es war mit Krippenspiel. Da da auch viele Kinder mit dabei sind (auch kleine), ist es ja normal, dass der Geräuschpegel etwas höher ist. Aber was da abging, habe ich in einem Gottesdienst noch nicht erlebt. Am schlimmsten waren die, bei denen man vom Alter her eigentlich erwarten würde, dass sie erwachsen sind. Da wurde gequasselt und geschwätzt, während der Pfarrer gesprochen hat, das war nicht mehr feierlich – im wahrsten Sinn des Wortes. Teilweise habe ich nicht mal mehr den Pfarrer verstanden. Sollen die Leute doch zuhause bleiben. Ist doch keine Pflicht, am Hlg. Abend in die Kirche zu gehen."

In der Pfarrei St. Hubertus in Moers hatte man sich deshalb entschieden, die Krippenfeier 2016 ausfallen zu lassen. Nach dem Gottesdienst des Vorjahres seien alle Beteiligten sich einig gewesen: Das machen wir nie wieder! Das „Erwachsenengetöse, das in solchen Gottesdiensten manchmal zu hören ist, schlug vor einem Jahr dem Fass den Boden aus", wurde der Pastor in der Zeitung zitiert. Viele Erwachsene hörten nicht zu, sondern unterhielten sich, so dass bei der Geräuschkulisse in der Kirche das Spiel der Kinder untergegangen sei. Manche Gottesdienstbesucher seien wohl in der Kirche gewesen, „weil das zu Weihnachten gehört", aber offenbar ohne Erfahrungen, wie man sich in einem Gotteshaus benimmt – oder aber weil sie „verlernt haben, sich in der Kirche zu benehmen. Und so werde dann in den Bänken mit dem Handy gedaddelt oder sich laut unterhalten." – Verlernt, wie man sich in der Kirche benimmt?

Tipps für „Seltengeher"

Weihnachten ist dasjenige Fest, das die meisten Menschen in die Kirchen zieht. Zwar sind die Gottesdienste nicht mehr so zahlreich besucht wie etwa noch vor 30 Jahren, doch noch immer weitaus stärker als an den übrigen Tagen des Jahres. Für viele Menschen gehört der Besuch der Gottesdienste zum Erleben des Weihnachtsfestes mit dazu, auch wenn sie sonst mit „Kirche" weniger zu tun haben: „Seltengeher", wie sie genannt werden. Das bringt es mit sich, dass viele Menschen zum Gottesdienst versammelt sind, die mit den liturgischen Vollzügen nicht vertraut sind. Es wundert daher nicht, dass es Verhaltenstipps für Seltengeher gibt, wie etwa 2004 von Sybil Gräfin Schönfeld: *„DIE WELT:* Welche Kleidung sollte man beim Besuch der Christmette in der Kirche tragen? – *Sybil Gräfin Schönfeld:* Es empfiehlt sich ein warmer Mantel, denn die meisten Kirchen sind nicht oder ungenügend geheizt. Sonst ist die Kleidung völlig egal. Allerdings ist der Kirchenbesuch am Heiligen Abend keine Modenschau. Es geht um den religiösen Kern." Den Kabarettisten Robert Gernhardt hat das zu „Ratschlägen für Seltengeher" animiert, in denen er deren mögliches Fehlverhalten karikiert: „Zwischendurch sollte weder geraucht noch gar frühzeitig gegangen werden. Gegen Ende der Veranstaltung bekommen Sie von Ihrem Nachbarn einen

Beutel voller Geld überreicht. Überschwänglicher Dank ist unangebracht. Sie sollen lediglich Ihrerseits Geld in diesen Beutel hinein-, auf jeden Fall nicht aus ihm heraustun und das Gerät schweigend weiterreichen."

In der DDR gingen auch viele Nichtchristen (die meisten der Staatsbürger) an Weihnachten zur Kirche. Zur nächtlichen Christmette der Erfurter Domgemeinde mit Bischof kamen zahlreiche Menschen, die aber der Eucharistiefeier nur wenig verständnisvoll folgen konnten und seitens der Pfarrgemeinde als störend empfunden wurden. Das spannungsvolle Miteinander, bei dem die einen das ungebührliche Verhalten der Nichtchristen im Gottesdienst nicht verstanden und die anderen nicht die liturgische Feier der Christen, führte zu Überlegungen seitens der Gottesdienstverantwortlichen, für die „Besucher" eine eigene Feier zu konstruieren: kein Krippenspiel, aber eben auch keine Messe. 1987 entschied der Bischof, die traditionelle Feier der Christmette in die benachbarte St.-Severi-Kirche zu verlegen, der sich eine Feierstunde im Dom für die Bürger der Stadt mit dem Namen „Nächtliches Weihnachtslob" anschließen sollte.

Nochmals zurück zu dem störenden Lärm, den „Seltengeher" oder auch andere „Gottesdienstbesucher" (hier passt der Begriff) in manchen weihnachtlichen Feiern produzieren. Diese in Zukunft ausfallen zu lassen, ist eine Möglichkeit. Der Pfarrer im thüringischen Oberdorla ergriff ganz andere Maßnahmen, wie in der ZEIT von 2007 zu lesen war. Er schockierte seine unaufmerksame, vernehmlich schwatzende Gemeinde schon während des Weihnachtsgottesdienstes, indem er auf der Kanzel erklärte, „er lasse sich diese Mischung aus Oktoberfest und Bauernhochzeit nicht mehr bieten. Sprach's, klappte das Buch zu und verließ die Kirche – ohne Vaterunser, ohne Segen."

14. Einen Jux wollen sie sich machen
Schüler und Jugendliche im Gottesdienst

Als Johann Gottlieb Fichte Professor in Jena war (1794–1799), trieben es die Studenten im akademischen Gottesdienst arg: Sie knackten Nüsse, aßen Äpfel, rauchten Tabak und vertrieben sich die Zeit, so gut sie konnten. Fichte selbst berichtet davon in einem Schreiben an den Landesherrn aus dem Jahr 1794, in welchem er sich rechtfertigt, warum er seine Vorlesung „Moral für Gelehrte" ausgerechnet am Sonntag um 9 Uhr gehalten habe. Den akademischen Gottesdienst berührte er damit nicht, der begann erst um 11 Uhr, zudem versicherten ihm seine Zuhörer, dass sie diesen Gottesdienst gewiss nicht besuchen würden „um der ärgerlichen Dinge willen, die darin getrieben würden". Im Gegensatz zum Bürgergottesdienst in der großen Stadtkirche war dieser akademische Gottesdienst am späteren Sonntagvormittag vor allem für die älteren Studenten gedacht als Übungen im Predigen unter der Leitung eines theologischen Professors. Möglicherweise trug diese Verpflichtung mit bei zum Betragen der Studenten (der „verdorbensten Classe", wie Fichte schreibt), die sich aus dem Gottesdienst teilweise eher einen Jux zu machen schienen.

Das war keine auf Jena und Fichtes Zeit beschränkte Situation. Dreißig Jahre zuvor, 1764, gab es eine Beschwerde in der Zeitschrift „Das Gesellige" über die „Aufführung der Studierenden in der Kirche": „Es ist ganz unverantwortlich, und gereicht zur äussersten Beschimpfung der Gelehrsamkeit, wenn man bedenkt, wie sich viele Studierende und Gelehrte, in Absicht auf den öffentlichen Gottesdienst und bey der Abwartung desselben verhalten […] Der eine geht in der Kirche herum, als wenn er auf dem öffentlichen Marktplatze wäre. Ein anderer plaudert und lacht. Noch ein anderer gafft das Frauenzimmer an; und ich habe sogar jemanden gesehen, der Nüsse knackte. Dieses unanständige Verhalten der Gelehrten ist so verführerisch, daß auch die gemeinen Leute denselben nachahmen, und mancher naseweiser Handwerkspursche denkt sich groß zu machen, wenn er den Studierenden in diesem Stücke nachahmt." – Eine völlig falsche Interpretation der „akademischen Freyheit", wie im Anschluss an die umfangreiche Klage kommentierend geschrieben wird.

Diese gewissermaßen erzwungene Teilnahme am Gottesdienst gab und gibt es vor allem im Bereich der Schüler- und Schulgottesdienste öfter. Es wundert daher nicht, dass diese wegen des deshalb darin aufscheinenden Verhaltens auch immer wieder in Frage gestellt werden. In einem Beitrag zur Zeitschrift „Musica divina" von 1937 klingt die Empörung darüber an, wie sich „ein Trupp Schüler" verhielt, die ohne Aufsicht auf der Empore den Gottesdienst mitfeiern sollten: „Einige Studenten stehen mit den Händen in den Hosentaschen herum, andere sitzen mit gekreuzten Beinen und unterhalten sich angelegentlich, wieder andere lesen die Zeitungen, die sie mitgebracht haben, einer ahmt zum Gaudium der andern irgend einen Dirigenten nach; vorne aber an der Brüstung stehen, die (nicht für sie bestimmten) Gesangbücher in der Hand, einige und brüllen aus Leibeskräften das Meßlied, daß die Gläubigen sich verärgert umwenden." Die Trennung reiner Schülergottesdienste von denen der Gemeinde erschien als eine Möglichkeit, den Ärger zu vermindern, wenn auch die Störungen selbst nicht unbedingt weniger wurden.

Die Tageszeitung „Die Welt" veröffentlichte am 5. November 1958 unter der Überschrift „Flegel störten den Gottesdienst" aus einem Brief zweier Schülerinnen folgenden Bericht: „Am Reformationstag fanden die jährlichen Schülergottesdienste statt. Dabei erlebten wir (und andere Schüler berichten ähnliches) eine Klasse, die während der Andacht lachte, beim Gebet Unsinn machte und nach der Predigt klatschte. Dieses bedauerliche Benehmen läßt die Frage aufkommen, ob diese Gottesdienste überhaupt sinnvoll sind. Wäre es nicht besser, für die Jüngeren eine kurze Feier abzuhalten, anstatt sie zu einem Gottesdienst zu zwingen, der sie langweilt, weil sie ihn nicht verstehen, und der sie deshalb zu Flegeleien verleitet?"

Es geht in diesem Buch nicht darum, das Für und Wider der Schul- und Schülergottesdienste abzuwägen, sondern um die Darstellung dessen, was auch gerade in deren Zusammenhang als Beispiel schlechten Benehmens angeführt wird, und die möglichen Gründe dafür.

Störung als Mutprobe

Neben der erzwungenen Situation ist vor allem das Alter problematisch; nicht wenige Heranwachsende fühlen sich von Gottesdiensten nicht angesprochen, gelangweilt, mit zunehmendem Alter sogar herausgefordert, diese zu stören. *Christoph Peters* zeichnet in seinem Buch „*Wir in Kahlenbeck*" ein zwar fiktives, gleichwohl sehr realistisches Bild *(S. 7)*. Ich konnte selbst in meiner Zeit als Seminarpräfekt in den 1980er-Jahren erleben, dass manche Schüler in der Hauskapelle die häufigen Hausmessen mit verschränkten Armen, ohne Gesangbuch mehr oder weniger teilnahmslos absaßen oder -standen. Die vielen Gottesdienste und die dauernde Betonung ihrer Bedeutung gerade in religiösen Erziehungseinrichtungen lassen die Kinder auch abstumpfen. In seinem Roman *„Die Knaben"* (1974), der in einem katholischen Seminar in Paris Anfang des 20. Jahrhunderts spielt, lässt *Henry de Montherlant* einen jüngeren Schüler bewundernd zu einem älteren sagen:

> 📖 Weißt du, warum ich dich liebe? Weil du bei der Messe die ganze Zeit über gähnst. Oh, es ist prima, wie schlecht du dich dort benimmst! Die Faust in die Hüfte gestemmt, denk mal! Ist dir das schon aufgefallen? Die, die sich in der Kapelle am schlechtesten benehmen, sind immer die Intelligentesten. Sie öden uns doch an mit ihren Gottesdiensten.

Die Zeit der Pubertät erscheint oft als das Alter, in dem die Jugendlichen innerlich am weitesten von den Dingen entfernt sind, um die es in der Liturgie geht. Es passt in diesen Zusammenhang, dass sich ausgerechnet in einer kirchlichen Schule unter den Jugendlichen ein „Atheistenclub" gründete, wie sich der Schriftsteller *Thomas Hürlimann* erinnert.

> 📖 Meine Jugend verbrachte ich in der Klosterschule. […] Im Alter von fünfzehn Jahren gründeten wir einen Atheistenclub. Wer Mitglied werden wollte, mußte eine Aufnahmeprüfung bestehen, und weil das auch für uns galt, das Gründungskomitee, stieg ich an einem Sonntag, während unten in der Kirche das Hochamt zelebriert wurde, mit klopfendem Herzen in den von Tauben durchflatterten Dachstuhl der Klosterkirche hinauf, kletterte auf die Außenwölbung der sogenannten Weihnachtskuppel, robbte mich an eine kleine, kraterähnliche Öffnung heran, und dann – mein Herz raste jetzt – stieß ich durch den Zenit der Kuppel ein Papierflugzeug ins Kirchenschiff hinunter. Seine Flügel waren mit einem Nietzsche-Wort beschriftet: Die Religion sei der ,Wille zum Winterschlaf'. Ich beugte mich über den Kraterrand und sah zu, wie der Papierflieger in Kreisen hinunterschaukelte, wie er, von der Wärme der betenden Masse getragen, wieder ein wenig Höhe gewann und nur langsam tiefer ging, kleiner werdend, ein heller, schließlich verschwindender Punkt. Noch sah ihn niemand. Die Zöglinge, die Präfekten, das Wallfahrtsvolk – alle schauten andächtig nach vorn, wo der Priester gerade die Hostie hob, hoc est corpus, das ist mein Leib. Der Papierflieger landete, und er schlug ein wie eine Bombe! Am nächsten Sonntag kam wieder ein Satz geflogen, wieder bestand

ein Zögling die Aufnahme in den Atheistenclub, und es soll mir bitte niemand sagen, man könne mit Literatur nichts bewirken! *(Thomas Hürlimann, Das Holztheater, 1997)*

Das Basteln von Papierfliegern scheint eine verbreitete Form zu sein, Desinteresse auszudrücken: In David Althaus' Buch „Zeig mir deine Wunde" (2015), das von Verlust und Trauer handelt, beschreiben Eltern eines verstorbenen Kindes einen Gedenkgottesdienst für Verstorbene: „Während der Predigt und den Totensonntagsritualen fiel mir ein Gruppe von Konfirmanden auf, die die ganze Zeit kichernd, Papierflieger bastelnd, viel Unruhe stiftete und den gesamten Ablauf des Gottesdienstes völlig ignorierte. Als wir diese für uns sehr störende Situation später dem Pfarrer schilderten, bekamen wir unter anderem die erstaunliche Antwort, dass wir uns doch beim nächsten Gottesdienst einen anderen Platz suchen sollten, weiter weg von den Konfirmanden, deren Verhalten anscheinend nicht zu beanstanden war."

Ob es hilfreich ist, das Basteln und Fliegenlassen von Papierfliegern in den Gottesdienst einzubauen, wie es gelegentlich auch beschrieben wird, ist eine andere Frage: Am Dekanatstag in Dresden 2012 hatten sich mehr als 100 Sängerinnen und Sänger verschiedener Chöre aus der Region Dresden in der Christuskirche zu einem großen Chor zusammengefunden. Während der Predigt bereiteten die Kinder in einem separaten Raum eine Überraschung vor: Sie bastelten Papierflieger, die sie bemalten oder mit guten Wünschen beschrifteten. Nach der Kommunion ließen sie diese dann von den verschiedenen Emporen aus fliegen – gleichsam als Segen von oben …

Da ist es fast schon lobenswert, wenn sich einer unter der Predigt ruhig mit „religiösen Themen" auf der Empore selbst beschäftigt, wie es *Erwin Strittmatter* beschreibt:

> 📖 Petruschkas Paul hat ein mächtiges Maltalent. [...] Wenn die andern Konfirmanden auf dem Kirchenchor während der Predigt Karten spielen, malt Paule Petruschka eines der Kirchenfenster ab. Wenn du diese Abmalung auf dem Küchentisch bei Petruschkas siehst, brauchst du nicht mehr in die Kirche zu gehen. *(Erwin Strittmatter, Der Laden I, 1983)*

Gottesdienst ist „uncool"

Möglicherweise schlägt der stark zurückgegangene Respekt vor religiösen und kirchlichen Glaubensinhalten, Einrichtungen und Personen in unserer westlichen Gesellschaft auch auf das Verhalten im Gottesdienst durch – besonders bei Jugendlichen. So ist die Beobachtung interessant, dass dies bei jungen Muslimen bei uns vergleichsweise seltener zu beobachten ist: „Wenn man sich das Verhalten im Gottesdienst beguckt, dann ist es so, dass z. T. unsere muslimischen Schüler mehr Respekt vor dem haben, was sich dort abspielt als unsere katholischen Schüler. Da denke ich manchmal: Das darf doch nicht wahr sein, dass die gar nicht wissen, was da abläuft. Hinknien und Ruhig-Sein – das kennen die gar nicht, wenn man es ihnen nicht sagt. Das ist nicht verinnerlicht. Wir bauen auf nichts auf. Den Katholizismus suche ich immer. Der steht nur auf der Karteikarte" (Religion im Klassenverband unterrichten, 2003).

Mangelnde Gottesdienstpraxis, damit mangelnde Kenntnis, und fehlende Verinnerlichung eines entsprechenden Verhaltens: Davon berichten auch Alexander Malzahn und Hildegard Piana bezüglich ihrer Erfahrung mit Gottesdiensten an der Hauptschule. Als ihr Team 1997 die Durchführung der Gottesdienste übernahm, erschraken sie über das Verhalten der Schüler und Schülerinnen im Kirchenraum. Sie registrierten enorme Disziplinlosigkeit, erfuhren deutliches Desinteresse und hatten den Eindruck, dass die Schüler sich im Kirchenraum überhaupt nicht zurechtfanden. „Offensichtlich war der Kirchenbesuch den Schülern regelrecht peinlich. ‚Kirchgänger' zu sein, war für sie bestimmt nicht ‚cool' [...] Was war zu tun? Das erste, was uns einfiel, war, mit den Schülern und Schülerinnen außerhalb jedes Gottesdienstes in die Kirche zu gehen, um ihnen den Raum mit seinen wesentlichen Ausstattungsgegenständen zu zeigen, nahe zu bringen und zu erklären, dann auch, um ihnen zu sagen, warum Menschen der regelmäßige Kirchgang und Gottesdienstbesuch wichtig ist. Wir waren überzeugt: Manches, was bei den Schülern vorher für Amüsement sorgte, basierte einfach auf Unwissenheit, nicht auf bösem Willen. Als wir später auch zum Gottesdienst in die Kirche gingen – für jede Klasse waren pro Halbjahr zwei Gottesdienste vorgesehen – wurde wieder sehr schnell deutlich, dass für uns selbstverständliche Verhaltensweisen (beim Betreten der Kirche Kopfbedeckung abnehmen, Aufhören mit Kaugummi kauen, Handys ausschalten usw.) völlig fremd waren. Es war mühevoll, aber lohnend, sie langsam an ein respektvolles Verhalten in der Kirche zu gewöhnen." Als eine „Erfolgsgeschichte" überschrieben sie daher auch ihren Beitrag in der Zeitschrift „Impulse" (2003).

Benehmen lehren und überwachen

Diese Gewöhnung geschieht heute sicherlich anders als vor hundert und mehr Jahren, als man mit Strenge, Eifer und (körperlichem) Nachdruck daran arbeitete, den Kindern das rechte Verhalten im Gotteshaus beizubringen, wie es aus der „Katholischen Schulzeitung" von 1874 hervorgeht: „Wie Alles, was zum Dienste Gottes gehört, groß ist, und es Nichts dabei gibt, was keiner besonderen Beachtung verdiente, so auch das ganze Benehmen der Kinder, nachdem sie in die hl. Räume des Gotteshauses eingetreten sind. Es soll mit allem Eifer und Nachdrucke darauf gesehen und hingearbeitet werden, daß die Kinder von der dem Hause Gottes gebührenden Ehrfurcht durchdrungen werden. Daß sie dieses sind, soll schon ihr Eintreten in die Kirche wie ihr Hinausgehen, ihr ganzes Benehmen und ihre Haltung während des Gottesdienstes beurkunden."

Die christlichen Schulbrüder, ein Orden, der vom hl. Johannes Baptist de La Salle gegründet worden ist, legten auf die Ehrfurcht der Schüler im Gotteshaus besonderen Wert. Diese zeigt sich bereits beim Betreten der Kirche und muss entsprechend geordnet sein und überwacht werden. Vertrauen ist gut, Kontrolle ist besser. Nicht nur soll der Lehrer stets die Schüler im Blick behalten, diese sollen auch ihn sehen, denn die religiöse Erziehung geschieht unter anderem durch das Vorbild der Erwachsenen: Deckt sich ihr Benehmen im Gottesdienst mit der von ihnen verlangten Einstellung gegenüber Kirche und Formen der Frömmigkeit, des Respekts gegenüber Heiligem in unserer Gesellschaft? Da können auch bei Lehrerinnen und Lehrern Diskrepanzen sein.

Kein heutiges Phänomen: Schon Anfang des 19. Jahrhunderts beklagte sich in der „Allgemeinen Kirchen-Zeitung" ein Reisender aus Bayern anlässlich eines Besuchs Sachsens über die schlecht gestalteten Gottesdienste ebendort und auch über das Verhalten der Lehrkräfte. So wurde ihm berichtet, dass die Lehrer selbst die Kirche meiden, aus der Kirche laufen, und wenn sie in der Kirche sein müssen, in Zeitungsblättern und anderen Büchern vor den Augen ihrer Schüler lesen.

15. „Wenn das schon am grünen Holze geschieht …"
Unwürdiges Verhalten der liturgischen Dienste

Im Jahr 1870 beschäftigte die deutschsprachigen Kirchenmusiker das Schreiben des römischen Gesangslehrers Lauretus Jacovacci an die Bischöfe Deutschlands, in dem es um die Reform der Kirchenmusik ging und das hohe Wellen schlug. Was einen Römer bewog, sich an die deutschen Bischöfe zu wenden, und um welche Reformvorschläge es in seinem Schreiben geht, kann im Rahmen dieses Buches nicht weiterverfolgt werden. Interessant ist aber eine Forderung am Schluss seines Rundschreibens: Jacovacci beantragte nämlich unter anderem, dass alle Emporen vergittert werden sollten, damit Neugierige die Sänger nicht sehen können. Als Begründung dafür führt er an: Das Sich-Umdrehen der Gläubigen und Auf-die-Empore-Starren sei ein schlechter Benimm, der sich an heiligem Ort nicht gehört. Außerdem benähmen sich die Sänger oft so schlecht, dass es zum Ärgernis führe.

Der damalige Schriftleiter der „Zeitschrift für katholische Kirchenmusik", Johannes Ev. Haberl, besprach dieses Rundschreiben und ging auch auf das Verhalten der Sänger ein: „Werden solche Leute, durch ein Gitter geschützt, sich ehrerbietiger benehmen? Wir glauben es nicht. Da muss anders geholfen werden. Wer sich nicht so benimmt, wie es der Ort erfordert, der werde entfernt. Bei uns in Österreich sind die Chöre den Blicken der Gläubigen, welche auf den Emporkirchen sich befinden, grösstentheils ausgesetzt. Es hat dieses sein Gutes; denn die Musiker werden dadurch überwacht, und müssen sich anständig benehmen …"

Die Frage nach dem Verhalten und Benehmen der Dienste in der Liturgie und im Kirchenraum ist aus mehreren Gründen wichtig. Zum einen sind die verschiedenen Dienste – Priester, Diakone, Kantoren, Lektoren, Musiker, Ministranten und Küster – unmittelbarer mit dem heiligen Geschehen der Liturgie befasst als die übrigen Gläubigen. Das Heilige, mit dem sie es zu tun haben, verlangt nach einem Verhalten, das würdig und dem Heiligen angemessen ist. Zum anderen sind die verschiedenen Dienste immer auch Vorbild für die anderen – nicht nur in Bezug auf Ehrfurcht und Benehmen, sondern auch in den Haltungen und Bewegungen; umso mehr, als viele

Menschen, die in die Kirchen und zu den Gottesdiensten kommen, immer unerfahrener sind. Das kirchliche Gesetzbuch (CIC) von 1917 setzte fest: „Die Kleriker haben die Pflicht, ihr inneres Leben und ihr äußeres Benehmen heiliger als die Laien zu gestalten und in Tugend und rechtem Handeln ihnen als Beispiel voranzuleuchten" (can. 124).

Daher spielen auch Persönlichkeit und Reife sowie menschliche Umgangsformen eine Rolle, denn manche Dienste haben ja gegenüber anderen die Aufgabe der menschlichen und geistlichen Führung. Das beschränkt sich zwar nicht auf den Kirchenraum und den Gottesdienst, doch wenn es außerhalb davon „Auffälligkeiten" gibt, werden sie oft auch in der Liturgie und Kirche spürbar. Gerade diese Fähigkeiten und Haltungen im persönlichen Leben macht schon Paulus als Kriterien für die Wahl von Gemeindeleitern (Bischöfe) und Diakonen geltend: Nur so können sie ihren Dienst auch gut ausüben; und „wer seinen Dienst gut versieht, erlangt einen hohen Rang und große Zuversicht im Glauben an Christus Jesus" (1 Tim 3,1–13).

Mangelnde Konzentration auf das heilige Geschehen

Wann immer es Klagen über schlechtes und unwürdiges Verhalten im Gottesdienst gab, hing dies womöglich mit der grundsätzlichen Haltung der jeweiligen Betroffenen zusammen; eine schlechte Ausbildung wirkte sich auch auf das entsprechende Verhalten in der Liturgie aus. Adolph Franz, der sich ausführlich mit der Messe im deutschen Mittelalter befasste, weiß das zu relativieren: „Die Klagen über unwürdiges Betragen im Gotteshause und während der Messe sind im Mittelalter und auch bis heute nie verstummt. Man darf aber an die mittelalterlichen Sitten nicht den Maßstab anlegen, welchen ein empfindlicheres Gefühl für die Heiligkeit des Altares vorschreibt. Religiöse Prüderie lag dem Mittelalter völlig fern. Leider gingen die Geistlichen allzuoft mit schlechtem Beispiele voran. Das bezeugen die zahlreichen Synodalbeschlüsse, welche sich mit der Haltung der Geistlichen in der Kirche befassen. Muß doch Heinrich von Langenstein sogar beklagen, daß sich der zelebrierende Priester bei dem Opfergang mit den Laien in Gespräche einlasse. Die Aufzüge am Gregoriustage und anderer Mummenschanz trugen auch dazu bei, die Ehrfurcht vor den heiligen Stätten herabzudrücken. Man hielt vieles für erlaubt und unverfänglich, was unser Gefühl tief verletzt."

Anton Kerschbaumer riet in seiner Pastoral für die Seelsorger, dass diese sich ganz auf das heilige Geschehen konzentrieren sollen; Beispiele, wie es nicht sein sollte, liefert er dabei gleich mit: „Um für den so heiligen Act der Messe die möglichste Geistessammlung zu bewahren, ist es nicht rathsam, vor derselben Briefe zu schreiben oder zu lesen, oder zerstreuende Gespräche zu führen. Unschuldige Zerstreuungen können zwar den besten Menschen treffen. So wird z. B. erzählt, daß einst ein Priester mit drei Biretten zur heiligen Messe hinausging; eines hatte er am Haupte, das andere auf dem Kelche, das dritte in der Hand. Es wurde zum Glück von Niemand bemerkt, und darum geschah auch kein Aergerniß; nur die Ministranten kicherten, als auf das Meßbuch drei Biretten gelegt wurden. – Ein anderer geistlicher Herr, ein starker Tabakschnupfer, der immer die Dose in der Hand hielt, klopfte sein mea culpa! statt auf der Brust, auf seiner Tabaksbüchse. – Noch ein anderer (gelehrter) Herr verneigte sich gegen den assistirenden Kleriker beim letzten Einschenken, indem er verbindlichst sprach: ‚Ich danke ihnen.‘ – Die volle Aufmerksamkeit und Geistessammlung soll sich auf die ganze Meßhandlung, und auf die kleinsten Details derselben erstrecken; denn es gibt allerlei üble Angewöhnungen und Unformen, die sich nach und nach einschmuggeln, wenn man kein aufmerksames Auge auf sich hat, und die normgebenden Meßrubriken nicht wenigstens einmal alle Jahre durchlieset. – Ein Priester trug den Kelch zum Altare, als wollte er ein Kind schaukeln; bei jedem Schritte ward der Kelch hinaufgehoben und herabgelassen – zur Ergötzung der Anwesenden. – Ein sparsamer Pfarrer war so sehr auf das Wohl der fabrica ecclesiae bedacht, daß er nach dem letzten Dominus vobiscum regelmäßig dem Küster zuzurufen pflegte: ‚Kerzen auslöschen‘; ein anderer Herr Collega blies sie beim letzten Evangelium selbst aus! – Die Geistessammlung findet ihren Abschluß im kurzen Receß nach der Messe, was gewiß erbauender auf die Gemeinde wirkt, als wenn der Priester sogleich nach der Messe aus der Kirche eilt, als ob sie über ihm zusammenstürzte.“

Unter Beobachtung

Durch die nachkonziliare Änderung der Zelebrationsrichtung hin zum Volk, die Wiederherstellung des Ambo als Verkündigungsort, aber auch durch einen eigenen Platz („Priestersitz“) – oftmals in Blickachse der Gemeinde – steht bzw. sitzt der Priester besonders unter Beobachtung. Was früher durch das Stehen am Altar mit dem Rücken zum Volk verdeckt geschah, ist nun meist für alle sichtbar. Während das Messbuch noch Angaben zur Zelebration macht, gibt es keine, die das Verhalten regelt, wenn der Priester oder auch die Dienste gleichsam pausieren, d. h. sitzen und zuhören (während des Wortgottesdienstes) oder für sich im Gebet sind (wie etwa nach der Kommunion). Manche sind sich dessen vielleicht nicht bewusst und verhalten sich entsprechend, wie aus einer Zusendung zu lesen ist:

> ⊠   Neben dem, was in dem kurzen Artikel in *katholisch.de* schon aufgeführt wird, ist mir manchmal die Unaufmerksamkeit des Zelebranten ein Dorn im Auge. So spricht der Zelebrant, während der Lektor die Lesung vorträgt, mit dem Diakon oder den Messdienern und lacht auch hier oder da leise dabei. Darauf angesprochen, dass dies als extrem störend empfunden wird, erhielt ich die Gegenfrage „Sieht man das?" *(St. E. – 5. 5. 2015)*

Ja, leider. Und auch das, wie aus einer anderen Zuschrift deutlich wird:

> ⊠   Während der Lektor die Lesung vorträgt, blättert der Zelebrant im Gotteslob und sucht die nächste Liednummer. *(J. A. und M. P. – 14. 8. 2016)*

Die Situation, dass man als Zelebrant wie auch als anderer Dienst genau gesehen und teilweise auch beobachtet wird, sollte unbedingt bei der Ausbildung angesprochen werden – auch im Blick auf Äußerlichkeiten wie Kleidung, Frisur, Sauberkeit u. Ä., befindet Robert Gugutzer. Das gilt besonders für Ordensleute, schon mit Blick auf die etymologische Beziehung von „ordentlich" und „Orden". Für seine Untersuchung „Leib, Körper und Identität" (2002) führte er Interviews mit mehreren Ordensleuten, unter ihnen auch Priester:

„Bei der Messe, man zelebriert, da muss man ja achten auf sein Äußeres. Oder man steht da vor Leuten, man wird beobachtet / I: Hmh /, auch von älteren Damen, die dann alles sehen wollen, obwohl sie nicht so gut sehen / I: (lacht) /, aber das merkt man. Man wird beobachtet, das ist schon ein Kriterium, sich zu pflegen, oder, oder einfach zu schauen – dies ist eigentlich mein Hauptkriterium, dass man beobachtet wird, oder dass man einfach sagt, ich vertrete ja auch eine Gemeinschaft. […] Und wenn ich sag, ich komme jetzt z. B. ungepflegt daher, das wirkt ja auch auf die Gemeinschaft zurück."

„Ich spreche da manchmal Mitbrüder an und sag ‚Du, da musst Du auf-
passen'. (3) / I: Hmh / Dass er nicht schlampig geht, oder dass er schlürft
oder dahinschleicht. / I: Ja / Ich sag (lachend), ‚Du wirst beobachtet'."

Es gibt natürlich auch die umgekehrte Situation, dass Priester und Dienste
(etwa die Ministranten während der Kommunion) die Gemeinde im Blick
haben, was nicht weniger unpassend sein kann.

> ✉ Es ist doch kein gutes Beispiel, wenn ein Priester am Altar oder ein Dia-
> kon neben ihm fast die ganze Hl. Messe über mit hängenden Armen dasteht
> und die Gläubigen ziemlich unverhohlen und anhaltend beäugt. Sollten diese
> Zelebranten nicht wenigstens andeutungsweise die Hände falten und die Ge-
> meinde vielleicht etwas unauffälliger im Auge behalten? *(B. W. – 5. 5. 2016)*

Salopp

Die Neuordnung der Liturgie mit ihren Möglichkeiten für den Zelebranten,
manches mit eigenen Worten zu formulieren, Einführungen zu geben und
dadurch auch mehr Persönliches einfließen zu lassen, hat aus manchen
Priestern gleichsam liturgische Entertainer gemacht. Die mystagogisch
gedachte Einführung in die Feier gerät dann unversehens zur „Anmodera-
tion", die auch schnell ins Banale abgleiten kann. Auch an anderen Stellen
der Liturgie erscheinen saloppe Formulierungen wenig angebracht, wie in
einer Zusendung angemahnt wurde:

> ✉ Auch kann ich sehr wenig damit anfangen, wenn der Zelebrant die Ge-
> meinde fragt: „Habe ich schon den Segen gegeben?" Das ist einfach unmöglich.
> Werden die Messdiener beim Einführungsgottesdienst gesegnet, so wird dies
> angekündigt mit den Worten: „Damit ihr euren Job gut macht, mache ich
> euch jetzt nass." *(St. E. – 5. 5. 2015)*

Die saloppe Ausgestaltung des Dienstes betrifft nicht nur manchen Priester,
sondern auch Diakone:

> ✉ Mir fällt dabei das Verhalten in der Sakristei ein. Dass manche Dienste
> spät kommen, ist schon nicht schön, wenn der Priester als letzter erscheint und
> noch fragt: „Was machen wir heute?", ist das schon peinlich. Oder wenn der
> Diakon beim Friedensgruß durch die Reihen geht und auf versucht witzige Art
> den Friedensgruß gibt: „Frieden ist auch mit dir möglich …" Hier wird doch
> die Bedeutung des Geschehens nicht ernst genommen. *(D. F. – 11. 9. 2016)*

Verhalten in der Sakristei

Nicht nur im gottesdienstlichen Raum also spielt das Verhalten der liturgischen Akteure ein wichtige Rolle, auch die Sakristei als die Schleuse zwischen draußen und drinnen ist bereits ein Ort der Würde und Stille, an dem alles zu unterlassen ist, was dem entgegensteht. Das betrifft auch ihre Ordnung, wie in einer „Lebensrichtschnur des Priesters" von 1860 angemahnt wird: „Die Sakristei ist der Vorhof des Heiligthums; dulde nicht, daß man sich in derselben versammelt, um etwa Zeitungen u. dgl. zu lesen, lasse sie nicht zum Tummelplatze der kleinen Ministranten werden. Der Priester, welcher sich in derselben einen Augenblick vor oder nach der heiligen Messe sammeln will, sei nicht genöthigt, dieselbe aus solchen Gründen zu verlassen. Zerrissene Draperien, zerbrochene Stühle, verstümmelte Bildsäulen und all' das aufgehäufte Gerumpel schaffe aus der Sakristei. Nach dem Zustand der Sakristei beurtheilt man den Pfarrer. [...] Es liegt dir als besondere Pflicht ob, die Bediensteten der Kirche zu überwachen. Willst du einen artigen und höflichen Meßner haben, so sei auch artig und höflich gegen ihn; willst du ihn pünktlich und gewissenhaft machen, so sei es zuerst selbst; willst du, daß er die heiligen Gegenstände mit Ehrfurcht behandle, so gehe ihm mit dem guten Beispiele voraus. Personen weiblichen Geschlechts gib nie in der Sakristei in Seelsorgsangelegenheiten Gehör. Vermeide, dich mit den Sakristaninnen oder mit Klosterfrauen allein darin aufzuhalten [...] Als Jesus sich bei der Samariterin aufhielt, geschah dieses am Thore einer großen Stadt, bei einem öffentlichen Brunnen, vor den Augen der Vorübergehenden, am hellen Tag, und dennoch waren die Apostel erstaunt, ihn mit einem Weibe reden zu sehen."

Was im 19. Jahrhundert noch Probleme schaffen konnte – die Anwesenheit von Frauen in der Sakristei –, ist spätestens seit der Zeit, da diese auch den Dienst der Lektorin und Kantorin übernehmen, keine Frage mehr. Eher muss heute dem Priester daran gelegen sein, dass er nicht allein mit einem Kind in der Sakristei ist.

Apropos Kinder: In seinem Büchlein über die liturgischen Dienste (1972) rät Alexander Kühne, den Blick auf die Besonderheit des Raumes zu wahren: „Unordnung in der Sakristei überträgt sich schnell auf das Verhalten im Gotteshaus, besonders bei kindlichen und jugendlichen Ministranten. Ehrfürchtiges Verhalten in der Sakristei wegen der Nähe des Heiligtums braucht nicht zu bedeuten, dass hier völliges Schweigen herrschen muss.

Aber der Küster duldet lautes Gebaren der Messdiener nicht wie auf dem
Spielplatz. Es darf und soll in der Sakristei eine durchaus fröhliche Atmosphäre sein: Begrüßung und ein freundliches Wort sind selbstverständlich
zwischen allen, die hier ein- und ausgehen. Ich habe Küster gekannt, die
gespannte Stimmungen durch ein humorvolles Wort oder einen passenden
Witz gelöst haben! Meinungsverschiedenheiten oder gar Streit zwischen
den Verantwortlichen gehören nicht in die Sakristei, insbesondere nicht
im Beisein von Messdienern. Sie müssen zwar ausgetragen werden, aber
das geschieht besser im Pfarrhaus."

„Räume der Stille" heißt eine im Auftrag der deutschen Bischöfe 2003
herausgegebene Schrift. Die Sakristei gehört zu diesen Räumen. Ungebührliches Benehmen, das noch immer gerügt wird (und auch in der Praxis
tatsächlich häufig zu erleben ist), wird hier mit „Unruhe, Geschwätzigkeit
und Hektik" umschrieben. „Natürlich muss in der Sakristei die Atmosphäre
einer natürlichen, ungezwungenen Herzlichkeit herrschen. Die Schwestern
und Brüder des Herrn kommen zusammen, um in der liturgischen Versammlung einen besonderen Dienst zu übernehmen. Diese Herzlichkeit
sollte mit vorrückendem Beginn der Feier immer mehr dem gesammelten
Schweigen und der ehrfurchtsvollen Stille Platz machen. Eine bis zum Beginn des Gottesdienstes in der Sakristei herrschende Unruhe, Geschwätzigkeit und Hektik wirkt sich durch die Diensttuenden schon vor Beginn der
liturgischen Feier auf die versammelte Gemeinde aus und prägt die Feier.
Wenn aus der Sakristei Lärm ertönt, wie er auf der Straße herrscht, was
hindert die in den Bänken sitzenden Gottesdienstteilnehmer, sich genauso
zu verhalten? Vor allem mit den Ministrant/inn/en sollte dieses Schweigen
eingeübt werden. Möglicherweise könnte ein von allen liturgischen Diensten
eine gewisse Zeit vor Gottesdienstbeginn gemeinsam gesprochenes Gebet
den Beginn einer von allen zu respektierenden Stille markieren" (5.4.4).

✉   In der Sakristei ist einige Minuten vor Messbeginn Stille angesagt. Meist
hält sich der Zelebrant nicht daran. Dabei geht es nicht um wichtige Dinge
für den Gottesdienst, sondern um banale Plaudereien. *(J. A. und M. P. –*
14. 8. 2016)

Das die Vorbereitung auf den Gottesdienst störende Verhalten in der Sakristei ist kein katholisches Phänomen allein; schon vor fast hundert Jahren hat
der evangelische Theologe Oskar Johannes Mehl für seine Kirche ebenfalls

beklagt: „Die größten Störenfriede sind jene nichtsnutzigen oder vielmehr schlechterzogenen Küster und Kirchendiener, die mit geräuschvollem Auftreten und lauter Stimme die Weihe der Vorbereitung stören – aber das hat jeder Pastor auf sein eigenes Schuldenkonto zu schreiben." Auch das Verhalten der Pastoren selbst wird von ihm kritisiert: „Manchem macht es nichts aus, bis zur Kirchentür, ja bis zur ‚Sakristei' weltliche Gespräche zu führen und gemütlich eine Zigarre zu rauchen, wie er dann, auch nach getanem Werk, fähig ist, sich gleich unter die Leute zu mischen und sich mit ihnen über das Wetter, die Pächte usw. zu unterhalten."

Hinzu kommt, dass durch die Vorbereitung im Gottesdienstraum (Hinaustragen der Bücher, Geräte) auch die Tür häufig offen steht, wodurch sich die Unruhe in der Sakristei nach draußen übertragen kann. Manchmal ist die Stimmung sogar so heiter, dass die Tür dafür gar nicht offen stehen muss, wie es auch in einer Zuschrift zu diesem Projekt gesagt wurde:

> ⊠   Bei unseren Studentengottesdiensten war oft die laute Unterhaltung, auch Gelächter, von Zelebrant, Diakon und Diensten in der Sakristei durch die verschlossene Tür zu hören. Dass das auch im Gottesdienstraum nicht zur Bereitung auf die Liturgie beiträgt, ist doch klar. *(L. B. – 12. 8. 2017)*

Ministrantendienst

Hauptsächlich ihrem Alter und der Mannigfaltigkeit ihrer liturgischen Aufgaben ist es geschuldet, dass die Ministranten häufig wegen ihres unpassenden Verhaltens gerügt werden. Gleichsam entschuldigend wurden sie – als es noch ausschließlich Jungen waren, die diesen Dienst übernahmen – als „Lausbuben Gottes" bezeichnet, und eine Fülle an Messdiener-Literatur à la „Tazz und die Rotröcke" förderte die Vorstellung von den heiteren Streichen einer ansonsten doch frommen Jungenschar. Doch abgesehen von lustigen Vorkommnissen und Streichen gibt es berechtigte Klagen und Sorgen hinsichtlich des Benehmens am Altar, das – zwar durchaus versteckt – sogar aggressiv sein konnte, wie *Alois Brandstetter* in seinem Roman *„Die Abtei"* (1977) über sein fiktives Heimatdorf Andach schreibt, wo es mitunter in den Hochämtern gar nicht andächtig zuging:

> 📖   Dies rührte vor allem aus der Begrenztheit und Enge des Altarraumes unserer Dorfkirche her, die keine großen liturgischen Gesten und Bewegungen gestatteten. Wenn man das Gedränge der Ministranten und Priester bei sogenannten dreispännigen Hochämtern jenseits des Speisgatters sah, konnte

Demetrio Cosola, Ertappte Ministranten (1895)

man mit diesem Volk ohne Raum nur Mitleid empfinden. Es war dort auch eine Brutstätte für Aggressionen. Jeder trat und stieß, wenn auch getarnt, jeder verschaffte sich Platz auf Kosten anderer. Es gab viele versteckte Fouls. Und nicht jeder hat das heilige Gerät gemäß seinem heiligen Verwendungszweck gebraucht. Namentlich der heiße Weihrauchkessel war unter den Ministranten als Waffe sehr geschätzt.

So weit muss es nicht kommen, aber die entsprechende Ausbildung für einen würdigen Dienst am Altar und auch andernorts ist sehr wichtig, wie die zahlreichen „Knigge" für Ministranten zeigen *(vgl. dazu S. 164)*. Und: Es hängt auch sehr viel davon ab, wie Priester und andere darauf reagie- ren – nicht nur der Ministranten, sondern auch der eigenen Rolle wegen, wie A. Marx in der Zeitschrift „Pastor bonus" schon 1910 schrieb: „Oft genug findet man, dass die Ministranten für ihren erhabenen Dienst nicht genügend ausgebildet sind. Die Gebete werden verstümmelt aufgesagt, das Kyrie eleison heruntergerasselt, ohne Rücksicht auf den Priester, Wein und Wasser in den Kelch mehr hineingeworfen als -gegossen, die Haltung ist eine nachlässige, kurz es fehlt in allen Stücken. […] Vermeiden wir es auch, während der heiligen Funktionen die Messdiener rauh anzufahren oder laut zu rufen; hier genügt gewöhnlich ein leichtes Winken oder man ruft den Knaben leise zu sich und sagt ihm das Notwendige. Wir waren einmal dabei, wie ein Konfrater in der Unbedachtsamkeit ausrief: ‚Das Velum – zum Henker!' Fehler der Messdiener rüge man für gewöhnlich nicht gleich nach dem Gottesdienst, sondern in der Schule, noch viel weniger teile man in der Sakristei, von ganz krassen Fällen abgesehen, Strafen aus. Die Knaben sollen ihren geistlichen Vorgesetzten als einen ruhigen, sich selbst beherrschenden Mann kennen und achten lernen."

Küster und Sakristane

Auch auf die Küster kommt A. Marx zu sprechen, die ja einen Blick auf den Ministrantendienst hatten und haben. „Von Bedeutung ist es, zu beobachten, wie sich der Küster zu den Knaben stellt. Da kann man oft merkwürdige Szenen erleben. Der Küster soll seine Klagen über die Knaben an uns bringen und keine Gewalt- und Schimpfakte in der Sakristei vollführen, die man zuweilen in der ganzen Kirche hört."

Die Küster, Mesner, Sakristane, Sigristen wiederum haben ebenfalls eine herausgehobene Rolle im Kirchenraum und damit eine Vorbildfunktion für Gläubige und Kirchenbesucher. Bei ihnen kommt – anders als bei den anderen Diensten – als Gefahr, sich danebenzubenehmen, sicher noch hinzu, dass der Kirchenraum und die Sakristei Dienstbereich sind, in dem sie sich häufig aufhalten und den sie gewissermaßen als „ihr Reich" ansehen. Das kann eine besondere Art der „Geschäftigkeit" im Gehen und Gebaren mit sich bringen. Ebendies bringt auch ein Geistlicher in seinem Beitrag zur Zeitschrift „Der Katholik" von 1854 zum Ausdruck:
    „Die Meßner sind oft Leute von ganz eigenem Schlag. Sie tragen eine ganz eigenthümliche Kameradschaft mit Gott selber und Allem, was sich auf Gottesdienst bezieht, zu Tage, leben in einer Sicherheit des Heiles, als ob es ihnen gar nicht mehr fehlen könnte und Gott in ganz besonderer Berücksichtigung ihres Amtes sie ohne weiteres beseligen müsse. In dieser quietistischen Sattheit meistern sie Alles in der Sacristei, Personen und Sachen, und stehen gar nicht an, besonders jungen Geistlichen gegenüber sich als Liturgiker oder gar als väterlicher Mentore zu geriren. Haben solche Meßner einmal durch lange Angewöhnung, die man ihnen hätte eben nie gestatten sollen, sich in diese Machtvollkommenheit hineingelebt, so hat man alle Noth mit ihnen, sie in ihre gebührende Stellung zurückzuweisen.

Und das muß geschehen bei aller Bewahrung der Nächstenliebe, wenn nicht der Diener der Herr sein soll. Es gibt Meßner, die so heillos sind, daß sie auf eigene Faust Beichtkinder abweisen und sagen: ‚Meint ihr, der Pfarrer sitze Beicht, wenn's euch gerade gefällig ist' u. s. f. […] Solche Exemplare gibt es wohl noch viele. Das kann und darf aber ein Seelsorger nicht dulden, wenn er nicht zur Sünde Anderer schweigen will."

Weitere Dienste

Die Neuordnung nach dem II. Vatikanum brachte zwei alte Dienste wieder zurück: Lektor und Kantor. Während ersterer in den meisten Gemeinden inzwischen eingeführt sein dürfte, ist es um den Kantorendienst oft noch schlecht bestellt, da er schwieriger erscheint. Vorgesehen ist, dass die Dienste zu Beginn des Gottesdienstes mit einziehen und ihren Platz in der Nähe ihres „Einsatzortes" (Ambo) haben. Das geschieht nur selten, da viele Männer und Frauen, die diese Dienste übernehmen, bewusst „aus der Gemeinde" nach vorn kommen wollen, sprich: aus der Bank. Hier gilt es, in der Vorbereitung auf den Dienst darauf hinzuweisen, wie dies geschieht, damit der Kirchengang nicht zum „Laufsteg" wird und auch die entsprechenden Reverenzen sorgfältig vollzogen werden: Die Dienste – dazu kommt noch der Kommunionhelferdienst – haben Vorbildfunktion für die Gläubigen.

Auf die Chorsänger, die ja nach den Worten der Liturgiekonstitution auch „einen wahrhaft liturgischen Dienst" vollziehen (SC 14), wurde zu Beginn dieses Kapitels schon eingegangen. Kommen wir an dessen Ende nochmals zu einem anderen kirchenmusikalischen Dienst zurück. Vor nicht allzu langer Zeit hatten die Lehrer auf den Dörfern oft auch die Aufgabe des Organisten zu übernehmen. Als Lehrer bereits Respektsperson mit Vorbildfunktion, kam ihnen nun auch gewissermaßen eine gottesdienstliche Rolle zu.

Dass sie diese nicht immer nach bestem Wissen und Gewissen ausübten, zeigen die kurios anmutenden Klagen des Pfarrers von Kleinkötz bei Günzburg in Schwaben über Cyrill Kistler, der ebendort um das Jahr 1870 die Schulmeister- und Organistenstelle einnahm und diese Anschuldigungen in seine biographischen Notizen übernahm. 1952 wurden sie in „Lebensbilder aus dem bayerischen Schwaben" einer humorvoll gestimmten Öffentlichkeit präsentiert:

„1) Der Schullehrer Cyrill Kistler zieht beim Avemarialäuten Mittags seinen Hut nie herunter.

2) Der Sch. C. K. hat im Cafe Ebner in Ichenhausen am Freitag eine Wurst gegessen, das tut er aber auch in Kleinkötz im Wirtshaus, wenn ich es sehe, damit ich mich ärgere.

3) Der Sch. C. K. nimmt nie das Weihwasser, wenn er in die Kirche kommt, und macht auch keine Reverenz und kein Kreuz.

4) Der Sch. C. K. macht bei der Wandlung nie ein Kreuz, sondern kramt immer in seinen Noten umeinander.

5) Der Sch. C. K. las während der Predigt die ‚Bayerische Lehrerzeitung‘, die ‚Abendzeitung‘, noch anderes und hört nie auf das Wort Gottes. Nachmittags bei der Christenlehre schläft er oft so laut, daß man es bis zu mir hört.

6) Das Kirchenuhraufziehen vergißt er öfters.

7) Als es neulich in Großkötz brannte, schlief er auch mittags. Die Leute forderten ihn auf, die Sturmglocke zu läuten, er aber jagte die Leute davon, indem er ihnen die Schlüssel zu den Glocken gab mit den Worten: ‚Ich läute nicht, ich habe die Hütte auch nicht angezündet.‘

8) In der Kirche beaufsichtigt der Sch. C. K. die Kinder so schlecht, daß sie auf Aepfelbäume hinaufsteigen und Aepfel und Birnen herunterstehlen.“

Ja, die Äpfel fallen eben nicht weit vom Baum …

16. Diakon, Kirchenschweizer, Hundepeitscher
Verschiedene Ordnungsdienste im Gottesdienst

Die Schüler, die sich während des Adventsgottesdienstes, den *Christoph Peters* im „Prolog" seines Romans „*Wir in Kahlenbeck*" schildert, durchgängig schlecht und störend benehmen, werden von niemandem zurechtgewiesen – ebenso wenig wie die Männer, die sich im rückwärtigen Teil der Kirche herumdrücken und zwischendurch draußen rauchen und schwätzen *(S. 7)*. Leider es in der Wirklichkeit nicht viel anders als im Roman. Wer sich in der Gemeinde vom Verhalten Einzelner gestört fühlt, wartet vielleicht darauf, dass der Priester etwas sagt oder der Küster kommt und eingreift. Es gehört Überwindung dazu, selbst aufzustehen und tätig zu werden. Rasch bringt einen das in den Ruf, übereifrig zu sein, womöglich intolerant. Die Gefahr ist auch groß, dass die Zurechtgewiesenen in Zukunft nicht mehr kommen.

Das Warten auf ein Eingreifen bestimmter Dienste in der Gemeinde ist aber nicht unbedingt ein Wegducken vor der eigenen Verantwortung, denn tatsächlich hat es in der Geschichte zahlreiche „Zuständigkeiten" auch für das Verhalten der Gläubigen gegeben – und gibt es noch, auch wenn sie kaum mehr begegnen.

Diakon

Seit alters ist vor allem der Diakon für die äußere Ordnung des Gottesdienstes mit verantwortlich. Er ordnet das Gebet, trägt die Anliegen der Fürbitten oder die Aufforderung zum Gebet vor. Was heute oft nur noch stilisiert erklingt („Beuget die Knie. – Erhebet euch." „Stehet aufrecht!" „Beugt euer Haupt vor dem Herrn."), hatte in der Antike einen „Sitz im Leben". Ein gutes Beispiel dafür bietet das „Testamentum Domini", eine syrische Kirchenordnung aus dem 5. Jahrhundert. Hier werden dem Diakon genaue Anweisungen gegeben, was er im Falle schlechten Benehmens zu tun hat:

„Während der liturgischen Versammlung soll der Diakon umhergehen, ob er keinen findet, der sich hochfahrend oder leichtfertig benimmt oder durch Geschwätzigkeit stört oder ein Spion sein könnte. Vor den Augen und Ohren aller wird er den, der Strafe verdient, tadeln und aus dem Gotteshaus verweisen, damit die anderen Respekt lernen. Wenn der Betreffende dann bittet, kommunizieren zu dürfen, wird er ihm diesen Trost gewähren. Wenn er aber die getadelte Unordnung nicht lässt und sein undiszipliniertes Benehmen nicht ändert, melde der Diakon die Angelegenheit dem Bischof, und der Schuldige werde für mehrere Tage ausgeschlossen, dann aber wieder zugelassen, damit er nicht auf Abwege gerät. Wenn er nach seiner Rückkehr bei seinem tadelswerten Verhalten bleibt, soll er aus der Gemeinde ausgeschlossen werden, bis zu dem Tag, an dem er seinen Verstoß endgültig bereut und ernstlich in sich geht und um Wiederzulassung bittet" (Test. Dom. I, 34, 2).

Neben der Ermahnung und dem Ausschluss gibt es auch andere Maßnahmen, wie sie beim Zuspätkommen zum Gottesdienst beschrieben wurden *(S. 24)*. Auch in den „Apostolischen Konstitutionen", einer Kirchenordnung aus dem 4. Jahrhundert, werden diese Aufgaben der Diakone genannt. Der Bischof wird mit dem Steuermann eines großen Schiffes verglichen, der den Diakonen („gleich Matrosen") Anweisungen gibt, dass sie allen zum Gottesdienst Kommenden „mit aller Sorgfalt und mit Anstand den Platz anweisen". Auch bestimmte Orte sind wichtig: „Es sollen die Knaben beim Lesepulte stehen und ein Diakon sie dort überwachen, damit sie sich nicht unordentlich betragen. Andere Diakone aber sollen herumgehen und über Männer und Frauen Aufsicht halten, damit nicht irgend ein Geräusch entstehe, Niemand Andern Winke gebe oder zuflüstere oder schlafe. Die Diakone sollen bei den Türen der Männer stehen, die Subdiakone bei den Türen der Frauen, damit Niemand hinausgehe, oder die Türe zur Zeit der Opferung geöffnet werde, selbst wenn Gläubige kommen" (Const. Ap. II, 7).

In der katholischen Liturgie kommt von alldem heute nicht mehr viel vor; in einer Handreichung der Liturgiekommission der Deutschen Bischofskonferenz zum liturgischen Dienst des Diakons heißt es zwar: „Im Auftrag des Bischofs soll der Diakon Ungläubige und Gläubige ermahnen ..." (129). Näheres wird dazu nicht gesagt. Und in der Allgemeinen Einführung in das Römische Messbuch heißt es: „Um eine einheitliche Körperhaltung zu erreichen, sollen die Gläubigen auf die Hinweise achten, die der Diakon, der Priester oder ein anderer Mitwirkender ihnen während der Feier gibt" (AEM 21).

Im 8. Buch der „Apostolischen Konstitutionen" erscheint, so schreibt Achim Budde, „die Liturgie insgesamt als eine bis ins Detail durch Ordner und Anweiser dirigierte und kontrollierte Großveranstaltung: Einer ruft von einem erhöhten Ort die Katechumenen und andere Gruppen zum Verneigen und dann zum Verlassen der Kirche auf; die Gläubigen mahnt er zur Kniebeuge und zum Gebet, zur Aufmerksamkeit und zum Friedenskuss; ein anderer behält die Kinder im Auge und weist ihre Mütter an, sie ruhig zu halten; wieder andere bewachen die Türen oder patrouillieren durch die Reihen, damit niemand schwätzt oder schläft" (Beten nach Vorschrift, 2014). – Neben dem Diakon sind auch die Diakonissen und die Ostiarier für das Verhalten der Gläubigen verantwortlich.

Ostiarier

„Die Ostiarier sollen am Eingang der Männer stehen und sie beaufsichtigen, und die Diakonissinen bei den Frauen. Wenn Jemand nicht an seinem Platze sitzend betroffen wird, so soll er vom Diakon, der die Dienste eines Untersteuermannes versieht, getadelt und an seinen bestimmten Platz gewiesen werden, denn nicht nur einem Schiffe, sondern auch einer Hürde soll die Kirche gleichen" (Const. Ap. II, 7).

Der Dienst des Ostiariers, der bis zur Neuordnung der Dienste von 1972 zu den niederen Weihen in der katholischen Kirche gehörte, wird erstmals im 3. Jahrhundert erwähnt (Brief des Papstes Cornelius an Cyprian). Dem Ostiarier war die Sorge um die Kirchen anvertraut, vor allem das Bewachen der Türen, damit kein Unbefugter an den Gottesdiensten teilnimmt. Möglicherweise hatte er sein Vorbild im antiken „aedituus", dem „curator templi". Auch wenn er in der Praxis schon bald seine Aufgaben (wie etwa in Rom) an den dem Laienstand angehörigen „mansionarius" abtrat, bei der Erteilung der niederen Weihen wurde an den ursprünglichen Dienst erinnert. So schreibt Josef Amberger in seiner Pastoraltheologie von 1855, dass der Ostiarer und sein Tun im priesterlichen Dienst aufgehen soll – auch im Hinblick auf das Verhalten der Gottesdienstteilnehmer:

„Wohl bestehen jetzt die Ostiarier nicht mehr als gesonderter Stand in der Kirche; aber wer immer ein wahrer Priester und noch mehr, wer ein wahrer Seelsorger sein will, muß vor Allem ein wahrer Ostiarier sein, den ,der Eifer für das Haus des Herrn verzehrt'. [...] Er wird Unreinlichkeit, Unordnungen und Unehrerbietigkeiten in demselben nicht gedulden. [...] Er eifert für ehrerbietiges Betragen der Gläubigen, besonders der

Kinder in der Kirche und hat ein offenes Auge für das Betragen auf den Emporkirchen."

Dass die Ostiarier in diesem Sinne auch tatsächlich tätig werden sollten, zeigte die Diözesansynode 1849 in Regensburg. Allerdings waren es hier nicht die angehenden Priester, sondern „ernste Männer", die das Amt des Ostiariers zu diesem Anlass übernahmen, wie wieder Josef Amberger 1849 forderte: „Unentbehrlich auf der Diözesansynode ist der Ceremoniar, damit ‚Alles vollbracht werde nach Vorschrift und mit Majestät'. Auch sind ernste Männer als Ostiarier aufzustellen, welche Laien den Eintritt verwehren, nach Eröffnung der Sitzung die Pforten verschließen, und die Kleriker zu geeignetem Benehmen ermahnen, wenn es die Nothwendigkeit gebieten sollte."

Kirchenschweizer

Solche „ernste Männer", die als Laien eine Art Ordnungsdienst versahen, gab es in vielen größeren Kirchen bereits seit dem Mittelalter. Wohl von der päpstlichen Schweizergarde erhielten sie die Bezeichnung Kirchenschweizer. Meist trugen (und tragen) sie eine Art Uniform, die ihnen Würde verleiht, und einen Stab. In seiner Liturgik von 1835 siedelt Anton Adalbert Hnogek sie zwischen Ostiariern und Polizeiwachen an:

„In den Gotteshäusern mancher Hauptstädte sieht man Personen, welche gewissermaßen die Stelle von Ostiariern vertreten, als kirchliche Polizeiwache in unterscheidender Amtskleidung das Betragen der Anwesenden beobachten, und dieselben, wo nöthig, an das im Gotteshause pflichtmäßig ruhige und anständige Verhalten erinnern." Eine bessere Beschreibung gibt der Schriftsteller *Alois Brandstetter* im Roman *„Cant lässt grüßen"* (2009) in einem fiktiven Schreiben, das der Adlatus des Königsberger Philosophen an eine junge Frau richtet:

📖 Mich erinnert Kaufmann ein wenig, nein, sehr intensiv an einen so genannten Kirchenschweizer, wie sie in den catholischen Kirchen meiner Heimat im Saarlande ihres Ehrenamtes walten. [...] Sie, die Kirchenschweizer, schließen und öffnen die großen Thore und geleithen die Menschen zu ihren Plätzen, achten also auch auf die Sitzordnung, weisen an und weisen ein und weisen auch hin und wieder einen weg, wenn er sich auf einem Platze nieder gelassen hat, der ihm laut und entsprechend dem Namensschilde an der Bank nicht zu stehet. Sie achten darauf, daß die Frauen, die im linken Flügel der Kirche, der so genannten Weiberseite Platz nehmen, behüthet oder betucht sind, also Kopfbedeckung und Hauben tragen, und daß die Männer auf der rechten Seite ihre Häupter entblößen und die Cylinder und Velours und Kappen abnehmen. Ja, in manchen Kirchen geht die Competenc (Zuständigkeit) der Kirchenschweizer so weit, daß sie auch Commandos zum Knien oder Erheben und Stehen entsprechend dem Fortgange der Liturgie (Culthandlung) ausgeben, verbaliter oder bloß gestisch (per Fingerzeig) oder auch beides ensemble (zusammen). Sie sagen also „Flectamus genua" (Kniebeugen!) oder auch „Levate" (Erhebet Euch)!

Allerdings gab es solche eigenen Dienste nur in den größeren Kirchen, und auch da nicht überall. Mitte des 19. Jahrhunderts wurde in der Zeitschrift „Der katholische Kinderfreund" Klage darüber geführt, dass im Regensburger Dom niemand dafür zuständig sei, dem schlechten Benehmen mancher Dombesucher Einhalt zu gebieten: „Wir sind zwar seit Jahren schon daran gewöhnt, daß unser ehrwürdiger Dom […] häufig von Neugierigen der sogenannten gebildeten Klasse angehörigen Besucher als Promenade angesehen wird, daher es auch schon vorgekommen, daß welche mit brennenden Cigarren, den Hut auf den Kopf, dieses Heiligthum betraten, mit Damen Arm in Arm oder in Begleitung von Hunden herumspazierten. etc. Am auffallendsten und störendsten ist es jedoch wenn solche Gebildete, die sich sonst überall zu benehmen wissen, nur in einer katholischen Kirche nicht, während der öffentlichen Gottesdienste, wie dieses fast in jedem Sonntags-Amt und in Vespern der Fall ist, mit den Händen auf dem Rücken hin und her stolzieren und gaffen und nicht selten die verkehrte Front dem Altar zuwenden. […] In Köln und andern Domen sind meistens sogenannte Domschweizer […] aufgestellt, die während der feierlichen Gottesdienste Aufsicht halten und Jeden, der sich ungebührlich benimmt, zurechtweist. […] Es könnte von den zwei Ordinariats-Dienern, die ohnedieß meist in der Kirche sind, dieses Amt abwechselnd ausgeübt und die sich ungebührlich Benehmenden zur Rede gestellt werden, und falls sich der Eine oder Andere widerspenstig zeigte, würde von Seite der Anwesenden schon Unterstützung geleistet werden."

Küster

Auch die Küster (Mesner/Sakristane/Sigristen) waren und sind angehalten, das Benehmen der Menschen in den Kirchen – Gottesdienstteilnehmer wie Besucher – im Blick zu haben und gegebenenfalls einzuschreiten. Im späten Mittelalter waren sie vor allem in den großen Städten während des Gottesdienstes, aber auch darüber hinaus tätig, wie es Arnd Reitemeier in seinem Buch über „Pfarrkirchen in der Stadt des späten Mittelalters" (2005) am Beispiel von Nürnberg und Freiburg darstellt: „Entscheidend war die permanente Kontrolle der Kirche, so dass die Küster laufend in der Kirche präsent sein mussten." Sie hatten für alle gut sichtbar – durch das Chorhemd, das sie auch außerhalb der Gottesdienste trugen, und durch einen langen Stock – für gutes Benehmen in der Kirche zu sorgen; vor allem sollte „alles unnüz geschwez", das noch lange nach dem Gottesdienst in der Kirche vornehmlich durch junge Leute gepflegt wurde, unterbunden werden.

Notker Wolf, früherer Abtprimas der benediktinischen Konföderation, erinnert sich noch an manch handfeste Hinweise in seinen Kindertagen (Regeln zum Leben, 2008): „Während des Gottesdienstes saß der Mesner hinter uns, er wusste schon warum. Wir haben trotzdem dauernd geschwatzt, und er hat den schlimmsten Schwätzern dann eine Kopfnuss verpasst ..."

Auch in den Stadtkirchen Hollands, die ja, wie an anderer Stelle dargestellt, jederzeit für jedermann offen und zugänglich waren, kam es vor, dass Unbeteiligte die Predigt durch Herumlaufen und Schwätzen störten, was zu häufigen Klagen führte und weshalb ungewöhnliche Maßnahmen ergriffen wurden: „Die Küster waren ermächtigt, Unruhestifter zu maßregeln, indem sie sie ‚entkleideten' und ihr Obergewand beschlagnahmten: für diesen Moment sollte der vom Wort geschaffene religiöse Raum das Recht eines jeden, die Kirche profan zu nutzen, dominieren" (Pollmer).

Sonstige Dienste

Daneben gab es vom Mittelalter bis in unsere Zeit auch Dienste, die für bestimmte Störungen oder Personengruppen zuständig waren – etwa „Hundeschläger", die sich der freilaufenden Hunde (nicht nur) in Kirchen annehmen sollten, und „Bettelvögte", die das Betteln in der Kirche zu verhindern hatten. Für die Schläfer gab es in den Klöstern und auch in den Gemeinden eigene Weckdienste. Sie sind in den entsprechenden Kapiteln beschrieben. Auch für die Gruppe der Kinder war bisweilen ein eigener Dienst abgestellt, der sie beaufsichtigen und nötigenfalls zur Ordnung bringen sollte. Manchmal benutzte er dazu – wie es oben schon bei den

Küstern anklang – einen langen Stecken, weshalb er im Elsässischen „Steckelmann" genannt wurde, im Schwäbischen „Dussler" (von dusen = schlagen), „Kirchendussler". Nicht selten aber waren sie mit den Küstern identisch.

In einer Schorndorfer Heimatzeitung fand ich die Erinnerung eines Mannes an einen Kirchenbesuch im Schwäbischen nach dem Ersten Weltkrieg; sein Freund spielte bei der katholischen Andacht die Orgel: „Während des Gottesdienstes wurde drunten in der ersten Bubenreihe ein Zwölfjähriger von der Langeweile geplagt, drum kniffelte er seinem Nebensitzer in die Hinterbacke. Plötzlich erhob sich der Mesner aus seinem Seitenstuhl, ging an dem Altar vorbei, nicht ohne vor dem Gekreuzigten sein Knie zu beugen, hinüber zum Störenfried, dem er zwei saftige Backenstreiche schmierte. Dann nahm er den Rückweg unter gleicher Ehrfurchtsbezeugung am Altar vorbei. Die Ruhe in der Bubenbank war wiederhergestellt, dies alles vollzog sich, ohne dass der Geistliche auch nur einige Sekunden seine Predigt unterbrach. Ich war über diesen Vorgang höchst verwundert, denn so etwas hatte ich in einer Kirche noch nie gesehen. Mein Freund, darüber befragt, erklärte mir: ‚Des ist dr Kirchadußler gwea, des goht älles sein gweista Weg!'"

Kirchenrüger und andere Aufseher

Zu dem im evangelischen Bereich „Kirchenzensor" oder „Kirchenrüger" genannten Dienst wurden meist Kirchenälteste bestellt. Es war ein Dienst des Aufpassers, der den Gläubigen im Gottesdienst als treue Hilfe für den Pastor vorgestellt wurde. In den Gemeinden Steinbach und Pfauhausen bei Esslingen (heute zur Ortschaft Wernau zusammengefügt) wurde Anfang des 19. Jahrhunderts, wie aus Protokollen und Visitationsberichten hervorgeht, das Verhalten vor allem der Jugendlichen seitens der katholischen Pfarrer gerügt. Der Kirchenkonvent beschloss verschiedene Maßnahmen: Auf der Empore sollte ein Mitglied des Kirchenkonventes Aufsicht führen und für Ruhe und Ordnung sorgen. Das Zuspätkommen wurde nicht nur mit abgestuften Strafen belegt, in den einzelnen Kirchenbänken sollten auch Aufseher dies kontrollieren. Und schließlich wurde 1818 in der Gemeinde Steinbach sogar eine Dorfwache eingeführt, welche die religiös-kirchlichen Vorschriften überwachen sollte. In Pfauhausen bestand diese Dorfwache aus zwei Mitgliedern des Kirchenkonventes, die jeglicher Störung des Gottesdienstes von außen vorbeugen sollten.

(Polizei-)Beamte

In der Zeit der Aufklärung lag der Obrigkeit auch an der Ordnung des „Cultus", damit von da aus keine Unruhe und Störung ausging. Die Lehre der Kirche wurde zur Richtschnur und Norm im Staat. Kaiser Joseph II. von Österreich erließ in den 1780er-Jahren mehrere Verordnungen, die auch den Gottesdienst regelten. Sie betrafen vor allem Formen der Volksfrömmigkeit, insofern ihnen Missbräuche und abergläubisches Denken der Menschen unterstellt wurden. Zugleich dienten sie dazu, das Volk stärker an der Messfeier zu beteiligen: „Auch das Benehmen im Gottesdienst unterlag landesfürstlicher Polizeiordnung. Der Empfang der Sakramente wurde urgiert, die Beichtväter hatten Säumige aufzuzeichnen und dem Hof zu berichten", fasst Paul Zulehner diesen Dienst zusammen (Säkularisierung von Gesellschaft, Person und Religion, 1973). Es galt letztlich, die Religiosität und Sittlichkeit des Volkes zu heben. In der Weiterführung der Reformen unter Kaiser Franz I. wurde auch die Beamtenschaft zur Ordnung mit herangezogen. Der Kaiser erließ 1808 eine Anordnung, dass die Beamten an den Sonn- und Feiertagen den Gottesdiensten der Hauptpfarre an einem für sie bestimmten Platz „mit Andacht und Erbauung" beiwohnen sollen. Ihr „gottesfürchtiges und tugendhaftes Betragen" sollte Eindruck bei den Menschen machen und ihr gutes Beispiel mehr bewirken als strenges Eingreifen.

Allerdings war oft das Gegenteil der Fall; die Beamten mussten ja als offizielle Vertreter des Staates am Gottesdienst teilnehmen, ohne dass auf ihre persönliche religiöse Einstellung geachtet wurde. Schon Anfang des 19. Jahrhunderts gab es Klagen über ihr schlechtes Verhalten im Gottesdienst, und auch nach Einführung der Verordnung von 1808 hatte sich das nicht unbedingt verbessert. So schrieb der Dechant von Neukirchen 1809 in einem Brief an das Bischöfliche Ordinariat, dass das Volk durch deren Schwätzen, Lachen und dergleichen kaum gehoben würde, so dass es besser sei, sie würden dem Gottesdienst fernbleiben.

Dass man sich bei Kirchenschweizern an eine „kirchliche Polizeiwache" erinnert fühlt, wie weiter oben zu lesen war, hat seinen Grund möglicherweise auch darin, dass eine Zeitlang tatsächlich die Polizei mit für die Ordnung und das entsprechende Verhalten in den Kirchen sorgte – durch ihre Anwesenheit und durch ihr Vorbild. Das zumindest war in Österreich so angeordnet und wurde im Handbuch der öffentlichen Verwaltung in Bezug auf die „öffentliche Polizei- und Landeskultur" 1843 entsprechend dargelegt:

„Für die fromme und andächtige Beiwohnung des Gottesdienstes wirkt die Polizei-Verwaltung nicht unmittelbar auf das Volk selbst, sondern indirekte dadurch, daß selbe alle Beamte hiezu mittelst eigener gesetzlicher Vorschriften verpflichtet. Aus der Ueberzeugung, daß ein gottesfürchtiges und tugendhaftes Betragen der Vorgesetzten und Beamten bei dem Untergebenen überall, bei dem gemeinen Manne und dem Volke auf dem Lande aber den tiefsten und heilsamsten Eindruck macht, und gerade das gute Beispiel der Beamten in Absicht auf die genaue und gewissenhafte Erfüllung der Unterthanspflichten ihrer Untergebenen und des Volkes weit mehr, als die sonst unvermeidliche Strenge wirkt, erfloß [...] die allerhöchste Weisung, daß alle, sowohl landesfürstliche als Magistrats- und herrschaftliche Beamte an Sonn- und Feiertagen dem öffentlichen Gottesdienste in der Hauptpfarre an einem dazu für sie eigens bestimmten Platze mit Andacht und Erbauung unausbleiblich beizuwohnen haben."

Es wurde auch angeordnet, dass die Beamten diese ihnen auferlegte Verpflichtung nicht nur treulich zu erfüllen haben, sondern auch mit Andacht. Die Ordinariate wiederum hatten die Aufgabe, streng zu überwachen, ob die Beamten ihrer Pflicht-Andacht auch nachkommen ...

Lehrer

In Schüler- und Schulgottesdiensten ist es natürlich das Lehrpersonal, von dem erwartet wird, dass die ihm anvertrauten Zöglinge sich im Gottesdienst ehrfürchtig verhalten. Lehrer (und Lehrerinnen) standen und stehen dabei vor der nicht leichten Aufgabe, einerseits genau zu beobachten, was an Unehrerbietigem geschieht, um möglichst gleich eingreifen zu können, andererseits durch ihr eigenes frommes Verhalten ein Vorbild abgeben zu können. Dieser Spagat kommt besonders gut in den Anweisungen „Wie sich die Lehrer während der heiligen Messe benehmen sollen" im Handbuch der Christlichen Schulbrüder (1841) zum Ausdruck:

„Die Lehrer müssen während der heiligen Messe eine beständige Aufmerksamkeit auf ihre Schüler richten, um zu sehen, wie sie sich aufführen und um die Fehler zu bemerken, die sie begehen könnten, als: sprechen, einander etwas mittheilen, die Bücher austauschen, sich stoßen oder andere ähnliche Fehler, die den Kindern nur allzu gewöhnlich sind. Die Lehrer dürfen niemals ihren Platz verlassen, um den Schülern irgend eine Erinnerung zu geben, außer im Falle dringender Nothwendigkeit; – sie sollen ihnen in der Kirche auch nicht drohen. [...] Obwohl es die Hauptbeschäftigung der Lehrer seyn soll, auf ihre Schüler aufmerksam zu seyn, während sie die heilige Messe hören, so müssen sie doch streben, den Kindern durch die Andacht ihrer Gebete, durch ihre Aufmerksamkeit auf das heilige Meßopfer und durch ihr Bestreben, ihre Blicke nur auf den Platz zu richten, den die Schüler einnehmen, zur großen Erbauung zu dienen. Die Lehrer dürfen sich während dieser Zeit keines Buches bedienen, während des Gottesdienstes der Sonn- und Festtage ausgenommen, unter der Bedingung jedoch, daß sie zugleich die Liste führen und ihre Schüler nicht aus den Augen lassen. Man darf nicht gestatten, daß die Kinder irgend etwas in die Kirche bringen, was sie zerstreuen könnte."

Gläubige

Man wird sich angesichts der vielen unterschiedlichen Dienste, die für die geziemende Ordnung innerhalb der Gemeinde und vor allem unter den Kindern sorgen sollten, spätestens jetzt fragen, ob denn nicht die Gläubigen selbst darauf achten konnten und könnten – und wie es mit den Priestern ist, die doch die Leitung des Gottesdienstes innehaben. Die Aufsicht über das Verhalten einer Gemeinde durch Beamte, Polizei und besondere andere Dienste spiegelt ein eigentümliches Verständnis von Gottesdienst wider, das diesem an sich fremd ist. Vor allem aber hat man den Eindruck einer undisziplinierten Herde, die weniger aus innerem Antrieb als durch äußerlichen Druck an einer Feier teilnimmt, die letztlich nicht ihre ist.

Doch obwohl gerade im 19. Jahrhundert häufig verschiedene Dienste begegnen, gab es auch schon damals Stimmen, die auf die Zuständigkeit der Gläubigen verwiesen und in Erinnerung brachten, „daß es in einem solchen Falle Pflicht eines jeden Anwesenden sei, solchen Individuen, seien es nun schlechte Katholiken oder Außerkirchliche, die Thüre zu weisen" *(vgl. S. 121)*.

Dass das Eingreifen seitens der Gläubigen selbst keine Anmaßung ist, sondern vielmehr ein Werk der Barmherzigkeit, betont Martin Königsdörfer in einem Buch über die katholische Christenlehre (1872); er schreibt im Zusammenhang des Predigtschlafs: „Gelegenheit, das erste geistliche Werk der Barmherzigkeit zu üben, habet ihr überall. Dieses gute Werk könnet ihr üben in der Kirche, wenn ihr Jene, welche neben euch unter der Predigt

oder Christenlehre schlafen, aufwecket; Andere aber, welche unter dem Gottesdienste schwätzen, lachen oder sich sonst unehrerbietig verhalten, mit liebreichen Worten durch einen ernsten Blick oder wenigstens durch ein gutes Beispiel zur Ruhe, Aufmerksamkeit und Andacht ermahnet."
Spätestens seit der Liturgischen Bewegung des 20. Jahrhunderts aber müsste sich daran viel geändert haben. Doch wer hat den Mut, sich einzumischen, anzusprechen, aufzuklären? Setzt man sich dabei heutzutage nicht womöglich noch blöden Bemerkungen aus? Da bleibt es oft bei der Haltung: einfach überhören. So wird es auch geschildert in einer Zusendung zu dem Projekt „Schlechtes Benehmen"; es ging darin um ein schreiendes Kind:

> ✉   Alle Anwesenden taten so, als würden sie nichts bemerken, ich ging dann zur Mutter und habe sie gebeten, das Kind doch nach Hause zu bringen und ins Bett zu legen. *(R. L. – 11. 2. 2016)*

Es kommt dabei auf die Art und Weise an, wie man die Menschen anspricht. Wie hieß es oben schon bei Martin Königsdörfer: „… mit liebreichen Worten, durch einen ernsten Blick oder wenigstens durch ein gutes Beispiel". Sonst kann es einem ergehen, wie in einer anderen Zusendung zu lesen ist:

> ✉   Unerzogene, lärmende Kinder, die von ihren Eltern nicht oder kaum zu mehr Rücksicht angehalten werden. Beleidigtsein oder gar Aggressivität der Eltern, wenn man um Ruhe bittet. (Abhilfe kaum möglich!) […] So sehr man z. B. noch in der 1. Hälfte des letzten Jahrhunderts allzu streng reglementierte, monierte, bestrafte, so sehr hat sich vieles ins Gegenteil verkehrt, und so traut man sich kaum mehr, eine gewisse Disziplin oder Rücksichtnahme einzufordern, weil man fürchtet, als verklemmt oder ewig gestrig angesehen zu werden. *(B. W. – 11. 5. 2016)*

In orthodoxen Kirchen kann man es erleben, dass eintretenden Gästen, die oftmals schon an der Art des Kreuzzeichens als Nichtorthodoxe erkannt werden, das richtige Verhalten im Gottesdienst erklärt wird, auch die Art der Bekreuzigung. Das „Orthodoxe Glaubensbuch" rät: „Für einen Menschen, der mit der kirchlichen Ordnung nicht vertraut ist, ist es ziemlich schwer zu wissen, wem genau er in der Kirche eine Frage stellen soll. Zuerst kann man sich an diejenigen wenden, die in der Kirche arbeiten. Gewöhnlich sind sie vom Pfarrer bevollmächtigt, auf die grundlegendsten und einfachsten Fragen zu antworten. In den Kirchen gibt es heute beim Eingang einen oder einige Stände (Kerzentische). Meistens sind es zwei, rechts und links vom Eingang. Bei jedem von ihnen stehen Verkäufer, meistens Frauen. Hier werden Kerzen, Ikonen, Bücher und Kreuze verkauft, und Namenszettel angenommen. Hier können Sie Ihre Fragen stellen."

In einem Internet-Ratgeber für werdende Erstkommunionkinder-Eltern wurde der Tipp gegeben: „Macht einfach nach, was eine alte Dame im vorderen Teil der Kirche macht. Meist kennen die sich gut aus."

Leitungsdienst

Vor allem sind es natürlich die Priester, die als Leiter des Gottesdienstes die Verantwortung haben einzuschreiten, wenn Störungen durch schlechtes Benehmen auftreten. Zumal dann, wenn keine anderen Dienste dabei sind. Das ist in der Messfeier allerdings nicht so einfach, weil der Priester nicht nur Leiter der Versammlung ist, sondern „in persona Christi" agiert. Besonders im zweiten Hauptteil, der Eucharistie, gilt es darauf zu achten, wie und was er sagt und tut. So schränkt auch Kerschbaumer in seiner „Pastoral für Seelsorger" das Eingreifen des Priesters ein: „Der Empfang und die Ausspendung der heiligen Eucharistie soll dem so heiligen Acte geziemend, also erbaulich sein. Manchmal ist Gedränge bei dem Empfang der heiligen Communion. Da soll Jemand sein, der Ordnung macht. Nie aber ist es zu billigen, wenn der Geistliche selbst, der die heiligen Hostien austheilt, in greinender oder wohl gar scheltender Weise Ordnung commandirt."

Im Gegensatz zum Liturgen des evangelischen Gottesdienstes, der zumeist zur Gemeinde hin agiert und damit diese auch besser im Blick hat, zelebrierten die katholischen Priester jahrhundertelang mit dem Rücken zum Volk, was eine mögliche Disziplinierung zusätzlich erschwerte.

Die Gefahr, beim Einschreiten ein schlechtes Bild abzugeben, ist groß. Neben der (späteren) Ermahnung bleibt das gute Vorbild die beste Möglichkeit, das schlechte Verhalten zu korrigieren, wie es weiter oben von Vinzenz von Paul überliefert wird *(S. 33)*: jedenfalls besser als eine Anzeige oder gar „Watsch'n" …

Auf ein Eingreifen von oben darf man wohl eher nicht rechnen, auch wenn sich manche oder mancher vielleicht wehmütig daran erinnert, dass Jesus einstmals selbst zu einem Strick griff, um die Händler aus dem Tempel zu treiben …

Eingreifen von oben

Insofern das schlechte Benehmen im Gottesdienst sich letztlich gegen Gott selbst richtet und deshalb auch teilweise im Beichtspiegel thematisiert wurde, ist die „Strafe" auch eine höchstrichterliche Sache. In einer der Geschichten aus dem „Dialogus miraculorum" des Zisterziensermönches Caesarius von Heisterbach (um 1220) wird erzählt, dass ein Mönch aus dem Kloster Kamp beim Chorgebet einzuschlafen pflegte, bis eines Nachts der Gekreuzigte vom Altar herabstieg, den Schläfer weckte und ihm einen so heftigen Schlag auf die Kinnbacken gab, dass er nach drei Tagen starb (IV, 38).

Auch ein Wort aus dem ersten Korintherbrief war und ist dazu angetan, Vorstellungen einer Bestrafung zu wecken: Wer unwürdig isst und trinkt, der isst und trinkt sich das Gericht (1 Kor 11,29). Möglicherweise hat dieses paulinische Diktum immer wieder Skrupel und erst recht unwürdige Gedanken vor der Kommunion ausgelöst.

In *Hugo Claus'* Roman *„Der Kummer von Belgien"* (1983) wird dem jungen Louis Seynave „sterbensbang", als er sich im Bewusstsein seiner Unwürdigkeit zu kommunizieren die Bestrafung durch den Herrn selbst vorstellt:

> 📖 Am nächsten Tag hob der Pfarrer den Kelch und die Hostie, und Louis durchfuhr der Gedanke, dass dort in der zittrigen Hand Sein Körper, Sein Blut nicht vorhanden sei. Er blickte sich um, sterbensbang, ich bin besessen, jemand muss mir den Teufel austreiben, aus den Bleiglasfenstern wirbeln Staubkörner, die sich jeden Augenblick zu einem dicken, alles zerstörenden Blitzstrahl bündeln können, der mich treffen wird [...]
> Louis ging, wie immer hinter Byttebier, mit gefalteten Händen und gesenktem Kopf zum Altar; jeden Augenblick konnte der Gesalbte, der allgegenwärtig ist, sein Tomahawk werfen und ihn in den verschwitzten Nacken treffen [...] Louis trottete weiter, betete, streckte die Zunge heraus, betete, und der Herr Jesus hatte Erbarmen mit seiner Verirrung und mit dem Zweifel, der jedes seiner Christenkinder einmal überkommt [...] und der Gott in der Kapelle von Haarbeke riss Louis die hervorgestreckte Zunge nicht mit seinen gusseisernen Fingerzangen aus. Louis klapperten die Zähne. „Bitte vergib mir!" „Mund auf", zischte der Kaplan ...

Über die menschlichen Unzulänglichkeiten und ihre mögliche Behebung schreibt Romano Guardini in seiner „Besinnung vor der Heiligen Messe": „In der Art und im Maß seiner Zuständigkeit ist jeder für den Vollzug der heiligen Messe verantwortlich. Soweit der Einzelne in der Lage ist, innerhalb der gesetzten Ordnung einen Missstand zu beseitigen oder irgend etwas vollkommener zu gestalten, soll er es tun. Im übrigen muss er die Messe nehmen, wie sie dort, wo er sie besucht, nun einmal ist. Er darf sich über die Mängel nicht allzu sehr aufhalten; sich vor allen Dingen durch sie nicht von seiner eigenen Mitwirkung entbunden fühlen. Er soll sich sagen, dass das Wesentliche durch keine Unzulänglichkeit angetastet wird, mit ihm ins Einvernehmen treten und so das heilige Werk vollziehen helfen."

17. „Bedenke, was die Kirche ist, und in der Kirche, wo du bist!"

Die Vermittlung angemessenen Verhaltens in Wort und Bild

„Knigge" nennt man einen Ratgeber zu Umgangsformen – benannt nach Adolph Franz Friedrich Ludwig Freiherr (von) Knigge (1752–1796). Er war Spross einer niedersächsischen Adelsfamilie und hatte nach seiner Ausbildung in Jura und Buchhaltung viele Jahre an mehreren Fürstenhöfen verbracht, bis er sich schließlich vor allem der Schriftstellerei widmete. 1788 brachte Knigge, ein feingeistiger Mensch, der auch komponierte, sein bekanntestes Buch heraus: „Über den Umgang mit Menschen" – kein Etikette-Buch, wie man oftmals meint, sondern ein Buch mit Ratschlägen für den Umgang mit den verschiedensten Menschengruppen, mit denen man es tun haben kann. Aber gerade um Etikette, um rechtes Benehmen geht es in vielen Büchern und Schriften, die man heute als „Knigge" bezeichnet. Selbst für Fragen im Zusammenhang des richtigen Verhaltens in Gotteshäusern und in Gottesdiensten gibt es seit etlichen Jahrzehnten zahlreiche solcher Ratgeber, „Kirchen-Knigge" oder ähnlich genannt. Sie richten sich nicht nur an unsichere Kirchenbesucher, sondern auch an einzelne liturgische Dienste innerhalb der Kirche.

Das rechte und angemessene Verhalten der Menschen im Gottesdienst und in der Kirche ist nicht von selbst gegeben, sondern muss immer wieder gelehrt, angesprochen und auch angemahnt werden, wie es ja bereits im ersten Brief des Apostels Paulus an die Korinther deutlich wird. Lange bevor man dies mittels Büchern, Zeitschriften oder Internet tat, wurde das Verhalten auf verschiedene Weise vermittelt, vor allem im Gottesdienst selbst.

Predigten

Der Gottesdienst und die Predigt in ihm sind der ursprüngliche Ort und die Gelegenheit, Fehlverhalten anzusprechen und angemessenes Benehmen darzustellen und zu erklären. Das muss keine eigene thematische Ansprache sein, sondern kann ganz beiläufig geschehen, wie es in manchen Homilien der Kirchenväter zu erkennen ist, in denen die Prediger sich über störende

Zustände im Gottesdienst beklagen, wie lautes Schwätzen oder übertriebene Beifallsbekundung *(vgl. S. 61)*. Ein schönes Beispiel eines solchen Aufgreifens der Situation und der gekonnten Wendung in die geistliche Belehrung liefert Johannes Chrysostomus, der wohl größte Prediger des christlichen Altertums. Er hält gerade eine Homilie im abendlichen Gottesdienst und unterbricht sie, ungehalten darüber, dass das übliche Anzünden der Lampen bei den Anwesenden mehr Aufmerksamkeit weckt als seine Worte: „Aber für wen sage ich das eigentlich? Wir erklären euch die Schriften, ihr aber wendet die Augen ab und wendet sie hin zu den Lampen und zu dem, der die Lampen anzündet […] Ihr seht doch nichts Fremdes, nichts Paradoxes, sondern lediglich einen Menschen, der das Übliche tut, und wendet die Augen dorthin. Ist denn das der Aufmerksamkeit wert? Sammelt euch bitte, lasst dieses Feuer und achtet auf das Feuer der göttlichen Schriften" (In Gen. sermo 4, 3).

Vor allem aber sind es immer wieder bestimmte Texte aus der Heiligen Schrift, die die Prediger veranlassten, über das rechte Verhalten im Gotteshaus und während des Gottesdienstes zu sprechen; so etwa das Gleichnis Jesu vom Zöllner und Pharisäer, der Besuch Jesu bei den Schwestern Marta und Maria oder aber die Perikope von der Tempelreinigung. Das dabei überlieferte Wort von der „Räuberhöhle", zu der die Verkäufer und Geldwechsler den Tempel gemacht hätten, lässt sich auch bei verschiedenen unpassenden Verhaltensweisen in der Kirche anwenden. Da dieses Evangelium im Gottesdienst des Kirchweihfestes verkündet wird, bietet es sich zur Vermittlung des angemessenen Verhaltens an. „Das unehrerbietige Benehmen in der Kirche" ist beispielsweise eine Predigt zum Kirchweihfest überschrieben, die sich in Joseph Ignaz Klaus' „Volkstümliche Predigten" von 1904 findet.

Katechismen und Beichtspiegel

Ein seit der Zeit der Reformation häufig genutztes Medium, das Verhalten im Gottesdienst anzusprechen und es den Gläubigen einzuschärfen, sind Katechismen. Meist geschieht das im Zusammenhang des dritten Gebotes (innerhalb der Lehrstücke über die Zehn Gebote), in den katholischen Katechismen auch unter den Kirchengeboten. In Martin Luthers Großem wie auch Kleinem Katechismus wird die Frage nach der Heiligung des Feiertages, wie es bei ihm heißt, vor allem im Bezug auf das Hören des Wortes

Gottes behandelt: „Wie geht nun solches Heiligen zu? Nicht also, dass man hinter dem Ofen sitze und keine grobe Arbeit tue oder einen Kranz aufsetze und seine besten Kleider anziehe, sondern (wie gesagt) dass man Gottes Wort handle und sich darin übe. […] Darum sündigen wider dies Gebot nicht allein, die den Feiertag gröblich missbrauchen und verunheiligen, als die um ihres Geizes oder Leichtfertigkeit willen Gottes Wort nachlassen zu hören, oder in Tavernen liegen, toll und voll sind wie die Säue; sondern auch der andere Haufe, so Gottes Wort hören als einen andern Tand und nur aus Gewohnheit zur Predigt und wieder herausgehen, und wenn das Jahr um ist, können sie heuer so viel als vorhin" (Großer Katechismus, Das dritte Gebot).

Daraus lässt sich nur ein indirekter Hinweis auf das Verhalten im Gottesdienst ableiten, in dem Sinne, wie aufmerksam man das Wort Gottes hört. In den katholischen Katechismen (etwa des Petrus Canisius) geht es auch um die Mitfeier des Gottesdienstes (Messe) und das Hören der Predigt.

In einer späteren, vor allem für Kinder gedachten Ausgabe dieses Katechismus („in 113 Bildern geordnet und mit Denksprüchen versehen") wird das Verhalten im Gottesdienst unter der Behandlung der Fünf Gebote der Kirche etwas näher umschrieben; da heißt es: *Du sollst an Sonn- und Feiertagen die heilige Messe ehrerbietig anhören.* – Hiezu sind Alle strenge verpflichtet, welche den hinlänglichen Gebrauch der Vernunft erreicht haben, sofern nicht wichtige Ursachen entschuldigen. Man sündigt gegen dies Gebot, indem man die hl. Messe ganz oder zum Theil versäumt, oder auch wenn man sie mit bedeutender Zerstreuung und Unehrerbietigkeit anhört. Dem Geiste nach befiehlt dies Gebot auch die Anhörung der Predigt, als eines wesentlichen Theiles des Gottesdienstes an Sonn- und Feiertagen." Dieser Katechismus von 1865 unterstützt das Erlernen seines Inhalts durch Bilder und kurze Vierzeiler von Gallus Morel. Im Zusammenhang des dritten Gebots zeigt die dazugehörige Illustration die Vertreibung der Händler aus dem Tempel, der Vierzeiler lautet:

> „Schlaue Tempelschänder wagen
> Frech sich in der Seele Haus,
> Ach wie Wenige nur jagen
> Sie von diesem Tempel aus."

Auch Merkverse sollten und konnten das erleichtern, wie etwa zum Verhalten im Gottesdienst der immer wieder zitierte Vers zum Katechismus: „Bedenke, was die Kirche ist, und in der Kirche, wo du bist." Dieser Satz aus Leonhard Grafs „Denkreime zum Katechismus" von 1847 (Nr. 667) war weit verbreitet, auch auf in der Kirche ausgehängten Verhaltenshinweisen. Das führt zu einer weiteren Form der Vermittlung des Verhaltens, die sich bis heute in unterschiedlichster Gestalt findet.

Schriftliche und bildliche Verhaltenshinweise

Schriftliche oder bildliche Hinweise auf das Verhalten in den Kirchen scheint es noch im Mittelalter kaum gegeben zu haben. Der weiter oben genannte Arnd Reitemeier schreibt: „Den Kirchenmeistern war die Ordnung in der Kirche wichtig, doch ging keiner von ihnen so weit, in einer der Kirchen Tafeln aufzuhängen, um die Kirchenbesucher zur Disziplin zu mahnen." Deren Aufrechterhaltung war eher Sache der verschiedenen Dienste. Zudem waren möglicherweise Alltag und Religion noch stärker aufeinander bezogen. Kirchen waren nicht Orte einer kulturellen Betrachtung, sondern des gelebten Glaubens.

Hinweise und Anordnungen zum rechten Verhalten von kirchlicher wie von staatlicher Seite wurden später nicht nur in den Amtsblättern abgedruckt, sondern auch vor Ort, in den Kirchen, ausgehängt. Ein schönes Beispiel ist nebenstehende „Kundmachung", die mit ihrer Forderung, auf die Mitnahme von Hunden in den Gottesdienst zu verzichten, allein schon durch den imposanten Titel nachhaltigen Eindruck macht *(vgl. S. 110)*. Von den angekündigten Maßnahmen bei Zuwiderhandlung ganz zu schweigen.

Solche Verhaltenshinweise können auch von einfachster Art sein; Alban Stolz berichtet in seinem „Wanderbüchlein" von 1848 von einem Besuch Radstadts (Österreich): An der Eingangstür der Kapuzinerkirche ebendort, so schreibt er, „hängt ein Pappendeckel mit Erinnerungen aus dem h. Chrysostomus, was das Schwätzen in der Kirche auf sich habe".

Der Hinweis auf Johannes Chrysostomus bezieht sich auf ein ihm zugeschriebenes Wort, mit dem man vor den Folgen warnt, die das falsche Verhalten nach sich zieht: „Wer in der Kirche schwätzt, nimmt Gott die Ehre, den Engeln die Freude, den armen Seelen den Trost, dem Nächsten die Andacht und wird mit dem Fegfeuer bestraft."

Ausdrücklich als „Warnung" war folgender Hinweis auf einem Täfelchen in der Kreuzerhöhungskirche von Altdorf (Stará Ves [Rýmařov] / Tschechien) überschrieben; hier geht es aber weniger um strafrechtliche Maßnahmen als vielmehr um die Folgen für das eigene Seelenheil wie auch das derjenigen Gläubigen, die sich falsch verhalten:

Warnung
Durch das Schwätzen in der Kirche raubst du:
1. Gott die Ehre,
2. den Engeln die Freude,
3. den Seelen im Fegefeuer die Hilfe,
4. dem Nächsten die Andacht u. schuldige Erbauung.
5. Folgt darauf das Fegefeuer, dessen Leiden größer sind als die Schmerzen dieser Welt.

Das Schwätzen während der hl. Wandlung,
Kommunion und Predigt ist ein großes Aergernis,
um so größer, je vornehmer der Schwätzer ist.
Das Schwätzen in der Kirche, so warnt dich
dein hl. Schutzengel, ist strafbar; noch strafbarer sind
die anderen ärgeren Kirchensünden. Darum hüte dich davor,
denn das Haus Gottes soll ein Bethaus sein,
aber kein Ort zum Schwätzen und Unterhalten.
Verunreinige die Kirche auch nicht mit Speichelauswurf.

Bedenke, was die Kirche ist,
und in der Kirche, wo du bist.

Vielfach bezogen und beziehen sich die in den Kirchen ausgehängten Hinweise auch auf die angemessene Bekleidung und die bis in das letzte Jahrhundert hinein gebräuchliche Unsitte, in der Kirche auszuspucken, wie in den entsprechenden Kapiteln dargestellt.

Seit einigen Jahrzehnten finden sich Hinweise und Warnungen als Piktogramme ausgeführt, die allgemein verständlich sind. Im Eingangsbereich der Kirchen bzw. schon an den Türen stellen sie diejenigen Verhaltensweisen dar, die hier nicht gewünscht sind. Zumeist beziehen sie sich auf das

Verbot des Essens, Rauchens, Telefonierens, lauten Sprechens, Mitführens von Hunden. In anderen, vor allem südlichen Ländern wird auch die unpassende Kleidung thematisiert.

Ungewöhnlich erscheint die Abbildung eines Luftballons mit der Bitte, einen solchen nicht über die Kerzen zu halten, im Münchener Liebfrauendom. Die Pressestelle der Erzdiözese München und Freising teilte 2016 auf Anfrage per E-Mail mit: „Dieses Schild in unserem Dom ist tatsächlich eher ungewöhnlich. Hintergrund ist, dass das Aufsichtspersonal schon des öfteren erlebt hat, dass Luftballons, die Kerzen zu nahe kommen, mit einem lauten Knall platzen. Da das die Menschen erschrecken und bei Gebet und Andacht stören kann, wollen wir es natürlich vermeiden – daher das Schild." Auf die Nachfrage,

Bitte keine Luftballons über die Kerzen halten!

Danke

warum man in den Dom Luftballons mitbringt, hieß es: „Das kommt hin und wieder vor, wenn zum Beispiel in der Fußgängerzone Luftballons zu Werbezwecken verteilt werden, Familien welche mitnehmen und anschließend den Dom besuchen." Und auf die nochmalige Frage, warum kein Schild außen an der Domtür angebracht wird: „Die Luftballons an sich stören ja nicht – solange sie eben nicht über die Kerzen gehalten werden. Von daher eben die Entscheidung, nur das Hinweisschild zu den Kerzen aufzustellen."

Aber es gibt ja nicht nur Hinweise auf unpassendes Benehmen im Gottesdienstraum oder gar Warnungen. Vielfach finden sich heute auch – in ganz unterschiedlicher Form – einladende und freundliche Hinweise auf die Gestaltung des Gottesdienstes und entsprechende Verhaltensweisen für Gäste und Besucher der Kirche. Bis hin zu dem immer wieder auch in Kirchenführern begegnenden Spruch: „Wenn du glaubst, bete; wenn du nicht glaubst, bewundere; wenn du gebildet bist, zeige Ehrfurcht!"

„Kirchen-Knigge" und andere Ratgeber

Die eingangs genannten „Kirchen-Knigge" gibt es in unterschiedlicher Form: als Buch oder als Beitrag in gottesdienstlichen Büchern, als Zeitungsartikel, als CD-ROM und, zahlreich, als Ratgeber im Internet. Schon 1963 wurde der Begriff Knigge für einen solchen kirchlichen Ratgeber gewählt; Will Praetorius verfasste einen „Knigge für Pastoren": einen Ratgeber vor allem hinsichtlich Verhaltensstil und Lebensfragen. Gewissermaßen ein evangelisches Gegenstück zu dem vielfach aufgelegten Buch von Ludwig Hertling „Priesterliche Umgangsformen" (⁵1951), in dem es ebenfalls vor allem um gesellschaftliches Auftreten ging und weniger um gottesdienstliches Verhalten.

Stärker auf die Liturgie bezogen sind die „Richtlinien für das Verhalten von Gemeinde und Pfarrer im Gottesdienst" von 1965; allerdings sind sie mehr ein „Riten- und Rubrikenbuch" und wollen evangelische Geistliche wie Gemeinden zu einem sachgerechten Umgang mit der agendarischen Ordnung bewegen. Immerhin aber geht es auch um Stilfragen der Geistlichen im Gottesdienst, so etwa, dass sie keine Schmuckketten, Armreife und dergleichen an den Handgelenken tragen oder nicht nach Alkohol riechen sollen, was „in höchstem Maß störend und abstoßend" sei. Gewissermaßen eine zeitgemäße Neuauflage dieser Richtlinien stellt der Abschnitt „Kleiner liturgischer Knigge" aus dem Ergänzungsband zum „Evangelischen Gottesdienstbuch" von 2002 dar, der auch als Einzelbroschüre erschienen ist.

Nicht nur für Liturgen gibt es solche Verhaltensregeln, sondern auch für verschiedene Dienste. Vor allem die Ministranten und Ministrantinnen im katholischen Gottesdienst brauchen oft noch Hilfe zum angemessenen Verhalten beim Dienst am Altar – nicht weil sie sich etwa von vornherein schlechter benehmen würden, sondern aufgrund ihres jugendlichen Alters und weil die gottesdienstliche Situation für sie noch ungewohnt ist. Natürlich wurde und wird das rechte Verhalten in der Kirche und beim Dienst in den Gruppenstunden angesprochen und eingeübt, daneben gibt es die Regeln aber auch zum Nachlesen. Mit Blick auf die jugendliche Zielgruppe werden solche Benimmregeln auch ins Netz gesetzt. Neben den Verhaltensregeln beim Dienst geht es dann auch um Grundsätzliches, was man als Kind vielleicht vergisst, wenn man spät dran ist und sich beeilen muss (Mütze ab, nicht mit Skateboard in die Kirche). Wichtig sind auch Verhaltenshinweise

in Situationen, die man als Kind und Jugendlicher kennt, vor allem, wenn
man nervös ist: Was ist, wenn ich dringend „muss"?

Keinen „Knigge", aber eine „Handreichung für den Küsterdienst" mit
einem Punkt „Was nicht sein darf" stellte der evangelische Gottesdienstausschuss des Kirchenkreises Südharz 2010 zusammen. Er beinhaltet
liturgische Stilfragen („Weinflaschen auf dem Altar, Tempotaschentücher
zum Abwischen des Kelches"), aber auch Fragen des guten und angemessenen Benehmens wie „lautes Reden vor dem Gottesdienst oder öffentliche
Worte noch während des Läutens" oder „fremde" Gottesdienstbesucher,
die nicht wahrgenommen werden. Dies zeigt auch die Eingebundenheit
des Küsters in die Liturgie; er ist nicht nur ein Quasi-Handwerker, der
lediglich für die Vorbereitung oder einen reibungslosen Ablauf sorgt. Leider
sucht man solche Hinweise in den meisten Sakristan- oder Küsterhand-
büchern vergebens.

Vor allem für die Laien im Sinne der Nicht-Dienste gibt es verschiedene
Ratgeber und Knigges, von denen zwei Beispiele herausgestellt werden. So
Christian Wesselys Buch „Einfach katholisch. Was katholische Christen
glauben und wie sie feiern" – eine Art Laien-Liturgik, eine Einführung in
die katholische Welt, der man in der Öffentlichkeit zumeist in ihren Gottesdiensten begegnet. Voraus hat er ein Kapitel gestellt: „Wie feiern Katholiken?
Ein kleiner Kirchen-Knigge". Hier geht es um die angemessene Kleidung
im Gotteshaus, um dessen Betreten und die Riten dabei, die einzelnen
Orte in der Kirche, um Gesten und Haltungen, das Kreuzzeichen und die
verschiedenen liturgischen Formeln und manches andere mehr.

Von der Evangelischen Kirche im Rheinland wurde 2005 ein „Kirchen-
knigge" als CD zum Hören herausgegeben, auf der Fragen zum Verhalten
in der Kirche und bei Gottesdiensten beantwortet werden, z. B. „Darf frau
während des Gottesdienstes ihr Kind stillen?" oder „Muss ich bei Beerdigungen auf dem Weg zum Grab schweigen?" Es wird meist eine Sowohl-
als-auch-Antwort gegeben, z. B. bei der Frage, ob es peinlich ist, wenn man
zu spät in den Gottesdienst kommt. Überhaupt nicht, wird da gesagt: Jeder
habe bestimmt einen wichtigen Grund, wenn er später komme oder früher
gehe … Insgesamt hat man den Eindruck: Bloß niemanden verprellen,
anything goes, sofern es im Rahmen geschieht.

Immer wieder erscheinen auch in großen, oft überregionalen Tageszeitungen und im Internet Hinweise auf das Verhalten in Gotteshäusern, speziell in katholischen Kirchen, die ja auch teilweise im Buch zitiert wurden. Meist stammen sie von professionellen Stilberatern wie vom Netzwerk E.T.I (Etikette Trainer International) oder von durch einschlägige Publikationen bekannten Autoren wie Sybil Gräfin Schönfeldt.

Manche Medien sichern sich auch die Hilfe von Experten aus dem kirchlichen Bereich. Im Rahmen dieses Buches wurden sie ebenfalls gelegentlich zitiert. Weil immer mehr Menschen sich einerseits mit den kirchlichen Verhaltensformen nicht mehr auskennen, sich andererseits aber für Kirchen aus kulturellen Gründen interessieren, haben solche „Kirchen-Knigge" eine große Verbreitung. Häufig werden nicht nur christliche Kirchen und ihre besonderen Riten behandelt, sondern auch die Gotteshäuser anderer Religionen – das angemessene religiöse Verhalten als Ausweis interkultureller Kompetenz. Die Knigge-Akademie hat einen solchen „Kirchen-Knigge" zum Download bereitgestellt (www.knigge-akademie.de).

Solche Ratschläge werden dann gelegentlich auch von den Kirchen selbst genutzt. So griff eine katholische Gemeinde im Bistum Regensburg auf einen solchen „Kirchen-Knigge" im Internet zurück und druckte ihn 2011 in Fortsetzungen im eigenen Pfarrbrief ab …

18. „Das kann ich nicht loben …"
Mangelnder Gemeinschaftssinn heute

Zum Schluss noch einmal zurück zum Beispiel Korinth aus dem 1. Kapitel. Das Verhalten eines Teils der Gemeinde damals ist, wie dargestellt, nicht als schlechtes Benehmen im herkömmlichen Sinn zu werten, sondern als das unbedachte Fortführen eines Verhaltens, das dem neuen Geist des Christentums widersprach. „Das kann ich nicht loben", schrieb Paulus dazu. Ähnlich sind aber auch heute noch manchmal Verhaltensweisen im Gottesdienst zu finden, die kein unangemessenes Benehmen sind, gleichwohl sie unpassend erscheinen. Nicht allen ist – wie damals in Korinth – der Gemeinschaftsaspekt der Feier, der auf katholischer Seite seit dem II. Vatikanum wieder neu herausgestellt wird, immer bewusst.

So kann man es gelegentlich noch erleben, dass einem beim Friedensgruß die Hand, ja überhaupt der Gruß oder eine Zuwendung verweigert wird. Die Hinwendung zum anderen wird wie eine Zumutung, wie eine Störung der persönlichen Andacht empfunden und auf diese Weise ausgedrückt. Allerdings scheinen auch manche Menschen die Aufforderung, einander den Friedensgruß zu geben (wenn sie denn erfolgt), als Stress-Situation zu empfinden, der sie sich so entziehen.

Manch eine(r) umgeht den Friedensgruß geschickt durch einen bewusst gewählten Platz, wo man für sich ist oder einander keine Hand gibt oder zumindest nicht jemandem die Hand reichen soll, den man gar nicht mag. Apropos Platz:

> ✉ Was abnimmt, aber durchaus noch vorkommt: Ein Fremder setzt sich auf einen „falschen Platz" und wird von dem, der (bzw. die) „immer" dort sitzt, aufgescheucht und vertrieben. Einladend schaut anders aus! Anscheinend will man unter sich bleiben. *(A. W. – 18. 8. 2019)*

Von einer diskriminierenden Einstellung gegenüber den liturgischen Diensten zeugt es, wenn Kommunikanten erkennen, dass sie in der Reihe vor dem Kommunionhelfer stehen und dann in die Reihe vor dem Priester wechseln, weil die von ihm gereichte Kommunion ihnen „mehr wert" zu sein scheint. Aber auch die liturgischen Dienste können gegen den Gemeinschaftsaspekt der Messe verstoßen durch die Art und Weise ihres Auftretens und Agierens. Das kann für Organisten gelten, wenn sie zu laut oder zu schnell spielen, auf die Gemeinde keine Rücksicht nehmen oder endlose Vorspiele zu den Liedern machen. Das Orgelspiel soll ja nicht der Darstellung ihrer Kunst dienen, sondern der Unterstützung des Gemeindegesangs. „Die Orgel soll dienen, nicht herrschen. Darum darf sie den Gesang nicht so beherrschen, daß man ihn vor lauter Orgelton kaum hört. Die Begleitung soll immer etwas schwächer sein, als der Gesang. Es ist daher auch verkehrt und eine durchaus verwerfliche Praxis, die Gemeinde durch die den Gesang übertönende Orgel zum taktmäßigen Singen bringen zu wollen. Die Orgel hat zu begleiten. […] Es darf nicht geschehen, daß der Gesang und die Begleitung auseinander kommen“, heißt es in einer evangelischen Zeitschrift von 1865. Daran kann man bis heute festhalten.

Einen solistischen Part streben gelegentlich auch manche Zelebranten an, etwa wenn sie zu verstehen geben, dass sie bestimmte Dienste nicht brauchen, weil sie diese selbst übernehmen wollen. Das wird auch aus einer Zuschrift zum Projekt „Schlechtes Benehmen im Gottesdienst“ deutlich:

> ✉ Ich bin seit Jahren als Kantorin in unserer Gemeinde tätig. Einmal stand ein fremder Geistlicher in der Sakristei. Ich stellte mich ihm vor und sagte, dass ich den Antwortpsalm und das Halleluja singe. Daraufhin meinte er, dass er dies selbst übernehmen würde. Auf meinen Einwand, dass das doch Aufgabe des Kantors sei, reagierte er unwirsch und fragte verärgert: „Aber das Kyrie lassen Sie mir doch wenigstens?!“ *(M. M. – 11. 12. 2017)*

Einen eklatanten Fall von Ablehnung der Gemeinschaft konnte ich vor einigen Jahren bei einer Kaplansfortbildung erleben, die in einem Benediktinerkloster stattfand. Der Gastpater begrüßte die Teilnehmer und lud sie zu den Gottesdiensten der Kommunität ein. Das Angebot wurde dankend abgelehnt, hingegen der Wunsch nach einem eigenen Raum geäußert, in dem die Gruppe für sich die lateinische Messe zelebrieren könne. Kein Vorkommnis im Gottesdienst, gewiss, doch Ausdruck eines defizitären Liturgieverständnisses.

Und wie steht es mit dem Mahl, dessen fehlende Gemeinschaftlichkeit doch schon in Korinth für Ärger gesorgt hatte? Ist die noch heute vielfach übliche katholische Praxis der Kommunion in einem Gemeindegottesdienst nicht auffallend ähnlich der damaligen in Korinth? In der Regel ist es doch so zu erleben: Nach dem „Agnus Dei" geht der Priester zum Tabernakel, um die vorkonsekrierten Hostien zu holen. Dann kommuniziert er, und zwar unter beiden Gestalten, Leib und Blut Christi, wobei die Hostie die in der Feier konsekrierte Priesterhostie ist. Danach empfängt die übrige Gemeinde die aus dem Tabernakel geholten Hostien. Nach der Kommunion der Gemeinde besorgt der Priester sorgfältig am Altar die Reinigung der Gefäße, wobei er sich vor allem – wie oft erlebt – mit Hingabe *seinem* Kelch widmet, dann die Gefäße beiseitestellt und das Messbuch aufschlägt: „Herr, unser Gott, du hast uns im heiligen Mahl gesättigt ..."

Dieser Kommunionvorgang ist alles, nur kein gemeinschaftliches „Mahl", sondern eine Abspeisung im wahrsten Sinne des Wortes. Bereits die Unterscheidung von „Priesterhostie" und den übrigen kleinen Hostien für die Gemeinde widerspricht eklatant der Symbolik des *einen* Brotes. Dass dies nicht nur dem Gedanken und Zeichen eines Mahles widerspricht, sondern auch die Wünsche des Messbuchs außer Acht lässt (AEM 56), muss man schon gar nicht groß erwähnen – die werden einfach ignoriert nach dem Motto: „Das wurde schon immer so gemacht." Es wird, wie damals in Korinth, ein Tun fortgeführt, das aber nicht mehr dem Communio-Geist der Eucharistie entspricht. Für die „Gültigkeit" – ein rechtliches Kriterium – sorgt theologischer Minimalismus, indem klargestellt wird, dass man bei der Kommunion auch unter nur einer Gestalt den ganzen Christus empfängt. Man kann davon ausgehen, dass Paulus diese Praxis auch nur mit Kopfschütteln zur Kenntnis genommen hätte.

📖 Habe heute früh in einer Seitenkapelle der Kirche St. Pierre in Neuilly mit geheimen Schauern der Verzückung die Kommunion empfangen: frische und neue Kraft aus dem atmenden Leibe des Jesuskindes hier unter dem lichten Schleier der dürren, kleinen Hostie aus ungesäuertem Brot. Doch hat jemand Worte für die Ruchlosigkeit der römischen Priester, die den Gläubigen das Abendmahl in beiderlei Gestalten verweigern und die saftige Fülle für sich behalten, die der Leib gewinnen muß, wenn sein warmes Blut ihn netzt? *(Michel Tournier, Der Erlkönig, 1970)*

„Was ist da geschehen!"
Einsichten, Fragen, Herausforderungen

Schlechtes Benehmen im Gottesdienst gab es zu allen Zeiten. Allerdings waren und sind die einzelnen Ausdrucksformen und Phänomene in verschiedenen Zeiten und Regionen höchst unterschiedlich, und das, was früher als unangemessen galt, ist heute vielleicht sogar üblich – oder umgekehrt. Man denke in diesem Zusammenhang nur an die der Kirche angemessen erscheinende Bekleidung oder das Schnupfen von Tabak.

Was aber sind die Gründe für schlechtes Benehmen ausgerechnet in der Kirche und während eines Gottesdienstes? Man kann sich eigentlich nicht vorstellen, dass es eine ähnliche Darstellung über Opernhäuser oder Konzertaufführungen gibt, auch wenn es da sicher hin und wieder zu einem schlechten Benehmen der Zuhörer oder Akteure kommen kann.

Es sind natürlich unterschiedliche Faktoren, die dazu beitragen. Wenn Benehmen eine Sache der Herzensbildung ist, dann auch der Bildung an sich. Und um die stand es in früheren Jahrhunderten nicht nur beim Kirchenvolk, sondern auch beim Klerus nicht immer zum Besten, wie es Adolph Franz für das Mittelalter beschreibt. Die Verständlichkeit der Sprache und der Riten war nicht unmittelbar gegeben, so dass sich neben dem heiligen Geschehen auch allerlei anderes in der Teilnahme ergeben konnte. Die ermüdende Länge mancher Gottesdienste und Predigten überforderte sicher viele, die sich dann auf andere Art „unterhielten". Auch der Kirchenraum und seine Gestaltung spielten als Faktor der Zerstreuung eine Rolle.

Neben diesen äußeren Faktoren, die nicht unterschätzt werden dürfen, gibt es aber noch andere, in der Gesellschaft wie in der Liturgie selbst liegende Gründe, die für unangemessenes Verhalten in der Kirche eine Rolle spielen. Bei deren Darstellung möchte ich auch gelegentlich aus dem Schreiben eines pensionierten Pfarrers zitieren, das ich zu diesem Projekt erhielt und in dem er sich aus seiner jahrzehntelangen seelsorglichen Erfahrung ausführlich mit der Einsicht in die Gründe dafür befasste. Und auch aus dem Schreiben der deutschen Bischöfe von 2003 „Räume der Stille" (RdS), in dem es häufig – auch selbstkritisch – um das angemessene Verhalten bzw. die Ehrfurcht in Kirchen geht.

Zwang und äußerer Druck

Natürlich muss unterschieden werden, ob unangemessenes Benehmen bewusst oder unbewusst an den Tag gelegt wird. Das Beispiel des Kirchenschlafs zeigte, dass manche Menschen aufgrund körperlicher Erschöpfung vom Schlaf überwältigt wurden, für andere hingegen das Schlafen der Ausdruck eines Protestes bzw. der Ablehnung war.

Eine christlich-gesellschaftliche Sozialkontrolle zwang früher häufig auch Menschen zur Teilnahme an Gottesdiensten, die von sich aus nicht hingegangen wären und daher innerlich auch nicht beteiligt waren; ihnen waren Verhaltensformen angemessen worden, die nicht aus der eigenen Gottesfurcht erwuchsen, so dass sie kultische Verhaltensweisen und Formen traditioneller Ehrfurcht nicht wirklich pflegten – „möglicherweise auch aus Protest gegenüber nie recht verstandenen Frömmigkeitsformen, die man als ‚übergestülpt' erfahren hat" (RdS 4.1).

Hohe Zahlen von Teilnehmern an Gottesdiensten früherer Zeiten sind noch kein Beleg für eine tiefere Frömmigkeit oder eine stärkere Religiosität. Für manch eine(n) war der Kirchgang am Sonntag unvermeidlich, wollte man sich nicht ins Gerede bringen und soziale Nachteile einhandeln. Die innere Distanz drückte sich während des Gottesdienstes unter Umständen im Verhalten aus. Auch Kinder erlebten die Feier des Gottesdienstes vielfach als äußeren Druck. Besonders bei Schüler- und Schulgottesdiensten bzw. den häufigen Messfeiern und Andachten in katholischen Seminarien und Internaten konnte dies der Fall sein – unter Umständen bei einer tadellosen Aufrechterhaltung der äußeren Fassade, worin Jugendliche Meister sein können …

Da dieser äußere Druck heute oft wegfällt, sind manche der geschilderten Formen des schlechten Benehmens auch nicht mehr so häufig zu erleben.

Mangelnde Erziehung?

In Gesprächen über das Thema „schlechtes Benehmen" konnte ich auch immer wieder die Meinung hören, dass dies mit der Erziehung zusammenhänge – verbunden nicht selten mit der Feststellung, „dass wir das ja noch gelernt haben, wie man sich in der Kirche benimmt".

Zweifellos ist die Erziehung zu einem angemessenen Verhalten und Benehmen im Raum der Kirche sehr wichtig. Allerdings kann man nur das weitergeben, was man selbst als wichtig bzw. richtig und sinnvoll erlebt hat und erachtet – nicht zuletzt durch das Vorbild, das man selbst gibt. Dass hier im kirchlichen Bereich in den letzten Jahrzehnten viel verloren gegangen und abgebrochen ist, ist bekannt.

Ausdrucksformen der Ehrfurcht sind nach den deutschen Bischöfen auch das Schweigen und die Stille: „Dass beides in bedrohlichem Ausmaß geschwunden ist, hat etwas zu tun mit dem Schwinden kultischer Umgangs-formen, wie sie in der Vergangenheit als ehrfürchtige Verhaltensweisen in der Kirche selbstverständlich waren. Neben dem grundsätzlichen Verlust früher selbstverständlicher Umgangsformen wird man dieses Schwinden auch mit dem Misstrauen gegenüber kultischen Verhaltensformen im christlichen Gottesdienst deuten können“ (RdS 4.2). Es wäre allerdings falsch, wollte man in der liturgischen Erziehung der Vergangenheit ein Ideal erkennen. Die Verhaltensformen waren, wie die Bischöfe schreiben, „einstmals mit gewisser Strenge“ eingeübt und fielen weg, sobald die Strenge gelockert war.

⊠ Ja, „damals wusste man, wie man sich in der Kirche benimmt“ (so wie ich es als junger Dorfpfarrer noch erlebte): Der kirchliche Verhaltenskodex war durchgehend sündenbewehrt und dadurch angstbesetzt; „Ehrfurcht“ war nicht (nach einer bekannten Definition) „die Furcht, die Ehre (Gottes) zu ver-letzen“, sondern die Furcht, eine Sünde zu begehen, sie beichten zu müssen, sich dadurch vielleicht sogar die göttliche Strafe zuzuziehen.

„Ehrfürchtiges Verhalten“ kam nicht aus dem eigenen Herzen, sondern aus äußerem Zwang: sie war unter Druck andressiert. Diese „Ehrfurcht“ war (jedenfalls zunächst – und blieb es für viele) Zwanghaftigkeit und damit das Gegenteil von Ehrfurcht. *(H. N. – 18. 6. 2016)*

Mangelnde Ehrfurcht vor dem, was (Menschen) heilig ist

Auch wenn die früher höheren Zahlen der Kirchgänger und „Gottesdienst-besucher“ nicht auf eine stärkere Religiosität schließen lassen, ist doch zu konstatieren, dass vieles von dem, was Menschen heilig ist bzw. war, heute eher in Frage gestellt, nicht selten verlacht, ja sogar angegriffen wird. Kirche (und was damit zu tun hat) ist ein billiges Objekt der Comedy geworden. Das Recht auf freie Meinungsäußerung wird höher gewertet als der Respekt vor der Religion und dem Glauben anderer. Damit gibt man freilich auch das preis, was einem selbst heilig ist. Und dieser Preis ist hoch.

Die gewandelte Haltung vor allem gegenüber der Kirche drückt sich auch in einer Gleichgültigkeit gegenüber dem Heiligen im kirchlichen Raum aus.

„Man wird darum nicht umhin können, das Schwinden von Schweigen und Stille in unseren Kirchen als Schwund einer Erfahrung der personalen Gegenwart Gottes zu deuten. Kirchenräume werden nicht mehr erfahren als Orte der göttlichen Gegenwart, die ein entsprechendes Handeln und Verhalten der Menschen einfordert" (RdS 3.2). Vielleicht ist das manchmal nur Gedankenlosigkeit, aber selbst das zeigt mangelndes Bewusstsein für die Präsenz des Heiligen. „Solange ein Kirchenraum eindeutig als ‚Gotteshaus' erfahren wird, verhalten sich die Menschen entsprechend. Ist die Kirche aber in erster Linie ‚Menschenhaus', Versammlungsort der Gemeinde, dann gelten Verhaltensweisen, die sich von denen des gewöhnlichen Lebens nicht sehr unterscheiden" (RdS 5.3.5).

☒ Was nach meiner Erfahrung […] fehlt, ist die Ehrfurcht = das Bewusstsein, hier in dieser direkten Weise mit Gott zu tun haben zu dürfen. Stattdessen fand ich durchgehend die Einstellung „es ist doch egal" = „es geht / gilt auch so." […] „Egal" = „alles ist gleich" („Egalité"!); dann ist es für einen das Gleiche, ob man in der Kirche oder im Gasthaus ist; denn es gibt keinen Unterschied im „Wertigkeitsempfinden". Daher ist es auch „egal", wie man sich in der Kirche benimmt. […]
Wenn das aber nicht einmal mehr dort der Fall ist, wo dann noch? Dann ist in der Gesellschaft nichts mehr heilig, auch nicht das Leben …
In dieser Ehrfurchtslosigkeit zeigt sich normalerweise keine Feindschaft gegen Religion, sondern ganz einfach das Nichtvorhandensein von dem, was „Religion" ist: Das Bewusstsein „Ich habe zu tun mit einem Größeren > immer Größeren > unfasslich Größeren > Gott"; dieses Bewusstsein heißt „Ehrfurcht" und ist Wurzel und Wesen von Religion.

Kultur und Brauchtum anstelle des Glaubens

Vor allem große und alte Kirchen wie Dome und Kathedralen werden von vielen Menschen inzwischen weniger als Orte des Religiösen und des Glaubens als vielmehr kunst- und kulturhistorisch wahrgenommen, wie es die Bischöfe eingestehen: „Besonders die kunstgeschichtlich berühmten […] Kathedralen und Kirchen […] werden besucht von vor allem kunsthistorisch interessierten Menschen, die sich in ihnen nicht viel anders verhalten als in anderen entsprechenden Objekten von allgemeinem Interesse" (RdS 1.4). Dazu tragen sicherlich auch Kirchenführer, Reisebücher und Kulturtipps bei, die diese Räume vor allem kunst- und kulturgeschichtlich empfehlen, vorstellen und erschließen. Aber auch die Kirchen selbst.

Zwar räumen die deutschen Bischöfe ein, dass „die vielen Touristen und kunsthistorisch Interessierten" eine wirkliche Gebetsstille stören. „Andererseits sollte aber die Chance nicht vertan werden, über den vom Glauben erzählenden Kirchenraum und seine Einrichtung kirchen- oder glaubensferne Menschen (wieder) mit der christlichen Heilsbotschaft zu konfrontieren" (RdS 5.4.7). Das störende Moment der touristischen Besichtigung nimmt man in Kauf um des Verkündigungsgehaltes der Kultur willen. Ob diese Rechnung aufgeht, ist allerdings zu bezweifeln.

Und noch etwas kommt dazu: Die Gegenwart Gottes wird kirchlicherseits selbst aus dem Blick geräumt: „Gäbe es nicht (mehr oder weniger gut vom übrigen Kirchengebäude) abgesonderte Räume für Beter (in der Regel sind dies die Kapellen, in denen die Eucharistie aufbewahrt wird), dann wäre ein stilles Verweilen in diesen Kirchen zu Gebet und Betrachtung nahezu unmöglich" (RdS 1.4). Das kann allerdings auch den Eindruck vermitteln, dass der übrige Kirchenraum davon frei ist, so dass man sich in ihm eben auch entsprechend ergehen kann wie einstmals in den niederländischen Kirchen.

Man bekommt den Eindruck, dass viele Menschen die religiösen Requisiten noch gern nutzen, der Inhalt aber – wie bei vielen Festen und Feiern – immer weniger bekannt ist. Auch das hat letztlich wieder mit der Anerkennung des Göttlichen im Leben zu tun:

> ✉ Wenn „Gott" keine Realität ist, kann logischerweise ein Kirchenraum auch nichts mit „Gott" zu tun haben, dann ist die Kirche kein „heiliger Raum" mehr, sondern sie ist ein [...] Funktionsraum wie andere auch. Dann ist ihre Eigenschaft als Gottesdienstraum nur eine Funktion unter anderen. [...] Dann ist die Eucharistie, die hier stattfindet, eine Veranstaltung unter anderen. Also kann man die Kirche entsprechend „umfunktionieren", z. B. für Konzerte, Gemeindeversammlungen, Ausstellungen etc. Also benimmt man sich hier so wie in sonstigen Versammlungsräumen.

Liturgie als „fromme Veranstaltung"

Es wäre aber nicht richtig, wollte man heutiges schlechtes Benehmen in einer Kirche bzw. im Gottesdienst allein auf gesellschaftliche Veränderungen zurückführen. Manches liegt auch an der Liturgie selbst. Sie hat sich seit ihrer Erneuerung gegenüber der vorkonziliaren Feierform doch sehr gewandelt, ist längst nicht mehr in ein Korsett zeremoniellen Regelwerks eingezwängt, sie gibt den Verantwortlichen und Zelebranten mehr Freiheiten in der Gestaltung und Wortwahl. Das kann auch danebengehen. „Das Heilige, Große, Absolute und damit auch Herausfordernde erscheinen auf die Dauer unzumutbar. In der Folge entsteht diese Tendenz, das ganz Heilige und Göttliche auf das Niveau des Menschlich-Allzumenschlichen herunterzuholen" (RdS 4.2). Nicht zuletzt kann sich bei einer saloppen Art des Zelebrierens auch der Eindruck einer frommen „Veranstaltung" beim „Publikum" (wie manchmal intern gesagt wird) einstellen. Und nicht nur „das Volk" verhält sich entsprechend, was die Erwartungen, Haltungen und das Verhalten anbelangt.

⊠ Die Gründe für das Verschwinden der Ehrfurcht in der Kirche sind auch „hausgemacht" – von uns Pfarrern und Hauptamtlichen selber durch unser eigenes Benehmen.

Erinnerungen aus einer Unzahl von Beispielen: Ausflug der Priester meines damaligen Dekanats mit der Besichtigung einer Kirche; plötzlich fiel mir auf: „Wie benehmen wir uns hier eigentlich – ich mit eingeschlossen –, wie in einer Halle oder einem Gasthaus!"

Ministrantenprobe: Der Pfarrer lehnt sich mit seinem Hintern an die Tabernakelstele. Wie habe ich mich auch selber bei Ministrantenproben benommen: wie auf dem Zeltlager …!

Was ist da geschehen – auch bei mir selber!

Liturgische Ausdrucksformen bleiben vielen fremd

Gottesdienste bleiben dennoch für viele Menschen eine „kulturelle Verhaltensanomalie", wie es Gerhard Aeschbacher 1985 formuliert hat (Jahrbuch für Liturgik und Hymnologie). Kirchliche Sprache, Zeichen und Formen haben kaum ein Pendant mehr im Alltag. Religiöse Ausdrucksformen gibt es zwar in diesem immer noch, sie wurzeln aber nicht mehr in der Liturgie, wie das früher der Fall war. Liturgie und Alltag der Menschen klaffen immer weiter auseinander.

Die Kirchen reagieren darauf seit Jahren mit „niederschwelligen" Gottesdienstangeboten, alternativen einfachen „Formaten", um auch Menschen erreichen zu können, die von der herkömmlichen Form des Gottesdienstes überfordert sind. Zugleich wird eine Unmenge an Modellen für alle möglichen Anlässe, Gegebenheiten und „Zielgruppen" produziert, in denen es nicht selten wortreich und banal-geschwätzig um menschliche Befindlichkeiten geht. „Wenn auch im Gottesdienst der hektisch und laut gewordene

Mensch im Zentrum steht, dann ist zu befürchten, dass die Erfahrung der Gegenwart Gottes in der liturgischen Feier selbst nicht mehr gemacht werden kann und aus dem Gottesdienst ein ausschließliches Tun des Menschen geworden ist" (RdS 3.2). Das führt nicht unbedingt zu einem schlechten Benehmen im Gottesdienst und in der Kirche, aber es verstärkt womöglich deren Eindruck als kulturelle Be- oder besser: Absonderheit.

Rollenverständnis und Individualismus

Ein großer Unterschied der heutigen Liturgie gegenüber der früheren besteht darin, dass inzwischen die ganze Gemeinde Trägerin ihres Gottesdienstes ist und nicht allein der Priester. Das ist sicherlich bei vielen Menschen noch gar nicht angekommen; für sie bleibt der Gottesdienst im besten Falle heilige Handlung, der sie beiwohnen („die Messe hören", sagte man früher) und zuschauen, nicht aber eine Feier, die sie selbst tragen und gestalten.

Auch der Individualismus spielt eine Rolle. Das betrifft nicht nur, wie dargestellt, die Kleidung, sondern auch die Haltung. Zwar drängt das Messbuch in seiner Einführung auf Gemeinsamkeit der Körperhaltungen, doch wird das heute oft eher dem persönlichen Empfinden anheimgestellt. Wie der Gottesdienst überhaupt: Wo mehrere Kirchen am Ort sind, kann man ihn sich unter Umständen wählen, wie er einem am besten passt – nach Uhrzeit, Gestaltung, Personen. Wenn überhaupt: Manchmal wird die Gottesdienstteilnahme auch von der momentanen Stimmung abhängig gemacht („Ich bin heute nicht so gut drauf"). Es geht dann letztlich darum, was der Gottesdienst einem selbst „bringt", weniger um einen Dienst der Gemeinde vor Gott.

Fehlende Erschließung und Thematisierung

Das Verhalten und Benehmen im Gottesdienst und in der Kirche wird selten thematisiert und beispielsweise in einer Predigt angesprochen. Dabei geht es selbstverständlich nicht um Beschimpfung der Gottesdienstteilnehmer oder Drohung mit fürchterlichen Höllenstrafen, wie dies vielleicht zu früheren Zeiten der Fall gewesen sein mag, sondern letztlich um eine Erschließung dessen, was Gottesdienst ist und wie sich das auch im Verhalten ausdrückt. „Mystagogie ist notwendig", schreiben die Bischöfe: „Die Liturgie und ihre Ausdrucksformen sollen den Menschen so vermittelt werden, dass sie ihnen lebendige Ausdrucksformen ihres Glaubens werden können. In Predigt, Gesprächskreisen und Fortbildungen sollen neben den liturgischen Feiern selbst auch Formen der Ehrfurcht [...] erschlossen, erklärt und eingeübt werden" (RdS 5.4.1). Gerade die scheinbar selbstverständlichen Vollzüge wie das Betreten der Kirche oder das Kommunizieren bedürfen immer wieder der Reflexion. Gelegenheiten dazu geben oft die Schrifttexte der Sonntage selbst, man muss nicht auf das Evangelium der Tempelreinigung warten. Möglicherweise ist die Angst, als traditionalistisch zu gelten, Grund dafür, dass dies leider nur selten geschieht. Ähnlich gibt es eine Angst davor, Menschen anzusprechen und in ihrem Verhalten zu korrigieren.

⊠ In den zurückliegenden Jahrzehnten habe ich festgestellt: Die Verantwortlichen in der Kirche – die aus innerem Engagement heraus Verantwortung empfinden (z. B. PGRäte) und die von Berufs wegen Verantwortung tragen – waren bereit (und sind es nach wie vor), auch das unmöglichste Verhalten im sakralen Bereich zu tolerieren, zu entschuldigen, zu rechtfertigen. Warum? Sie fürchten, andernfalls Leute zu verlieren.

„Besonders mit Kindern (etwa im Erstkommunionunterricht und in den Ministrantenstunden) sollen Formen ehrfürchtigen Verhaltens in der Kirche bewusst eingeübt werden. Es sollte allen selbstverständlich werden, wie man sich in der Kirche und besonders in Gegenwart des Allerheiligsten zu verhalten hat ..." (RdS 5.4.2). Hier geht es nicht um eine mystagogische Erschließung, sondern um eine kindgerechte Einübung. Das ist freilich Aufgabe aller, die mit Kindern zu tun haben.

* * * * *

Angesichts des dramatischen Ansehensverlusts der (katholischen) Kirche und der Verschiebung überkommener religiöser Werte in unserer Gesellschaft erscheint die Frage nach dem angemessenen Benehmen im Gottesdienst als wenig dringlich: Ist man nicht froh, wenn überhaupt jemand kommt? Das Abschmelzen der Teilnehmerzahlen in Gottesdiensten wird auch dafür sorgen, dass es sich dabei überwiegend um eine bewusste Teilnahme handelt, weshalb viele frühere Formen schlechten Benehmens kaum mehr vorkommen werden. Dennoch sollte immer wieder über das Verhalten, d. h. über scheinbar selbstverständliche Haltungen und rituelle Vollzüge gesprochen werden – auch bei den liturgischen Diensten.

Anders stellt es sich in den touristisch viel besuchten Kirchen dar. Hier bedarf es sicher der Aufsicht und Ordnung durch engagierte Gläubige. Vielleicht aber auch des zeitweiligen Schließens und des Verzichts auf die Ermöglichung von Besichtigungen der Kirchen. Manches muss man rar machen, um es als heilig und kostbar zu erhalten.

Als letzte Maßnahme bliebe sonst wirklich nur die Hoffnung auf ein Eingreifen von oben, auf das auch Carl Pacher im Roman *„Wir in Kahlenbeck"*, der zu Beginn genannt wurde, setzt. Hier schaut der Fünfzehnjährige, verstört über das Verhalten seiner Mitschüler im Gottesdienst, verzweifelt angesichts eigener Mutlosigkeit, dem etwas entgegenzusetzen, und alleingelassen von den Erwachsenen und den Liturgieverantwortlichen, schließlich zum Kreuz auf, an dem der Herr hängt, von dem er Hilfe erwartet:

📖   Eine Regung Seines Heiligen Arms würde reichen, um das hier ein für allemal zu beenden. Nie wieder würden sie sich so benehmen.

Anhang
Häufiger zitierte Literatur

Alt, Heinrich: Der christliche Cultus nach seinen verschiedenen Entwicklungsformen und seinen einzelnen Theilen historisch dargestellt, Berlin 1843.

Ehrensperger, Alfred: Der Gottesdienst in Stadt und Landschaft Bern im 16. und 17. Jahrhundert, Zürich 2011.

Franz, Adolph: Die Messe im deutschen Mittelalter, Freiburg 1902.

Fuchs, Guido: Ma(h)l anders. Essen und Trinken in Gottesdienst und Kirchenraum (Liturgie & Alltag), Regensburg 2016.

Kerschbaumer, Anton: Paterfamilias. Eine Pastoral in Beispielen für alte und junge Seelsorger, Regensburg 1876.

Kohlschein, Franz: Wie die Gemeinde zusammenkommt. Zu den Grußriten der Gläubigen, in: Gottesdienst 25 (1991), 121–123.

Lorgis, Andrej / Dudko, Michail: Orthodoxes Glaubensbuch. Eine Einführung in das Glaubens- und Gebetsleben der Russischen Orthodoxen Kirche, Würzburg 2001.

Moser-Rath, Elfriede: Dem Kirchenvolk die Leviten gelesen. Alltag im Spiegel süddeutscher Barockpredigten, Stuttgart 1991.

Paverd, Frans van de: Zur Geschichte der Messliturgie in Antiocheia und Konstantinopel gegen Ende des vierten Jahrhunderts. Analyse der Quellen bei Johannes Chrysostomus (Orientalia Christiana Analecta 187), Roma 1970.

Pollmer, Almut: Kirchenbilder. Der Kirchenraum in der holländischen Malerei um 1650, Leiden 2011.

Räume der Stille. Gedanken zur Bewahrung eines bedrohten Gutes in unseren Kirchen, hg. vom Sekretariat der Deutschen Bischofskonferenz (Die deutschen Bischöfe – Liturgiekommission 26), Bonn 2003.

Reitemeier, Arnd: Pfarrkirchen in der Stadt des späten Mittelalters. Politik, Wirtschaft und Verwaltung, Wiesbaden 2005.

Scharfe, Martin: Über die Religion. Glaube und Zweifel in der Volkskultur, Köln/Weimar/Wien 2004.

Tholuck, Friedrich August: Das kirchliche Leben des 17. Jahrhunderts, Erster Theil, Berlin 1861.

Verschiedene „Kirchen-Knigge"

Abeln, Reinhard: Der Kinder-Kirchenknigge, Leipzig 2010.

Baumann, Christoph Peter: Der Knigge der Weltreligionen. Feste, Brauchtum und richtiges Verhalten auf einen Blick, Freiburg i. Br. 2011.

Der Kirchenknigge, hg. vom Medienverband der Evangelischen Kirche im Rheinland, Düsseldorf 2005.

Gotteshaus und Gottesdienst. Eine Handreichung für den Küsterdienst, erarbeitet vom Gottesdienstausschuss des Kirchenkreises Südharz, Sollstedt 2010.

Gschwind, Ludwig: Ministranten-Knigge, Kißlegg 2018.

Hertling, Ludwig: Priesterliche Umgangsformen, Innsbruck 1928.

Kleiner Taufknigge für die protestantische und katholische Tauffeier, Stuttgart 2006.

Mehl, Oskar Johannes: Das liturgische Verhalten. Beiträge zu einem Evangelischen Zeremoniale und Rituale, Göttingen 1927.

Praetorius, Will: Knigge für Pastoren, Düsseldorf 1963.

Rammenzweig, Guy: Kleiner liturgischer Knigge, Bielefeld/Hannover 2002 (auch Teil des Ergänzungsbandes zum „Evangelischen Gottesdienstbuch" von 2002).

Reichelt, Bettine: Der Kirchen-Knigge. Ein unterhaltsamer Ratgeber, Leipzig 2009.

Richtlinien für das Verhalten von Gemeinde und Pfarrer im Gottesdienst, hg. v. d. Lutherischen Liturgischen Konferenz Deutschlands, Berlin/Hamburg 1965.

Wessely, Christian: Einfach katholisch. Was katholische Christen glauben und wie sie feiern, Innsbruck 2010.

Etikette Trainer International: Richtig benehmen in der Kirche, https://dev.iv-image-training.de/wp-content/uploads/2019/07/Kirchen-Knigge.pdf (1. 8. 2013)

Rothenberg, Michèle: Knigge: Richtig benehmen in der Kirche, https://www.brigitte.de/leben/kultur/lifestyle/knigge--richtig-benehmen-in-der-kirche-10106574.html (3. 8. 2007)

Seipp, Bettina: Diese zehn Gebote sollten Sie in Kirchen beachten, https://www.welt.de/reise/article119783625/Diese-zehn-Gebote-sollten-Sie-in-Kirchen-beachten.html (8. 9. 2013)

Bildnachweis

Liturgie & Alltag

Die Reihe „Liturgie & Alltag" besteht aus sieben Titeln, die im Verlag Friedrich Pustet in Regensburg erschienen sind:

Guido Fuchs, **Mahlkultur. Tischgebet und Tischritual**
Regensburg 1998, Hardcover, 387 S., ISBN 978-3-7917-1595-7 – *vergriffen*

Guido Fuchs, **Heiligabend. Riten – Räume – Requisiten**
Regensburg 2002, Hardcover, 239 S., ISBN 978-3-7917-1809-5 – *vergriffen*

Neuausgabe in der Reihe topos premium:
Guido Fuchs, Heiligabend. Ein Fest und seine Rituale, Kevelaer/Regensburg 2017, Klappenbroschur, 186 S., ISBN 978-8367-0033-7

Guido Fuchs, **Fronleichnam. Ein Fest in Bewegung**
Regensburg 2006, Hardcover, 160 S., ISBN 978-3-7917-1992-4

Guido Fuchs, **Wochenende und Gottesdienst. Zwischen kirchlicher Tradition und heutigem Zeiterleben**
Regensburg 2008, Paperback, 160 S., ISBN 978-3-7917-2149-1 – *vergriffen*

Guido Fuchs (Hg.), **Gastlichkeit. Ihre Theologie, Spiritualität und Praxis im Gottesdienst**
Regensburg 2012, Hardcover, 165 S., ISBN 978-3-7917-2437-9

Guido Fuchs, **Ma(h)l anders. Essen und Trinken in Gottesdienst und Kirchenraum**
Regensburg 2014, Paperback, 256 S., ISBN 978-3-7917-2574-1

Guido Fuchs, **Kleine Geschichte des schlechten Benehmens in der Kirche**
Regensburg 2021, Paperback, 184 S., ISBN 978-3-7917-3246-6